図解

いちばんやさしく丁寧に書いた

不動産

成美堂出版

本書の見方

本書では１見開きで１テーマを扱っています。

◆不動産の基礎がわかる序章

序章では不動産の定義や土地、建物に関する、最も基礎的な事柄をざっくりと紹介。はじめて不動産について学ぶ人にとってウォーミングアップになるページです。

[序章]

序章　早わかり！ 不動産の基礎知識

2 土地をもつこと=所有権のしくみ

土地の所有権

❶所有者は、自由にその土地を使用・収益・処分することができる。
❷土地の所有権は、その土地の上下に及ぶ。
❸土地の所有権は、登記することにより保護される

土地の所有権の及ぶ範囲

土地所有権が及ぶ範囲は、平面的には隣地との「境界」になります。地面を境界で区切り、その範囲内を自分の所有地とします。
次に上下の範囲、つまり空中部分と地下部分についてはどうなるかというと、こちらも民法による規定があります。

民法第207条
土地の所有権は、法令の制限内において、その土地の上下に及ぶ。

土地の所有権の「上下の範囲」が問題になる例

・上空を航空機や無人ドローンが飛行する
・上空に高圧線・送電線を設置する
・地下に、地下鉄や地下道を建設する

所有権は土地の上下にまで及ぶわけですから、空中部分も地下部分も所有権の範囲となります。

上空(空中権)について
日本の法律上、土地所有権の「上空の限界(高さ)」そのものを規定している法令はない。

地下(地下権)について
地下については「大深度地下使用法」により、所有権の及ぶ範囲は「地表から40mまで」とするなど一定の基準がある。その深度以下は公共的な利用が可能となっている。

■民法における「所有権」とは

土地を所有するということは、権利関係でいうと土地の「所有権」をもつということになります。民法では「所有権の内容」として、次のような条文があります。

民法第206条
所有者は、法令の制限内において、自由にその所有物の使用、収益及び処分をする権利を有する。

【土地所有者の権利】
・使用……土地に家を建てて住むなど
・収益……土地を貸して地代を得るなど
・処分……土地を売却するなど

なお、土地の所有権は不動産登記簿に登記することにより誰にでも主張することができるようになります。所有権を登記しておかなくても違法ではありませんが、この場合、その土地の所有権を主張することはできません。

15

早わかり！ 不動産の基礎知識

◆図解で要点整理

手続きの流れや制度のしくみ、関連資料、データなどは図解で紹介。ひとめで把握できます。また、キャラクターによる補足コメントで理解を促します。

Column

マンション販売広告「2LDK+S+WIC」とは

不動産の販売広告には、景品表示法などによる規制があることについては、本文でも触れてきたとおりです。しかし、法律で規制されていない用語を駆使した広告もいまだに多く見られます。時間あるときに販売広告をじっくり読んでみてください。不思議な表示があるかもしれません。

たとえば「間取り」として「2LDK＋S＋WIC」というような表示をよく目にします。最初の「2LDK」については、建築基準法上の居室（居間など）が２つとリビングダイニングキッチン（LDK）ということで、こちらはわかると思いますが、次の「S」とはなんでしょうか。これはサービスルームの略で、納戸等を表しています。納戸等とはP.102でも触れておりますが、法律上必要とされる採光や換気のための窓などが確保できない部屋のこと。居室として表示することはできません。本来であれば納戸等と表示すべきところですが、スタイリッシュな販売広告に「2LDK＋納戸等」ではイメージがよくないため「2LDK＋S」としているのです。なお「S」ではなく「N」や「DEN」と表示している広告もあります。Nはもちろん納戸等のNで、「DEN」は巣、隠れ家等を表す英語のようです。

また「WIC」や「SIC」という表示も多く見かけます。これらの表示についても法規制がないため、どのような意味合いで使ってもいいのですが、おおむねWICはウォークインクローゼット、SICはシューズインクローゼットを表します。そのほか「法規制がない表示」には以下のようなものもあります。OB＝オープンエアリビングバルコニー、PG＝プライベートガーデン（１階の専用庭のこと）、BW＝ビッグウォークインクローゼット、OL：オープンエアリビング、T＝テラスなどです。

個人的にいちばんおもしろいと思ったのが「HCL」です。どういう意味で「HCL」を使っているのか、一種のアタマの体操ですね。答えはHCL＝布団クローゼット。Hは日本語の布団の略だったのです。

122

◆章末Column

各章末には、不動産にまつわる雑学など、さまざまなテーマのコラムを掲載。多角的な視点で不動産の世界に触れることができます。

冒頭で、その見開きで扱うテーマのポイントを整理しているので、本文をスムーズに読み進められます。

欄外やミニコーナーも充実しています。

[PART 1～PART 9]

2 物件購入時に発生する仲介手数料

POINT
- 宅建業者自らが売主となっている場合、仲介手数料はない。
- 仲介の場合、仲介手数料を支払わなければならない。
- 宅建業者は売主か仲介かを明示しなければならない。

■売買の仲介手数料(媒介報酬)について

宅建業者を通して物件を買う際、その宅建業者が**売主**(分譲主)となっている場合と、**仲介**(媒介)をしている場合とで、その取引にかかる経費が異なってきます。

宅建業者が自ら売主となっている場合であれば、購入者は**仲介手数料(媒介報酬)**を支払う必要はありませんが、仲介(媒介)という立場で宅建業者が関与している場合には、売主に支払う購入代金とは別に、仲介(媒介)をしている宅建業者に対して手数料を支払わなければなりません。

仲介手数料(媒介報酬)として受領できる限度額(上限)は、次の計算式で求めます。

売買価格(消費税抜きの価格)×3%+6万円　※売買価格が400万円以上の場合の計算式

■売主か媒介か、取引態様を明示する

たとえば、売主所有のマンション(税抜き2,000万円)を宅建業者Aの仲介(媒介)により売買する場合だと、右ページの計算例のようになります。

買主は売主に代金(2,000万円・税別)を支払い、仲介業者Aに仲介手数料(66万円・税別)を支払い、売主も、媒介業者に仲介手数料を支払います。

このように、物件の取引に宅建業者がどのように関与しているかで取引関係者の負担が異なってくるため、宅建業法では、物件の販売広告や新聞の折り込みチラシなどに、その関与する宅建業者が「売主」なのか「媒介」なのかを明示しなければならないとしています。これを「**取引態様の明示義務**」といいます。

150

売買の仲介手数料

宅建業者を通じて物件を購入する際には、その宅建業者が売主か仲介かで仲介手数料の有無が異なります。

事例

宅建業者Aが売主と買主から仲介(媒介)の依頼を受け、売主所有のマンション(代金2,000万円・税別)の売買契約を成立させた場合。

売主　売買　買主
仲介(媒介)　仲介(媒介)
宅建業者A

仲介手数料の計算例

売買価格2,000万円(税抜き)×3%+6万円=66万円

宅建業者Aは、売主から66万円(税別)、買主から66万円(税別)を仲介手数料として受領することができる。

■宅建業法上の規制

宅建業法では「宅建業者は、限度額を超えて報酬を受領してはならず、また、不当に高額の報酬を要求してはならない」としている。

Advice
広告費について

物件を販売する際、通常の広告費は請求することはできませんが、以下の費用であれば、その実費を報酬とは別に請求できます。
① 依頼者の依頼によって行う広告
② 依頼者からの特別の依頼により行う遠隔地における現地調査の費用など

151

PART 6 不動産会社の業務と規制

用語解説

MEMO

専門用語や難しい言葉をピックアップして解説。また、本文を補足する豆知識などをMEMOとして、欄外でコンパクトに説明しています。

Advice

プラスα

Check!

押さえておきたい情報をミニコーナーで紹介。本文や図版を補足するアドバイス、プラスαの知識、チェックすべきポイントなど、使える情報が満載です。

※本書は、原則として2023年1月時点の情報をもとに編集しています。

はじめに

「不動産業や建設業、ハウスメーカーで働きたい」
「不動産を扱う部署に配属になった」
「不動産投資に興味を持っている」
「マイホームの購入を検討しはじめた」
……でも、不動産のことはよくわからない。

本書はそんなみなさんのために書いた「不動産」の入門書です。

土地や建物などの不動産は高価な財産であり、私たちの生活とは切っても切れないものでもありながら、とてもわかりにくいものです。

ある土地があったとしましょう。その土地に興味があって取引しようとしたら、土地の所有者は誰なのか、不動産登記はどうなっているのか、建築物を建築できる土地なのか、どの程度の規模の建築物だったら建築できるのかなどの専門的な知識や情報、物件を調査する能力などが必要になります。もちろん、取引するために銀行のローンのことや業界のルールなども知っておかなければなりません。

「マイホームが欲しい」「不動産業に就業したい」「不動産投資に興味がある」など、人生と不動産とのかかわりは意外と深いといえます。そのため、不動産に関する正しい知識を身につけておいたほうが、人生を有利に進めることができるのは間違いありません。

そこで、本書ではできるかぎり客観的に、わかりやすい言葉を使いながら「不動産」のことを解説しました。不動産の初心者のみなさんに知っておいていただきたい基礎情報を提供しようというコンセプトを基に「不動産とは何か」という問いにはじまり、都市計画法や建築基準法などの街づくりのための法律や不動産業者との付き合い方、分譲マンションのしくみや不動産投資の基礎など、不動産や今後の不動産を取り巻く環境を理解するために必要と思われる項目をセレクトしています。もちろん、宅地建物取引士などの不動産関連資格についての入門書としても活用できます。

おかげさまで今般、本書の改訂版を出すことになりました。改訂に当たりまして、既存住宅の流通の活性化を図るための建物状況調査制度（インスペクション制度）、いわゆる事故物件についての告知制度、空き家や所有者不明土地への施策などを「不動産をめぐる諸状況・社会の変化」として盛り込みました。みなさんの人生と不動産のかかわりのなかで、本書が少しでもお役に立てば幸いです。

宅建ダイナマイト合格スクール株式会社 代表取締役　**大澤　茂雄**

目次

本書の見方 …… 2

序章　早わかり！　不動産の基礎知識

1 不動産とは何か …… 12
2 土地をもつこと＝所有権のしくみ …… 14
3 「建築物」とは何をさす？ …… 16
4 土地の使われ方がわかる「地目」とは …… 18
5 建物の種類と構造 …… 20
Column 日本の「領土」と「不動産登記法」 …… 22

PART 1　不動産から国土と建築物を見つめ直す

1 不動産の視点から見る日本の地形的特徴 …… 24
2 都市計画的に日本の土地を見直す …… 26
3 これからの日本の都市計画とは …… 28
4 日本の人口動向を見極める …… 30
5 その他の日本の不動産に関連する統計数値 …… 32
6 建築物の基礎知識①　建築物の定義と木造建築のしくみ …… 34
7 建築物の基礎知識②　鉄骨造（S造） …… 36
8 建築物の基礎知識③　鉄筋コンクリート造（RC造） …… 38
9 建築物の基礎知識④　コンクリート工事の流れ …… 40
10 建築物の基礎知識⑤　鉄骨鉄筋コンクリート造（SRC造） …… 42
11 建築物の基礎知識⑥　耐火建築物とは …… 44

12 建築物の基礎知識⑦　耐震・免震・制震構造 …… 46
Column 空き家問題と空家特措法の施行 …… 48

PART 2 土地の使われ方

1 市街化区域と市街化調整区域 …… 50
2 市街化調整区域が生まれた背景 …… 52
3 農地の取り扱い …… 54
4 市街化区域と用途地域の関係 …… 56
5 住居系用途地域①　低層住居専用地域 …… 58
6 住居系用途地域②　中高層住居専用地域 …… 60
7 住居系用途地域③　住居地域・準住居地域 …… 62
8 住居系用途地域④　田園住居地域 …… 64
9 商業系用途地域　近隣商業地域と商業地域 …… 66
10 工業系用途地域　性格の異なる3つの工業地域 …… 68
11 防火地域と準防火地域 …… 70
12 風致地区と景観地区 …… 72
Column 都市計画図を入手して散歩してみる …… 74

PART 3 不動産の価値と住宅ローン

1 土地の価値(価格)を考える …… 76
2 ４つの土地の価格〈一物四価〉 …… 78
3 建物の価値(価格)のしくみ …… 80
4 土地と建物が一体の場合の価値とは …… 82

5 不動産の鑑定評価のしくみ …… 84
6 住宅ローンの基礎知識 …… 86
7 住宅ローンの種類（貸付金利のタイプ） …… 88
8 住宅ローンの返済方法①　返済方法の種類 …… 90
9 住宅ローンの返済方法②　繰上げ返済 …… 92
10 「諸費用」の内訳 …… 94
11 住宅ローン控除について …… 96
Column 「夫婦で共同してマンションを買う」という意味 …… 98

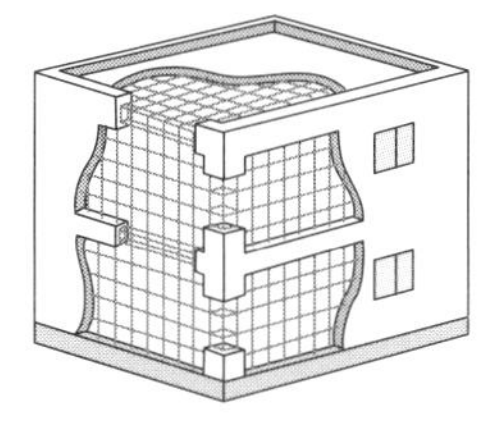

PART 4 物件情報・競売情報の読み方

1 不動産販売広告の読み方①　広告規制 …… 100
2 不動産販売広告の読み方②　表示基準 …… 102
3 不動産販売広告の読み方③　特定事項の表示義務 …… 104
4 不動産登記の解読法①　登記簿の記載内容 …… 106
5 不動産登記の解読法②　登記事項証明書のしくみ …… 108
6 不動産登記の解読法③　権利部・甲区と所有権の登記 …… 110
7 不動産登記の解読法④　所有権以外の権利について …… 112
8 競売情報の解読法①　不動産競売のしくみと流れ …… 114
9 競売情報の解読法②　不動産競売情報の入手法 …… 116
10 競売情報の解読法③　競売のメリット・デメリット …… 118
11 競売情報の解読法④　任意売却とは …… 120
Column マンション販売広告「2LDK＋S＋WIC」とは …… 122

PART 5 建築物に関する法規制

1 建築を規制する法律の種類 …… 124
2 都市計画法と建築基準法 …… 126
3 道路と敷地の制限　接道義務 …… 128
4 幅員４m未満の道路とセットバック …… 130
5 建築面積の割合を示す建蔽率 …… 132
6 延べ面積の割合を示す容積率 …… 134
7 建築物の高さ規制 …… 136
8 トラブルを未然に防ぐ日影規制 …… 138
9 宅地にすべきではない土地とは …… 140
10 建築物の構造についての基準 …… 142
11 建築確認の手続きと流れ …… 144
Column 土地の相場と容積率について …… 146

PART 6 不動産会社の業務と規制

1 不動産会社の立場 …… 148
2 物件購入時に発生する仲介手数料 …… 150
3 賃貸における仲介手数料 …… 152
4 媒介契約の種類 …… 154
5 媒介契約についての業務規制 …… 156
6 不動産取引の流れ …… 158
7 重要事項説明書の内容①　取引物件の客観的状況 …… 160
8 重要事項説明書の内容②　説明が必要な取引条件 …… 162
9 契約書面の内容 …… 164

10 クーリング・オフ制度 …… 166
11 広告についての規制 …… 168
12 営業活動についての規制 …… 170
Column 不動産仲介業者の仕事 …… 172

PART 7 分譲マンションのしくみ

1 区分所有という概念 …… 174
2 マンションの価値を維持するためには …… 176
3 マンション管理会社の役割 …… 178
4 住まい方のルールを定める「管理規約」 …… 180
5 管理組合の総会 …… 182
6 管理費と修繕積立金① 管理費 …… 184
7 管理費と修繕積立金② 修繕積立金 …… 186
8 迷惑行為をする住民を追い出せるか …… 188
9 マンションの復旧と建替え① 滅失の対応と復旧の手続き …… 190
10 マンションの復旧と建替え② マンション建替え決議と説明会 …… 192
11 マンション建替えを円滑に進めるには …… 194
Column 分譲マンション(区分所有法)の歴史 …… 196

PART 8 不動産投資の基礎

1 土地活用① アパート・マンション経営 …… 198
2 土地活用② 駐車場や店舗への賃貸借 …… 200
3 借地権のしくみ① 普通借地権 …… 202

4 借地権のしくみ② 定期借地権 …… 204
5 信託方式・等価交換方式のしくみ …… 206
6 キャピタルゲインとインカムゲイン …… 208
7 不動産投資のメリット …… 210
8 不動産投資のリスク …… 212
9 不動産投資とローン …… 214
10 利回りの基礎知識とサブリース …… 216
11 不動産賃貸借の諸状況 …… 218
12 賃貸不動産の管理業について …… 220
13 賃貸不動産での原状回復をめぐる問題 …… 222
14 建物賃貸借契約の種類と契約期間 …… 224
15 建物賃貸借契約の終了 …… 226
16 建物賃貸借契約と敷金 …… 228
17 賃貸住宅の修繕と修繕費用の負担 …… 230
Column 家賃全額保証「サブリース」について …… 232

PART 9 不動産をめぐる諸状況・社会の変化

1 建物状況調査(インスペクション)① 既存住宅の活用 …… 234
2 建物状況調査(インスペクション)② 不動産業者の業務(仲介) …… 236
3 建物状況調査(インスペクション)③ 重要事項説明と契約書面 …… 238
4 人の死の告知に関するガイドライン …… 240
5 空き家の活用(空き家バンク制度) …… 242
6 所有者不明土地の解消① 相続登記の申請義務化 …… 244
7 所有者不明土地の解消② 相続土地国庫帰属制度 …… 246
Column 多数の共有者がいる場合の問題点 …… 248

さくいん …… 249

序章

早わかり！
不動産の基礎知識

不動産を扱うためには、土地や建築物に関するさまざまな知識が必要です。はじめにざっくりと、それらについての基礎を押さえておきましょう。

1 不動産とは何か …… 12

2 土地をもつこと＝所有権のしくみ …… 14

3 「建築物」とは何をさす？ …… 16

4 土地の使われ方がわかる「地目」とは …… 18

5 建物の種類と構造 …… 20

Column◆日本の「領土」と「不動産登記法」 …… 22

1 不動産とは何か

不動産と所有権

日本は私有財産制となっているため、土地などの生産手段も個人が所有することができます。なお、現時点では外国人にも土地所有を認めていますが、一定の土地については制限すべきとする動きもあります。

他国における土地・不動産の所有権について

モンゴル 「モンゴルの全ての土地は国家のもの」というのがモンゴル憲法の一般的規定。外国投資家及び外国投資企業には土地利用権のみが認められている。

ミャンマー すべての土地は国家に帰属すると規定されており、個人や企業が土地を所有することは認められていない（ミャンマー連邦共和国憲法）。外国人（法人も含む）の土地所有も不可。土地使用権（賃借）は認められている。

カンボジア 内戦中に土地所有権の権利書と登記簿の多くが失われたため、土地所有権を巡る紛争が多発している。憲法第44条によって、外国人を除く個人及び法人の土地所有が認められている。

（国土交通省「海外建設・不動産市場データベース」より抜粋引用）

■不動産は法律でどう定義されている？

一般に、そもそも不動産とは何かといわれれば「土地」と「建物」となりますが、その定義は、民法で定められています。民法の定義によると、不動産とは「**土地及びその定着物**」となっています。

【民法（第86条）での定義】

①土地及びその定着物は、不動産とする。

②不動産以外の物は、すべて動産とする。

不動産の定義

❶民法の定義によれば、不動産とは「土地」と「土地の定着物」をいう。
❷定着物には建物、立木、橋、石垣などがある。
❸日本の民法の場合、土地と建物は別々の財産として扱われる。

「土地」と「建物」の取り扱い

日本の民法では、土地と建物は別々の財産としていますが、国によって取り扱いが異なります。

ドイツ

ドイツにおいて不動産とは、土地のみ、あるいは土地と建物の一体物を指すと定義されている。日本とは異なり、建物自体が独立した不動産とはなっていない。

フランス

フランス民法においても、ドイツのような明示的な定めはないが、土地と建物は日本と異なり、一体の不動産として扱われる。

日本における「土地」と「建物」の扱い

土地付きの戸建て住宅を例にとると、土地は土地、戸建て住宅は戸建て住宅でそれぞれ別の扱いとなります。よって、買主がその土地だけを購入した場合、戸建て住宅の所有権を手に入れることはできません。こうした不動産の所有権などの権利を明らかにしておくための制度として、不動産登記制度があります。

土地には領土や土壌、地域などさまざまな意味がありますが、不動産業においては、**宅地や耕地などに利用する地面、地所のこと**と考えればいいでしょう。定着物は建物や立木、橋、石垣などをいいます。

なお、不動産と動産の違いは、文字通り動かせるか動かせないかということであり、不動産以外の物はすべて動産という扱いです。

不動産は物件によって非常に高額な場合もあり、取引に関連するトラブルも多発しています。そのため取引を規制する関連法規も多くなっています。

2 土地をもつこと=所有権のしくみ

土地の所有権の及ぶ範囲

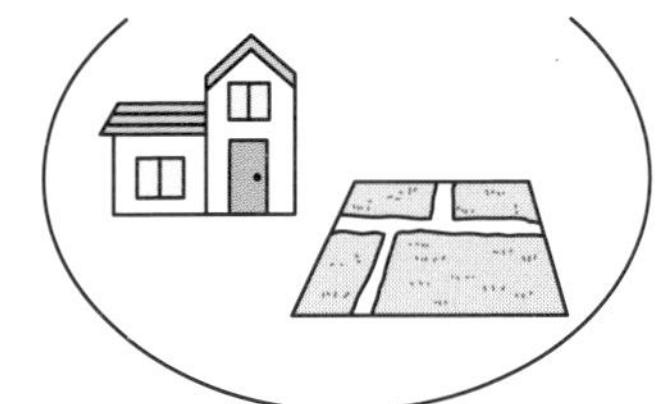

土地所有権が及ぶ範囲は、平面的には隣地との「境界」になります。地面を境界で区切り、その範囲内を自分の所有地とします。
次に上下の範囲、つまり空中部分と地下部分についてはどうなるかというと、こちらも民法による規定があります。

> **民法第207条**
> 土地の所有権は、法令の制限内において、その土地の上下に及ぶ。

■民法における「所有権」とは

土地を所有するということは、権利関係でいうと土地の「**所有権**」をもつということになります。民法では「所有権の内容」として、次のような条文があります。

> **民法第206条**
> 所有者は、法令の制限内において、自由にその所有物の使用、収益及び処分をする権利を有する。

土地の所有権

❶所有者は、自由にその土地を使用・収益・処分することができる。
❷土地の所有権は、その土地の上下に及ぶ。
❸土地の所有権は、登記することにより保護される

土地の所有権の「上下の範囲」が問題になる例

- 上空を航空機や無人ドローンが飛行する
- 上空に高圧線・送電線を設置する
- 地下に、地下鉄や地下道を建設する

上空（空中権）について
日本の法律上、土地所有権の「上空の限界（高さ）」そのものを規定している法令はない。

地下（地下権）について
地下については「大深度地下使用法」により、所有権の及ぶ範囲は「地表から40mまで」とするなど一定の基準がある。その深度以下は公共的な利用が可能となっている。

【土地所有者の権利】
- **使用……土地に家を建てて住むなど**
- **収益……土地を貸して地代を得るなど**
- **処分……土地を売却するなど**

なお、土地の所有権は**不動産登記簿**に登記することにより誰にでも主張することができるようになります。所有権を登記しておかなくても義務ではありませんが、この場合、その土地の所有権を主張することはできません。
＊相続登記においては、令和6年4月から義務となります。

3 「建築物」とは何をさす?

建築物の定義

建築基準法上の定義	土地に定着する工作物のうち、屋根及び柱若しくは壁を有するもの

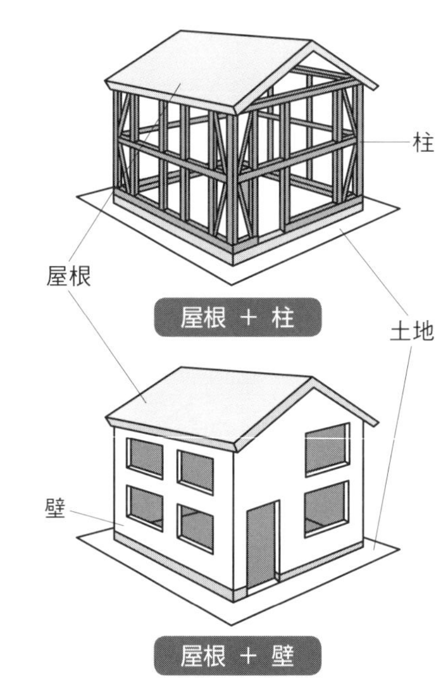

建築基準法上の定義以外にも、次のような規定があります。

接道義務

- 建築物の敷地は、建築基準法上の道路(幅員４m以上)に接していなければならない。

建築物の用途制限

- 用途地域が指定されているのであれば、建築物の用途が用途地域に応じて定められている用途制限に適合していなければならない。

建蔽率・容積率の制限

- 建築物の規模が、その敷地に指定されている建蔽(けんぺい)率や容積率の上限に違反してはならない。

建築確認

- 建築物を建築する場合、建築確認を受けなければならない。

■建築物について

建築物については、法律上いくつかの定義があります。まず建築基準法では「**土地に定着する工作物のうち、屋根及び柱若しくは壁を有するもの**」となっています。また、不動産登記法では、具体的な建築物の基準は規定されていませんが、運用として「**屋根及び周壁などがあって土地に定着した建造物で、その目的とする用途に供し得る状態(建物として使える状態)にあるもの**」としています。その他の法令にも定義がありますが、おおむね「**屋根と柱か壁が**

建築物の規定

❶屋根と壁・柱があり、土地に定着している工作物が建築物。
❷建築基準法上の建築物になれば、建築基準法が適用される。
❸建蔽率や容積率、接道義務などの規定を満たしていなければならない。

その他の建築物

キャンピングカー（トレーラーハウス）などの取り扱い

住宅・事務所・店舗などとして使用しているキャンピングカーやトレーラーハウスのうち、車輪を取り外すなどで移動に支障が生じるような状態で、土地側の電気・ガス・水道等と接続して使用する場合、建築物として取り扱われ、建築基準法が適用される。

船舶の取り扱い

海上に係留された船舶をホテルやレストランなどで使用する場合、その使用実態により建築物として取り扱われ、建築基準法が適用される。

あって、土地に定着している工作物」となっています。

■建築基準法上の「建築物」となる場合

建築基準法で考えた場合、その工作物が建築基準法上の建築物となるか否かで何が異なってくるのかというと、「建築基準法の適用があるかないか」という点です。その工作物が「建築物」となるのであれば、前述した建築基準法上の規定が適用されます。

4 土地の使われ方がわかる「地目」とは

土地の種類（地目）

地目として使われているのは、現在23種類

「地目」の種類（現在）
田、畑、宅地、学校用地、鉄道用地、塩田、鉱泉地、池沼、山林、牧場、原野、墓地、境内地、運河用地、水道用地、用悪水路、ため池、堤、井溝、保安林、公衆用道路、公園、雑種地

地目の変更があった場合は、地目の変更登記をしなければならない。

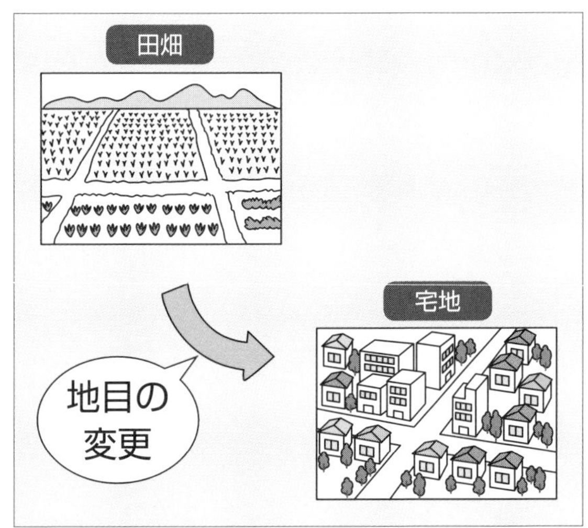

■土地の種類（地目）

土地の種類を表す用語として、不動産登記法における「**地目**」があります。その土地の利用状況によって区分したもので、23種類が定められています。

■地目を調べれば、土地の過去がわかる

現在、地目が「宅地」となっている土地であっても、昔から「宅地」であったとは限りません。以前に登記していた地目と実際の地目（用途）が異なる場合、

日本における土地の利用法

❶土地の種類を表す用語として「地目」がある。
❷現在の地目は「田」「畑」「宅地」など23種類となっている。
❸地目を調べれば、過去どのような土地だったかがわかる。

主な「地目」について

田…農耕地で用水を利用して耕作する土地
畑…農耕地で用水を利用しないで耕作する土地
宅地…建物及びその維持若しくは効用を果すために必要な土地
学校用地…校舎、附属施設の敷地および運動場をいう。
池沼…灌漑用水でない水の貯留地
山林…耕作の方法によらないで竹木の生育する土地
原野…耕作の方法によらないで雑草、かん木類の生育する土地
公衆用道路…一般交通の用に供する道路
雑種地…いずれの地目にも該当しない土地

あまり目にしない「地目」

塩田…海水を引き入れて塩を採取する土地
鉱泉地…鉱泉（温泉を含む。）の湧出口及びその維持に必要な土地
用悪水路…かんがい用又は悪水はいせつ用の水路
井溝…田畝（たうね）又は村落の間にある通水路

現在では使われていない「地目」

大蔵省用地、官有地、稲干場、死獣捨て場、監獄用地、行刑場など

現在では使われていない地目に「水面埋立地」というものがありました。

かつての地目が「水」に関係するものであったときは、地盤についてそれなりの注意が必要となってきます。

一定期間内に地目の変更を登記しておかなければなりません。そのため、登記を見れば過去の用途がわかるようになっています。

たとえば、かつての地目が「池沼」「ため池」などだと、地盤は強固だとはいいがたく、大きな地震の際に液状化などの被害が発生する可能性があると考えられます。このような土地に建物を建築するのであれば、あらためて地質調査をするなど、地盤強度を慎重に調べる必要があります。また、地目が「墓地」だったという場合では、気にする方もいるかもしれません。

5 建物の種類と構造

建物にはどんな種類があるか

建物の種類

一般的な種類として居宅、店舗、共同住宅、事務所、旅館、料理店、工場、倉庫、車庫などがあり、現状に応じて、建物の種類を定め登記をすることができる。

登記されている建物の種類（例）

校舎、講堂、研究所、病院、診療所、集会所、公会堂、停車場、劇場、映画館、遊技場、競技場、野球場、競馬場、公衆浴場、火葬場、守衛所、茶室、温室、蚕室（さんしつ）、物置、便所、鶏舎、酪農舎、給油所など。

建物は用途によって区分されますが、用途が２つ以上ある場合は「住居・店舗」等と表示されます。

■ 種類の法定がない「建物」

土地の種類や用途を表す「地目」に相当するものとして、建物の登記では、「**建物の種類**」があります。地目は前述のとおり、23種類と法定されています。建物の種類は法定ではありませんが、不動産登記の実務上、次のような定め方をしています。

【建物の種類】

建物の主たる用途により、居宅、店舗、寄宿舎、共同住宅、事務所、旅館、

建物の種類と構造

❶土地の地目に相当するものとして「建物の種類」がある。
❷地目と異なり、建物の種類は法定されていない。
❸建物の構造として、構成材料・屋根の種類・階数が登記される。

建物の構造

①構成材料による区分
木造・土蔵造・石造・れんが造・コンクリートブロック造・鉄骨造・鉄筋コンクリート造・鉄骨鉄筋コンクリート造

②屋根の種類による区分
かわらぶき・スレートぶき・亜鉛メッキ鋼板ぶき・草ぶき・陸屋根

③階数による区分
平家建て・2階建て（3階建て以上は、これに準ずる）

料理店、工場、倉庫、車庫、発電所及び変電所に区分して定め、これらの区分に該当しない建物については、これに準じて定めるものとする。

■建物の構造

建物の登記では、建物の種類のほか「**建物の構造**」も登記されています。建物の構造として、建物の主たる部分の構成材料、屋根の種類及び階数に応じて上図のような事項が登記されます。

Column

日本の「領土」と「不動産登記法」

日本での「不動産」を考える場合、とくに土地についてですが、どこまでが日本の領土なのかという点を考えてみるのも興味深いと思います。民法をはじめ都市計画法や建築基準法、不動産登記法など、日本における不動産に関連する法律は多数ありますが、それらの法律が適用されるのは、やはり日本の領土に限られます。

参議院法制局のホームページにも『法律は、原則として、日本国内の領土の全域にその効力を及ぼします。この「領土」は、領海、領空も含む広義の領土を意味するものです。したがって、日本の領海上や領空上で国内法に違反する行為をすれば、国内法が適用され、処罰できます。これに対して、海外で国内法に違反する行為をした場合には、原則として国内法が適用されないので処罰できません。』とあります。

ここで不動産に関連する法律のうち、不動産登記法を例にとって考えてみましょう。法務局のホームページによると、不動産登記とは「国民の大切な財産である不動産（土地や建物）の一つ一つについて、どこにあって、どれくらいの広さがあって、どなたが持っているのかといった情報を、法務局の職員（登記官）が専門的な見地から正しいのかを判断した上でコンピュータに記録すること」とあります。つまり日本全国の「（土地や建物）の一つ一つ」に不動産登記があるということになります。

試みに、東シナ海の尖閣諸島のひとつである「魚釣島」の登記事項証明書を入手してみたことがあります。かつて、国境の島であるにもかかわらず「私有地」となっていてなにかと話題になっていました「魚釣島」ですが、登記事項証明書を見てみると、平成24年に国有地となっていることがわかります。所有者としての登記名義は「国土交通省」でした。

では北方領土はどうなっているのでしょうか。釧路地方法務局のホームページ「北方領土のしごと」によると「北方領土における不動産登記事務は、国の行政権の行使が事実上不可能な状態におかれていることから行われておりません」となっております。今後の展開が待たれます。

PART 1

不動産から国土と建築物を見つめ直す

日本の国土の75%を山地が占め、わずか25%の平地におよそ9割の人が住んでいます。不動産取引の対象となる土地も25%程度ですから、その価値の見極めが大切になってきます。

1 不動産の視点から見る日本の地形的特徴 …… 24
2 都市計画的に日本の土地を見直す …… 26
3 これからの日本の都市計画とは …… 28
4 日本の人口動向を見極める …… 30
5 その他の日本の不動産に関連する統計数値 …… 32
6 建築物の基礎知識① 建築物の定義と木造建築のしくみ …… 34
7 建築物の基礎知識② 鉄骨造(S造) …… 36
8 建築物の基礎知識③ 鉄筋コンクリート造(RC造) …… 38
9 建築物の基礎知識④ コンクリート工事の流れ …… 40
10 建築物の基礎知識⑤ 鉄骨鉄筋コンクリート造(SRC造) …… 42
11 建築物の基礎知識⑥ 耐火建築物とは …… 44
12 建築物の基礎知識⑦ 耐震・免震・制震構造 …… 46
Column◆空家問題と空家特措法の施行 …… 48

1 不動産の視点から見る日本の地形的特徴

- 日本の国土面積は約37万8,000km^{2}である。
- 国土のうち平地は約９万3,500km^{2}で25%程度に過ぎない。
- 平地のなかで宅地として使われているのは20%程度。

日本という「土地」の特徴

いうまでもなく、**土地**はすべての建物の基礎であり、都市活動や生産活動の場でもあります。また、土地というのは限られた資源です。そういった観点から、日本の土地について、その特徴を考えていきたいと思います。

日本の面積（国土面積）

日本の国土面積は約**37万8,000km^2**です。どのように利用されているのかは以下の通りです。森林と農地で全国土面積の約８割を占めており、宅地となっているのは**国土面積の約５%**に過ぎません。

森林：約25万0,300km^2
農地：約４万3,700km^2
宅地：約１万9,700km^2
道路：約１万4,200km^2
水面・河川・水路：約１万3,500km^2
原野等：約3,500km^2

地形別に大別

国土面積を地形別に大別してみると、山地（山地、火山、山麓、火山麓、丘陵）の占める面積は国土面積の約75%となります。

山地：約28万4,500km^2
平地：約９万3,500km^2

この平地のうち、宅地として利用されているのが上記のとおり約１万9,700km^2。**平地のうち宅地の占める割合は約20%程度**です。

MEMO 国土の７割近くを占める「森林」は微減しているものの面積はほとんど不変。「森林」に次ぐ「農地」は継続的に減少している。

日本の国土の特徴と利用状況

限られた国土をいかに活用していくかが、今後不動産としての価値を生み出す鍵になります。

● 日本の国土面積（令和3年7月1日時点）

全国	377,975km²
北海道	83,424km²
本州＊	231,235km²
四国＊	18,804km²
九州	42,230km²
沖縄	2,283km²

＊地域の境界にまたがる境界未定の面積を含む

土地利用の概況

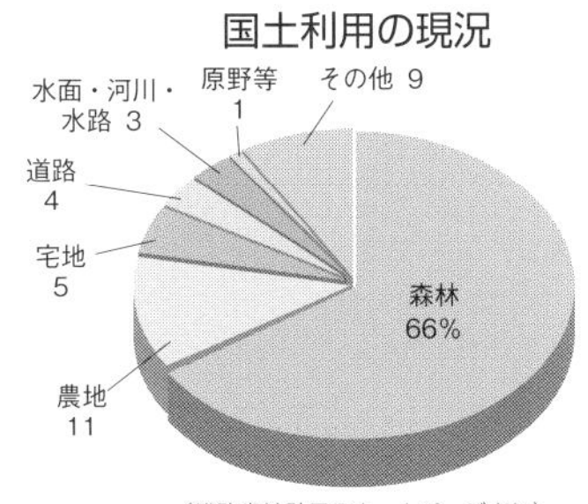

（総務省統計局のホームページより）

住宅地や商工業用地など、いわゆる都市的な利用に適している台地・段丘は約4万4,900km²で国土面積の約12%に過ぎない。また、低地についても、面積が約4万8,500km²で国土面積の約13%となっている。

参考 日本に近い国土面積の国

イギリス

約24万2,500km²

ドイツ

約35万7,000km²

イタリア

約30万1,300km²

2 都市計画的に日本の土地を見直す

- 都市計画区域とは計画的に都市を建設していく区域。
- 不動産として価値があるのは都市計画区域内の土地。
- 都市計画区域は、国土の25%程度しか指定されていない。

日本を2色に色分けしてみると

都市計画的な観点から日本の土地を見てみると、**都市計画区域**に指定されている区域と指定されていない区域とに分けることができます。

都市計画区域とは都市を計画的に建設していく区域をいい、**都市計画法**により指定されます。都市計画区域内では計画的な都市建設という観点から、土地利用につき都市計画法や建築基準法などによる制限が加えられます。これにより土地の所有者といえどもまったく自由には土地利用ができなくなりますが、その反面、道路や公園、下水道などの都市施設の整備に関する事業など、都市を建設していくための公的な事業が行われます。

一方、都市計画区域の指定がないところについては土地の利用制限などはなく、土地所有者は自由に不動産を利用できるものの、都市建設のための積極的な公的整備が行われないため、都市としての価値は少ないといえます。

都市計画区域は国土の25%程度

国土を山地と平地に大別してみると、前述のとおり**山地の占める比率は国土面積の約75%で、平地は約25%**です。都市を建設できる適地は基本的には平地ですから、都市計画区域に指定されている面積も25%程度で、この都市計画区域に日本の人口の約90%が住んでいます。

不動産としての価値の源泉は、都市的な活用ができるかどうかということになりますから、取引の対象となる財産価値がある土地は国土の25%程度ともいえます。

対象となる不動産が都市計画区域内にあるのか否か。まずそれが土地の活用や資産価値の観点からも非常に重要なポイントとなるといえるでしょう。

MEMO 都市計画の区域外であっても、無秩序な土地利用や環境悪化を防ぐために、都道府県によって指定されている区域を準都市計画区域という。

都市計画法と都市計画区域

●都市計画法

市街地開発、施設整備（道路・公園・上下水道など）の基本的なあり方を定め、計画的に都市を建設していくための法律です。まず日本の国土に都市計画区域を指定し、次に、その都市計画区域内での具体的な「都市計画（街づくりのプラン）」を定めていきます。

●都市計画区域のイメージ

都市計画法では、計画的な街づくりをするために、日本の国土を以下のようにエリア分けしています。対象となる不動産が都市計画法で定めるどのエリアに存在するかによって、土地の利用規制が異なります。

都市計画区域は都道府県が指定する。また、2以上の都府県にまたがる都市計画区域は国土交通大臣が指定する。

Check!

□都市計画区域の指定

都市計画区域を指定するにあたり、人口や商工業の都市的形態への従事者数などの一定の基準がある。

3 これからの日本の都市計画とは

- 日本の街づくりの主流は「コンパクトシティ」化となる。
- 都市中心部に医療・福祉施設、商業施設や住居などを立地。
- 各市町村で「立地適正化計画」を策定していく。

市町村が策定する「立地適正化計画」について

今後の日本の都市における街づくりは、**人口の減少と高齢化**を背景として、できるだけ都市中心部に医療・福祉施設、商業施設や住居等をまとめて立地させていく方向が主流となっていくと思われます。いわゆる「**コンパクトシティ**」として、福祉や公共交通なども含めて都市全体の構造を見直していくという考え方です。

このコンパクトシティを実現するための計画が「**立地適正化計画**」です。これは**都市再生特別措置法***によるもので、各市町村で策定することになっています。市街地の空洞化を防止し、人口密度と街のにぎわいを維持するというコンセプトに基づき「**居住誘導区域**」「**都市機能誘導区域**」などに区域を線引きしていきます。

- **居住誘導区域**
  市内を走る公共交通を軸にして住宅地として誘導し集積していく区域
- **都市機能誘導区域**
  病院や商業・教育施設などの都市機能を支える施設を集積させる区域

これから住宅を取得する場合の留意点

コンパクトでにぎわいのある街づくりを進めるために、上記のように区域を線引きすることになるわけですから、逆に考えると、線引きの外側となったエリアでは、今後の不動産としての価値に疑問符がつく可能性もあります。

つまり、これから住宅や土地を購入するということであれば、**市町村における立地適正化計画の内容を確認しておくことが必須**となります。コンパクトシティ形成（一定密度の集約型市街地）による効果の例として、サービス産業の生産性や中心市街地の消費額の向上などがあります。

用語解説 ＊都市再生特別措置法：少子高齢化等の社会経済情勢の変化に都市機能を対応させるべく、2002（平成14）年に制定された。

今後の日本の都市計画

今後の日本は、少子化および高齢化を前提とした都市計画を進めていかなければなりません。

●「立地適正化計画」と「コンパクトシティ」

立地適正化計画区域

都市中心部に医療・福祉施設、商業施設や住居等をまとめて立地し、コンパクトシティを実現させる。

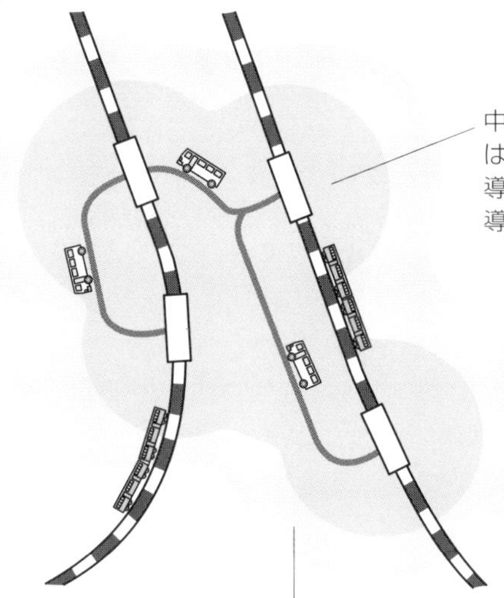

4 日本の人口動向を見極める

■日本の総人口は約１億2,000万人台だが減少傾向にある。
■今後も不動産市場の二極化が進んでいくとみられる。
■単身世帯数はこれからも増えていくとみられる。

■不動産市場の二極化

不動産の市場性を考える場合、その地域での人口の動向を見定めておかなければなりません。日本の総人口は約１億2,000万人台ですが、これからの人口の減少時代を迎えて、今後の不動産市場はどうなっていくのでしょうか。

人口が減るといっても、日本全体で同じように減っているわけではありません。むしろ、人が集まる地域と集まらない地域の色分けがはっきりとしてきています。いわゆる**不動産市場の二極化**といわれるものです。

日本の都市のなかで、いちばん人口が多く集まっている地域が**三大都市圏(東京圏・中京圏・近畿圏)**です。

この三大都市圏の人口は、長年増加傾向にありました。令和４年に新型コロナウイルス感染症の影響で東京圏の人口が初めて減少したものの、三大都市圏には日本の人口の約半数となる約6,300万人が住んでいます。一方で、過疎化が進む地域は人口の減少がさらに進むと見られます。

■単独世帯数は増加傾向

厚生労働省の**国民生活基礎調査***によると、日本全体の世帯数は約5,191万世帯です。世帯構造の内訳は次のとおりです。

- 夫婦と未婚の子のみの世帯：全世帯の27.5%
- 単独世帯：全世帯の29.5%
- 夫婦のみの世帯：24.5%
- その他(母子世帯、三世代世帯など)：18.5%

上記の世帯のうち「**単独世帯**」と「**夫婦のみの世帯**」は一貫して増加傾向にあります。こうした世帯がどのような消費行動をとるかなどが、今後不動産市場に大きな影響を与えていくのではないかと思われます。

用語解説 ＊国民生活基礎調査：厚生労働省によるもので、国民生活の基礎的な事項について世帯面から総合的に明らかにする統計調査。

日本の総人口と人口構成推移

日本の人口は約１億2,000万人台ですが、平成23年より年々減少傾向にあります。
（厚生労働省のホームページより）

総人口の推移

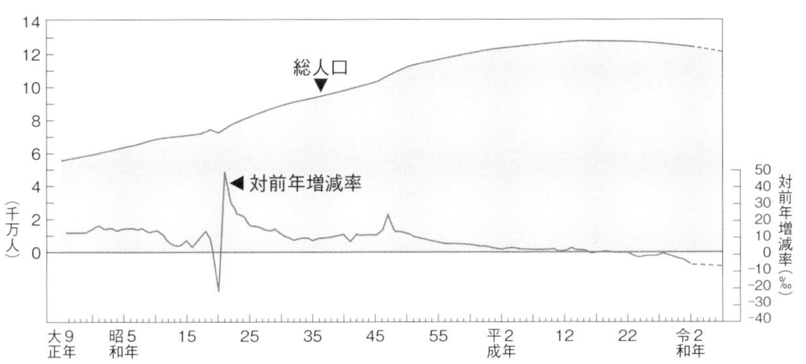

●過去の日本の人口推移

江戸時代末期　3,400万人程度

明治45（1912）年　約5,000万人

昭和11（1936）年　約7,000万人

昭和20（1945）年　約7,200万人

昭和25（1950）年　約8,400万人

昭和42（1967）年　約１億人

昭和48（1973）年　約１億1,000万人

昭和59（1984）年　約１億2,000万人

1967年に１億人を超え、2008（平成20）年の１億2,808万人でピークに達し、その後減少に転じました。

Check!

□日本の人口構成について
日本の人口における生産年齢人口（15～64歳）が占める割合は約60%、65歳以上が約29%となっている。

Advice

今後の不動産市場におけるキーワード「集中」

人口減少時代を迎えたいま、不動産市場を考えるうえでのキーワードは「集中」です。人口が増えていた時代の都市計画（街づくり）は、郊外にニュータウンを建設していくという方向性でしたが、今後は日本全体で見れば大都市圏への集中であり、都市という単位で見てもコンパクトシティ化（P.28）など、都市中心部への集中が試みられています。

5 その他の日本の不動産に関連する統計数値

- 土地の取引件数は例年130万件前後で推移している。
- 日本全国で、空き家は約850万戸程度となっている。
- 中古住宅の流通量は全体の15%程度となっている。

■土地の取引件数

土地取引について、売買による所有権の移転登記の件数でその動向を見ると、全国の土地取引件数は例年**130万件前後**となっています。最近は、土地の取引件数は微増傾向にあるようです。

■空き家の状況

空き家は全国で**約850万戸**となっており、年々増加傾向にあります。どのような建物が空き家になっているか、空き家の種類別の内訳を見ると、「賃貸用又は売却用の住宅」が約460万戸でいちばん多く、売却・賃貸用以外の「その他の住宅」は約350万戸となっています。このような「空き家・空き地が目立つこと」が、昨今の土地問題としてはいちばん身近に感じることではないでしょうか。

■中古住宅の流通の現状

中古住宅の流通量は、年間で**約17万戸**程度となっています。全住宅流通量に占める中古住宅の割合は約15%で、欧米諸国の6分の1程度とかなり低い水準にあります。

この低水準の背景には、中古住宅の**建物評価のしくみ**があります。現在のところ、中古住宅の評価は住宅の状態にかかわらず、**一律に築20年～25年で市場価値ゼロ**として扱われています。この評価方法の見直しを行わないと、中古住宅の市場価値はでてきません。

こうした状況を受けて、インスペクション制度（建物状況調査制度）が導入されるなど、中古住宅の市場流通の活性化に向けてさまざまな施策が展開されています。

MEMO 欧米の住宅流通市場を見てみると、新築住宅の戸数よりも中古住宅の売買戸数のほうが、圧倒的に多い。

不動産に関連する各種データの調べ方

不動産の取引価格などは、国土交通省の「土地総合情報システム」(https://www.land.mlit.go.jp/webland/)で調べることができます。

●土地総合情報システム

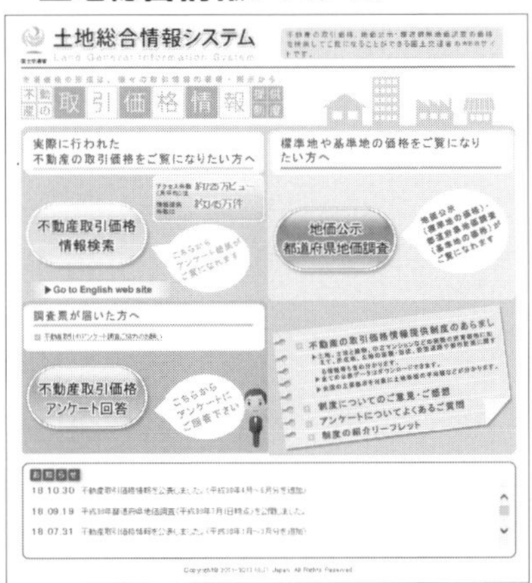

●土地白書

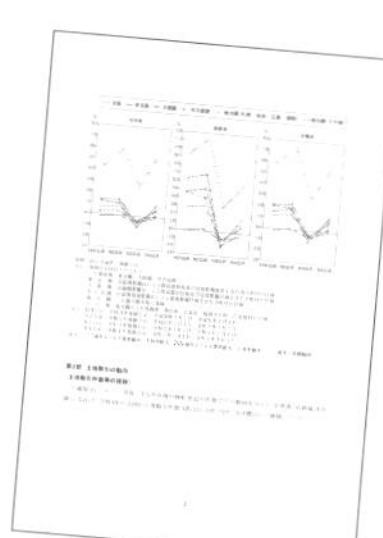

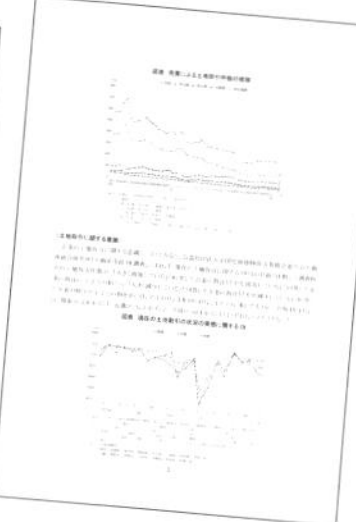

不動産に関連する各種データは「土地白書」で調べることができます。

国土交通省　土地白書 **検索**

プラスα

土地白書の活用

土地白書は、土地基本法第10条に基づき、土地に関する動向及び土地に関する基本施策について、毎年、政府が国会に報告するものです。土地取引の動向や地価の動き、不動産投資や土地利用の傾向などがデータを基に紹介されています。不動産に関する正しい知識を知るための必携データといえるでしょう。PDFファイルになっていて、だれでも活用できます。

6 建築物の基礎知識① 建築物の定義と木造建築のしくみ

POINT
- 建築物とは土地に定着する工作物で屋根と壁・柱がある。
- 建築物は建築材料や工法により分類することができる。
- 木造には在来軸組工法、枠壁工法などがある。

どういう工作物が建築物になるのか

建築基準法では、建築物を**「土地に定着する工作物のうち、屋根及び柱若しくは壁を有するもの」**と定義しています。

ここでは、建築基準法の定めるところの「建築物」について、材料や工法などの視点から、いろいろな特徴を見ていきたいと思います。

建築構造による分類

建築物を建築するにあたり、さまざまな材料が用いられます。その材料と建築構造の違いにより**「木造」「鉄骨造」「鉄筋コンクリート造」「鉄骨鉄筋コンクリート造」**などのように分類できます。まずは日本の住宅の代表的な構造である「木造」を例に、工法について見てみましょう。

木造建築の工法

①**在来軸組工法**：木造建築の代表的な工法。古くからある日本の工法で、在来工法と呼ばれることもある。柱や梁(はり)などの主要な部分の骨組みを木材で構成する。3階建ての建築物を建築する場合は、建築基準法の所定の要件を満たす必要がある。

②**枠組壁工法**：**ツーバイフォー工法**とも呼ばれる。柱や梁などで構成されている在来軸組工法の建物と異なり、**壁や床などの面で構成されている**。面は2×4インチ（38×89㎜）の部材で枠を作りその枠に合板などを打ち付けて作る。この面で建物を箱のように組み立てていく。

木造建築の基礎

基礎とは、**建物の底部で地盤と接点になる部分の構造のこと**で、建物が沈下したり傾斜したりしないように、支持基盤の上に据えつけるものです。基礎には**「独立基礎」「布基礎」「ベタ基礎」「杭基礎」**などの種類があります。

MEMO ツーバイフォー工法で一般住宅が建築されるようになったのは、昭和40年代に入ってから。

木造住宅の工法と基礎

日本の住宅に多く見られる木造建築には、柱や梁を骨組みとする在来軸組工法と、壁や床などの面で構成する枠組壁(ツーバイフォー)工法があります。

●木造建築の工法

在来軸組工法

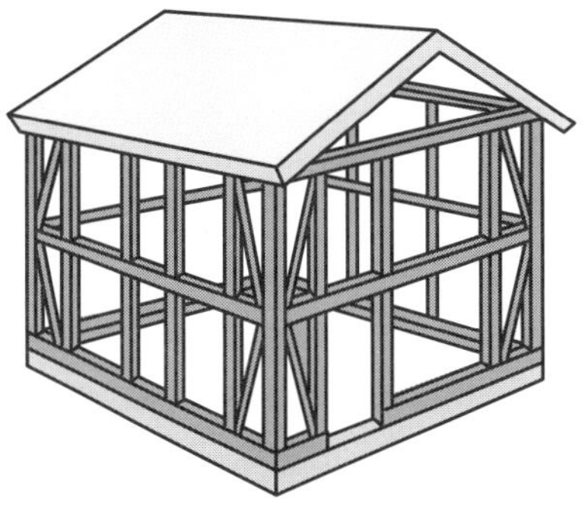

古くからある日本の工法で、柱や梁、筋かいなどを組み上げて作る。

特徴
- 将来的に増改築がしやすく、間取りの制限も少ない
- 開口部を広く取ることができる

ツーバイフォー工法

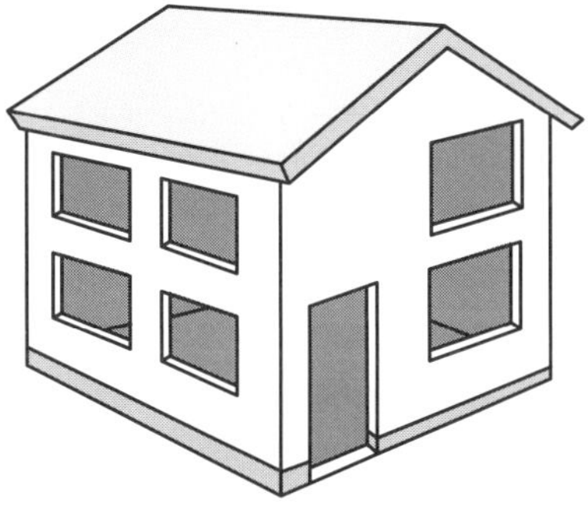

アメリカで開発された工法で、床、壁、天井の面と面で組み合わせて作る。

特徴
- 気密性・断熱性が高い
- 建物を面で支えているので、地震に強い

●木造建築の基礎

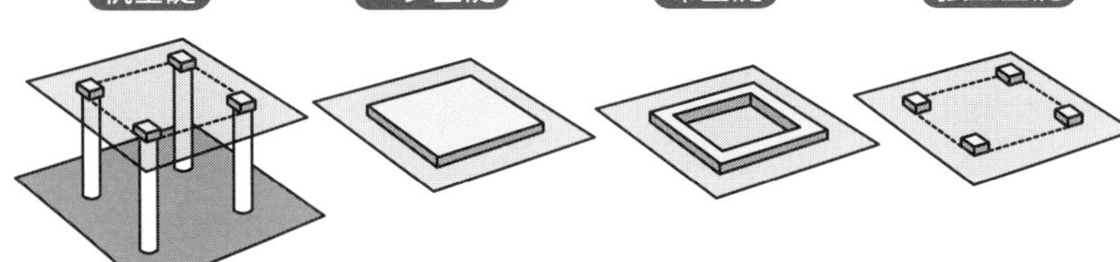

杭基礎：杭を打ち込んで構造物を支える基礎。地盤が軟らかいなど通常の基礎では建築物を十分に支えることができない場合に使用することが多い。

ベタ基礎：建築物の底面全体が鉄筋コンクリートになっている基礎。底全体の面で建築物を受け止める。地面からの湿気やシロアリを防ぎやすい。

布基礎：Tの字を逆にした形状の断面の鉄筋コンクリートが長く連続して設けられている基礎。ベタ基礎に比べてコストを抑えられる。

独立基礎：それぞれの独立柱の下に単独で設けられた基礎。独立フーチング基礎ともいい、大きな荷重がかかる柱などの下に用いられることが多い。

7 建築物の基礎知識② 鉄骨造(S造)

- 鉄骨造とは、鋼材を組み合わせて骨組みを形成する構造。
- 骨組みの構造形式はラーメン構造、トラス構造などがある。
- 鉄筋コンクリート構造などと比べて軽量となる。

鉄骨造(S造)について

近年、個人住宅や集合住宅に採用される機会が増えているのが鉄骨造の建物です。工場で生産される鋼材を組み合わせて骨組みを形成する構造をいい、骨組みの構造形式は「**ラーメン構造**」「**トラス構造**」などが用いられます。

①**ラーメン構造**：ラーメンとはドイツ語で「枠」「額縁」を意味し、柱や梁を強剛に結合させた直方体で構成する骨組みのこと。

②**トラス構造**：トラスとは三角形を基本単位として構成する構造形式のこと。細長い鋼材を三角形に組み合わせて集合させて組み上げていく。

鉄骨造の特徴と短所

鉄骨構造の特徴は、**鉄筋コンクリート構造などと比べれば軽量**で、かつ、材料の強度もあり、鉄の特性として粘り強さがあることです。**耐震性に優れ、変形してもすぐに崩れることはありません。**

短所としては、**加熱に弱いこと**があげられます。通常の火災の温度で骨組みが軟化したり変形したりするため、耐火性を高めるために火や熱に強い材料で鋼材を覆う必要があります。また、鉄という性質上、空気中の酸素と水分により錆(さび)が生じるため、鋼材に防錆処理をする必要もあります。

鋼管内にコンクリートを充填するCFT

CFT*(コンクリート充填鋼管構造)**とは、チューブ状の鋼管内にコンクリートを充填する構造をいいます。主として柱に使われ、低層から高層建築物まで幅広く適用できます。鋼管にコンクリートを隙間なく流し込むことで、鉄骨の特徴であるねばりとコンクリートの強度を手に入れることができます。

用語解説 ＊CFT：Concrete Filled Steel Tube(コンクリート充填鋼管)の略。低層から超高層建築物まで幅広く適用できる。

鉄骨造(S造)の基本

鉄骨造はS造（SはSteelの略）ともいい、木ではなく鋼材を使用して骨組みを形成します。

● 鉄骨造のしくみ

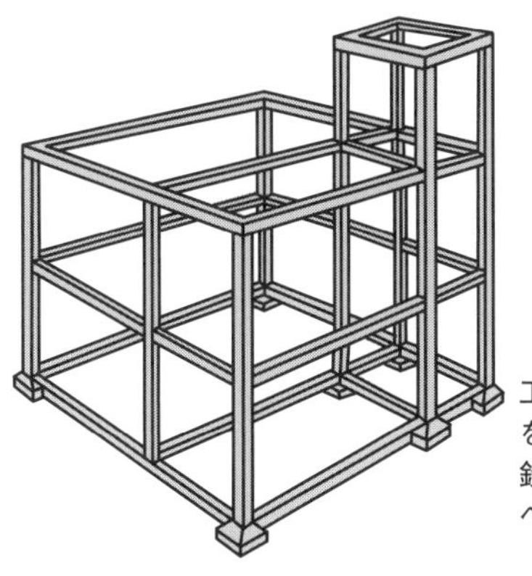

強度と粘りがあるので、最近は個人住宅でも採用されることが多くなりました。

工場で製造された鋼材を組み合わせる構造。鉄筋コンクリートに比べ軽量だが加熱に弱い

ラーメン構造

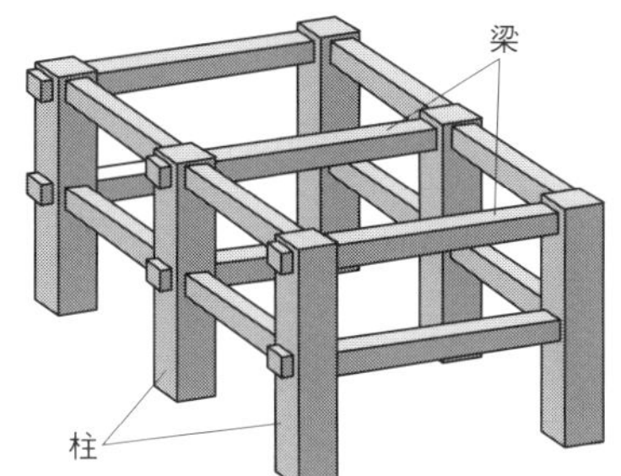

ラーメン構造のラーメンとはドイツ語でRahmen（枠、額縁）を意味する

トラス構造

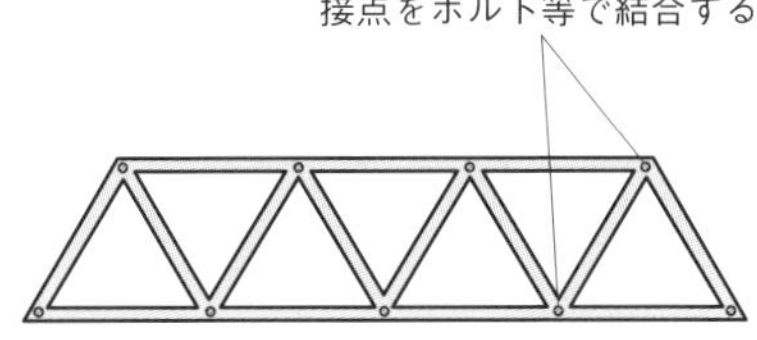

トラス構造とは、細長い鋼材を三角形に組み合わせて集合させる構造をいう

● 耐火性能も高いCFT

鉄骨造に使用する鋼管内にコンクリートを充填するCFTは、充填するコンクリートが熱を吸収する力が強いので、単なる鉄骨造に比べて耐火性能も向上する。

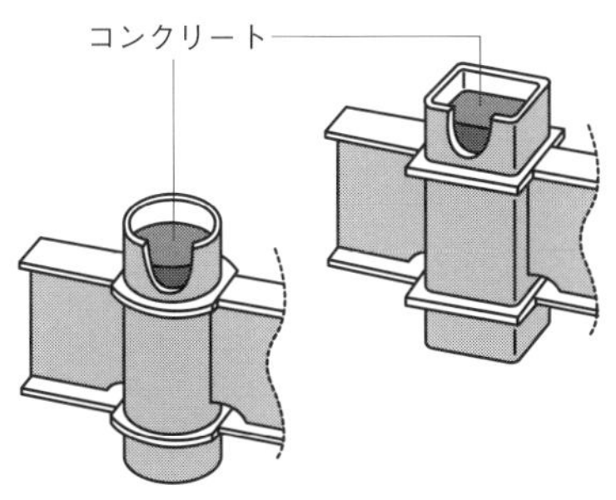

8 建築物の基礎知識③ 鉄筋コンクリート造(RC造)

POINT
- 鉄筋とコンクリートを組み合わせた構造。
- 鉄筋は引っぱり力には強いが圧縮力には弱い。
- コンクリートは圧縮力には強いが引っ張り力には弱い。

■鉄筋コンクリート造(RC造)のしくみ

鉄筋コンクリート造とは、鉄筋とコンクリートというまったく性質の違う材料を組み合わせたもので、一戸建てからマンションまで、幅広く用いられている工法です。鉄筋とコンクリートの性質は、次のように整理できます。

- **鉄筋…引っ張り力には強いが圧縮力には弱い**
- **コンクリート…圧縮力には強いが引っ張り力には弱い**

この2つの素材の長所(引っ張り力に強い、圧縮力に強い)を組み合わせることで、それぞれの短所を補ったものが鉄筋コンクリート造だと考えればよいでしょう。鋼製の棒を一定間隔で配置し、その周りに型を作ってコンクリートを流し込んで鉄筋周りを固めていく製法です。

工事の手順としては、まずコンクリートを流し込む前に**配筋工事**を行い、鉄筋を組み立てます。次に、組み立てた鉄筋の周りに型枠を組み、そこにコンクリートを流し込みます。このコンクリートを流し込む工事のことを**打設工事**(P.40参照)といいます。

■コンクリートについて

コンクリートの主原料は、**セメント**、水、砂利、砂です。このうち、砂利と砂を合わせて**骨材**という場合もあります。

これらの材料を一定の割合で調合して練り合わせたものがコンクリートで、砂利と砂の骨材が、全体の70%程度を占めます。拡大すると、骨材と骨材の間をセメントが埋めているというイメージです。

セメントは水と混ぜると科学反応を起こし、硬化していきます。これを**水和反応**といいます。コンクリートの強度は、これらセメントと水の配合割合により決まります。セメントに対する水の割合を**水セメント比**といいます。

用語解説 ＊水セメント比：セメントに対する水の重量比(P.41参照)。水の重量が多いほど水セメント比は大きくなり、強度は落ちる。

鉄筋コンクリート造(RC造)のしくみと特徴

RCとはReinforced-Concreteの略で「強化コンクリート」の意味。鉄筋とコンクリートを組み合わせている構造の建物です。

鉄筋コンクリート造(RC造)のしくみ

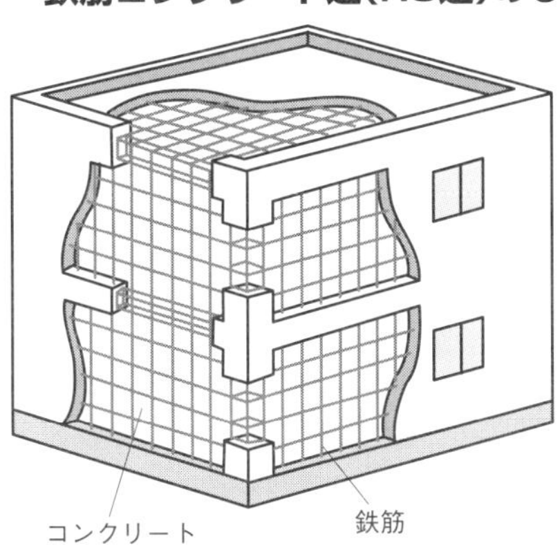

鉄筋とコンクリートという、性質の異なる材料のよいところを活かそうという工法です。

圧縮力に強く引っ張り力に弱いコンクリートを、逆の特性を持つ鉄筋によって補強している。

鉄筋とコンクリートの特徴

鉄筋

【特徴】引っ張り力に強く圧縮力に弱い

コンクリート

【特徴】引っ張り力に弱く圧縮力に強い

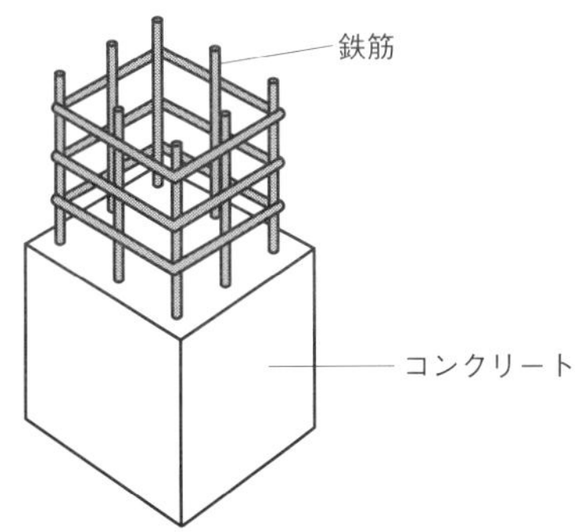

配筋工事

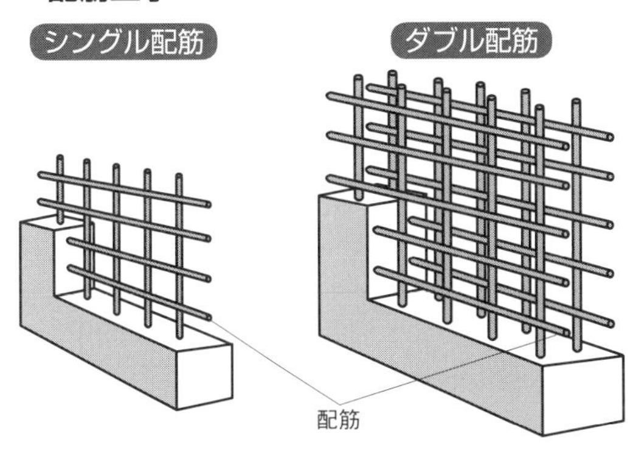

設計図どおりに鉄筋を配置する作業を配筋工事という。配筋には鉄筋が1列のシングル配筋と、より強度が高い鉄筋が2列のダブル配筋がある。

9 建築物の基礎知識④ コンクリート工事の流れ

- 材料は工場で調合され、生コン車で現場に運搬する。
- 鉄筋を複雑に組み合わせた配筋を型枠で囲む。
- 型枠にコンクリートを流し込む作業を打設工事という。

コンクリート工事の流れ

鉄筋コンクリート造の建築物は、鋼製の棒の周囲に型を作ってコンクリートを流し込んでいくことで作られますが、木造や鉄骨造に比べ、コストも時間もかかります。コンクリートの調合から配筋工事、打設工事から型枠を外すまでの作業の流れを、整理してみましょう。

①**工場で材料を調合**：要求されるコンクリートの強度に応じて、水セメント比や骨材の量を決める。

↓

②**生コン車で工事現場へ搬入**：コンクリートはセメントと水を混ぜ合わせたときから固まり始める。また、セメントと水、骨材（砂利と砂）が分離しないよう、ミキサーで混ぜ合わせながら現場まで運搬する。

↓

③**型枠に流し込む**：配筋工事をした鉄筋の周りを囲んで型枠（右図参照）を作っておき、この型枠の中にコンクリートを流し込む。配筋工事は複雑になっており、この鉄筋の隙間にきちんとコンクリートを充填しなければならないため、打設工事はバイブレーターなどで振動を与えながらの作業となる。

↓

④**養生**：セメントがきちんと固まるまで、コンクリートを打ち込んだ後は養生させる。適度な温度と十分な湿度が必要となるため、夏場は散水などをしたり、冬場はヒーターなどで暖めたりする。

↓

⑤**型枠を外す**：構造上の重要性により、型枠を外すまでの期間がそれぞれ定められている。

MEMO コンクリート打設中に降雨があると強度や耐久性が低下するおそれがあるため、雨量が10㎜/h以上になったら中止となる。

コンクリート工事の基礎知識

建築物の強度や仕上がりを左右するコンクリート工事には、丁寧かつ慎重な作業が求められます。

●コンクリートの強度をはかるスランプテスト

コンクリートの強度は、円錐台形の容器にコンクリートを詰め、これを引き抜いたときのコンクリートの上面が低下する数値を測定する「スランプテスト」により調べる。

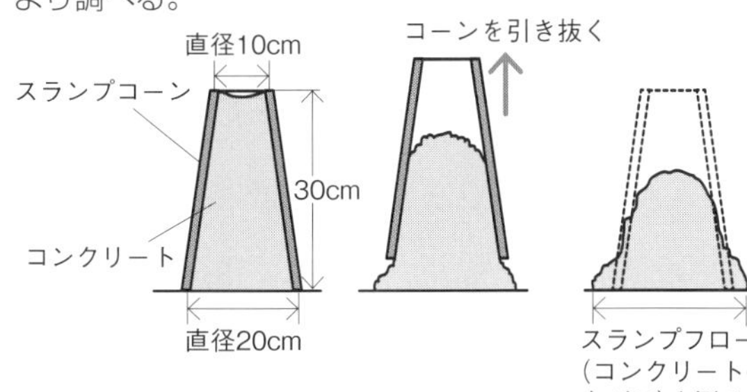

水セメント比

$$\frac{\text{水(kg)}}{\text{セメント(kg)}} \times 100\%$$

水セメント比が大きいと作業性はよくなるが強度は低下する。

Check!

□コンクリートで耐火性と防錆性を補う

「熱に対する弱さ」と「錆びやすさ」という鉄のもつ弱点も、強いアルカリ性と耐火性をもつコンクリートで覆うことで補われる。

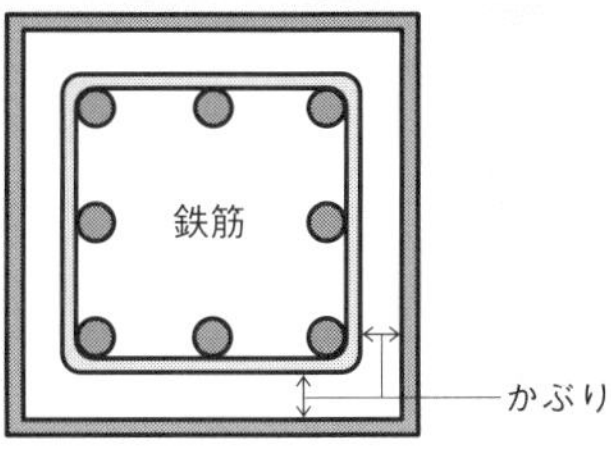

●コンクリートのかぶり厚さ

コンクリート表面から内部の鉄筋までの厚さを「かぶり厚さ」という。かぶり厚さが大きければ大きいほど耐久性は高くなる。かぶり厚さにつき、建築基準法などで一定の基準が用意されている。

●型枠と養生

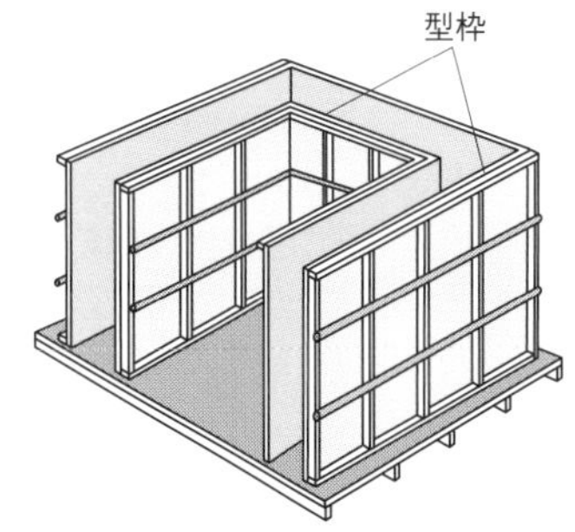

10 建築物の基礎知識⑤ 鉄骨鉄筋コンクリート造(SRC造)

- SRC造は鉄骨・鉄筋・コンクリートの組み合わせ。
- 粘り強く、耐火性や耐震性にも優れている。
- 工期が長くなり、建築コストも割高になる。

鉄骨鉄筋コンクリート造(SRC造)のしくみと特長

鉄骨鉄筋コンクリート造とは、**鉄骨・鉄筋・コンクリートを組み合わせた構造**のことをいいます。骨組みとなる鉄骨の周囲に鉄筋を配し、その周りに型枠を組んでコンクリートを流し込みます。Steel Reinforced Concreteの頭文字をとって**SRC造**と略されます。地震の多い日本で特に発達した建築構造です。

鉄骨造の粘り強さや鉄筋コンクリートの強度など、それぞれの構造の良いところを活用しようというもので、次のような長所があります。

- 鉄筋コンクリート造より強度に優れているので、柱を少なくすることができ、大きな空間を作ることができる。
- 鉄筋コンクリート造と比べて粘り強く、耐震性に優れている。
- 強風など、外部からの力への耐性が高い。
- 鉄骨の周りを鉄筋とコンクリートが覆っているため、耐火性能が高い。
- 木造や鉄骨造に比べ、防音性能が優れている(ただし、防音性能を売りにする建物なら、壁の厚さは200mm以上あったほうが良い)。

高層建築物や大空間に向いている

一方、短所としては、他の構造に比べて部材が多くなり、それらを組み合わせるため、柱や梁の**断面寸法**が大きくなることです。また、建物自体の重量も重くなります。施工も複雑になって工事期間も長くなり、工事費も割高になります。

部材が多いため重くなりますが、他の構造に比べて強度があるので、超高層建築物の下層階に用いられます。また、大規模な空間を支える柱などにも採用されています。

MEMO コンクリートは打設後の3時間から12時間の間で大きな地震があった場合、強度面に影響が生じるといわれている。

鉄骨鉄筋コンクリート造(SRC造)の構造

鉄骨鉄筋コンクリート造（SRC造）は強度や耐震性などに優れており、高層マンションや超高層マンションの下層階などの建築に用いられます。

●鉄骨鉄筋コンクリート造(SRC造)のしくみ

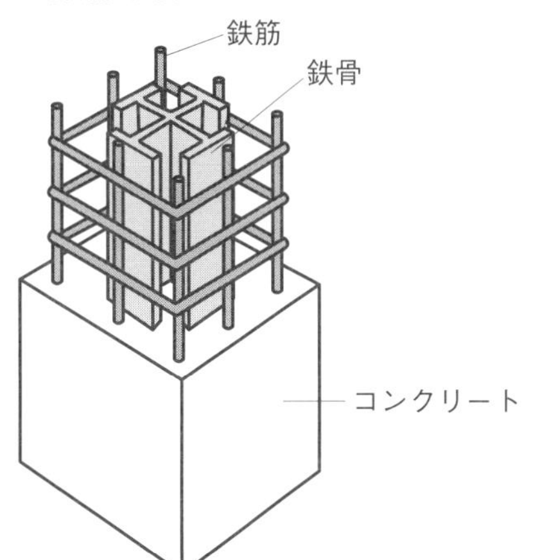

柱や梁などを鉄骨で組み上げ、その周りに鉄筋を配置し、コンクリートを流し込んでいる

●鉄骨・鉄筋コンクリート・鉄骨鉄筋コンクリートの違い

鉄筋コンクリート造（RC造）　**鉄骨鉄筋コンクリート造（SRC造）**　**鉄骨造（S造）**

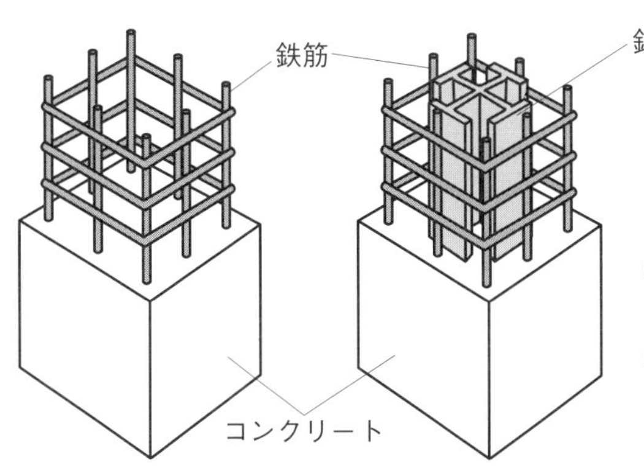

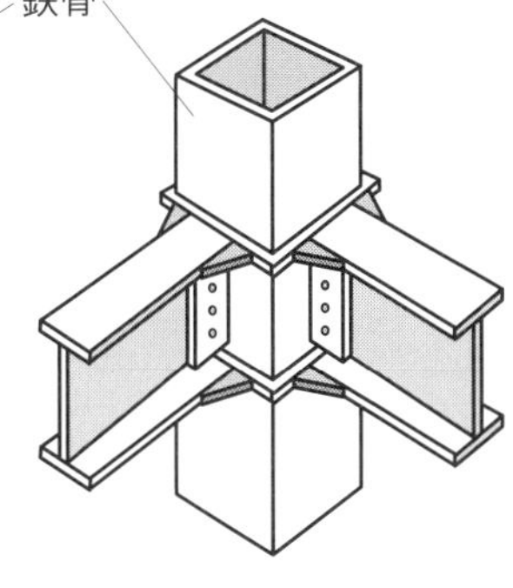

鉄筋を組み、周囲の型枠にコンクリートを流し込んで固めたもの

鉄骨の骨組にコンクリートと、さらに鉄筋を組み合わせてつくられる

柱や梁などに木ではなく鉄骨を使用したもの

11 建築物の基礎知識⑥ 耐火建築物とは

- 耐火建築物とは、火災に対して最も強い建築物のこと。
- 耐火建築物のほかに、準耐火建築物というのもある。
- 防火地域や準防火地域では、建築物に耐火性が要求される。

■耐火構造と耐火建築物について

耐火建築物とは、主要構造物について、耐火性のある鉄筋コンクリート造や鉄骨鉄筋コンクリート造などの耐火構造とするなどの一定の基準を満たした建築物をいいます。

耐火構造の耐火性能とは、以下の３つの性能をいい、内部焼失や延焼防止のほかに、建築物の倒壊の防止も目的としています。

①非損傷性

火災による建築物の倒壊を防止する性能

②遮熱性

壁と床に関して、加熱された面の反対側の面が一定以上の温度に上昇しない性能

③遮炎性

外壁と屋根に関して、屋内で発生した火災が、屋外に火災を広げる原因となる亀裂などを生じさせない性能

■準耐火構造と準耐火建築物

準耐火構造は、耐火構造に準ずる耐火性能のある構造をいいます。主要構造部を準耐火構造とし、外壁の開口部で延焼のおそれのある部分に遮炎性能のある防火設備を設けるなどの基準を満たした建築物を準耐火建築物といいます。**他の建築物への延焼防止**を主な目的としています。

なお、防火地域・準防火地域に指定された地区では、一定の防火基準を満たす建築物としなければなりません。たとえば、防火地域に指定されている区域で建築物を建築する場合、その建築物が３階建て以上であれば耐火建築物(同等以上の延焼防止性能をもつ建築物)としなければならないなどです。

MEMO 高層ビルなどでは、建築物の倒壊を防ぐため、下の階に行くにつれて耐火基準（耐火時間）が厳しくなっている。

建築物の耐火性能

建築基準法では、建築物の規模、用途、立地に応じて、必要な防耐火上の技術的基準が定められています。

●防火上の基準について

- 一定規模を超える大きさの建築物については、主要構造部を耐火構造としなければならない。
- 不特定多数の者が利用する用途または収容可燃物が多い用途の建築物は、耐火建築物または準耐火建築物としなければならない。

Check!

□耐火建築物の性能

耐火建築物は、通常の火災が終了するまでのあいだ、火災による建築物の倒壊及び延焼を防止することが必要であり、建物の内外で発生した火災により建物の構造体が全く燃えないようにして、火災が鎮火した後も建物が崩壊しないものでなければならない。

●準耐火建築物の構造(例)

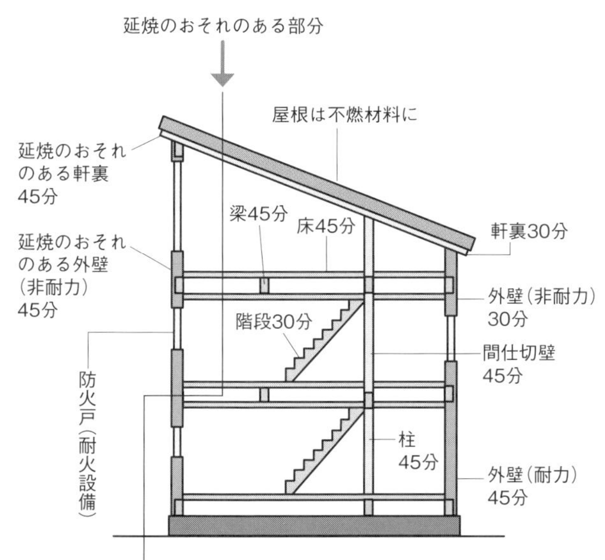

準耐火建築物は、「通常の火災による延焼を抑制する」性能が必要とされ、建物の構造体が時間をかけて燃えるようにすることで、建物の内外で発生した火災の想定時間中に、建物が崩壊しないように作られている。

12 建築物の基礎知識⑦ 耐震・免震・制震構造

- 耐震構造とは建物の強度で揺れに対抗する構造のこと。
- 免震構造は土台に設置した免震装置で揺れを軽減する。
- 制震構造には壁の筋交いや最上階にダンパーを設置する。

「耐震構造」「免震構造」「制震構造」とは

建築における「**耐震**」とは、地震などの際に建築物の破壊または損傷を防ぐ措置をいいます。一般的な耐震性能を備えた構造形式として「**耐震構造**」「**免震構造**」「**制震構造**」があります。

①耐震構造

耐震構造とは柱・梁・耐震壁などで**建物自体の剛性を高め、地震に十分耐えられる強度とする構造**をいいます。現在建てられているマンションにはこの耐震構造が多く見られます。いわば地震の揺れを建物の頑丈さで抵抗しようというもので、②の免震構造や③の制震構造とは異なり、地震のエネルギーが直接的に建物に伝わることになります。そのため、地震の規模によっては柱・梁・壁の損傷や家具の転倒などが生じる場合もあります。

②免震構造

免震構造は建物と地盤の間に積層ゴムやオイルダンパーなどの**免震装置を設置し、建物自体の揺れを減らす構造**です。地震時には建物と地面との間に設置された免震装置が地震の揺れを吸収します。建物と地面を切り離した状態とすることで、建物に地震のエネルギーが伝わりにくくなります。

③制震構造

免震構造と並ぶ新しい構造形式で、建物内に**制震ダンパー(地震の揺れを吸収する装置)を設置し、揺れを制御する構造**をいいます。建物が倒壊しない範囲での建物の変形しやすさを「**粘り(靭性(じんせい))**」といいますが、地震時にはこの粘り強さが重要です。この靭性による建物の変形を穏やかにする装置として、壁の**筋交い(ブレース)部分に制震ダンパーを設ける**などにより建物の揺れを抑えます。また、中高層の建築物の最上階に振り子型のダンパーを設置するタイプの制震構造もあります。

MEMO 建築技術の進展にともない、既存建築物でも基礎や中間階に免震層を設けることで免震化を図ることが可能となった。

建築物の耐震性能について

地震大国である日本においては、さまざまな耐震構造の建築物が研究・開発されてきました。

●「耐震構造」「免震構造」「制震構造」の違い

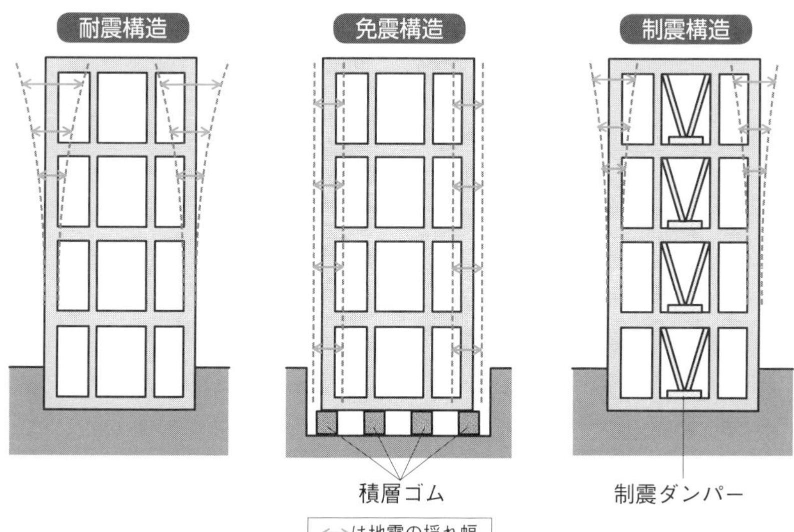

耐震構造　：地震のエネルギーを、建物の堅さと強さで受け止める構造

- 地震の規模によっては主架構（柱・梁・壁）に損傷を生じる場合がある。
- 建物の揺れは、他の構造に比べて大きくなる場合がある。

免震構造　：建物と地面を切り離し、積層ゴムなどの免震装置で地震エネルギーを吸収する構造

- 揺れを抑えるということではいちばん効果が高い。
- 免震装置自体にコストがかかる。また、ある程度の敷地面積が必要。

制震構造　：建物内に配置した制震装置（ダンパー）で、地震エネルギーを吸収する構造

- 耐震構造に比べ、風揺れや地震時の揺れを小さく抑えることができる。
- 改築時ではなく新築時に制震ダンパーを組み込むほうがよいとされている。

Column

空き家問題と空家特措法の施行

全国で850万戸程度あるといわれている「空き家」ですが、その半数以上は賃貸用などの住宅での空き家です。また、別荘なども「二次的住宅」というカテゴリーで空家としてカウントされています。

昨今の空き家で問題となっているのは、これらの「賃貸用住宅」や「二次的住宅」ではない住宅のことで、以前は人が住んでいたがなんらかの事情で住まなくなり、そのまま放置されている状態のものです。国土交通省の「空家実態調査」によると半数以上が壊れたり腐ったりしているとのことで、街の景観を損なうことになるほか、放置することによる保安上の危険性の高まりや衛生上の問題等が生じています。

こうした空き家問題に対応するため、2015年に「空家等対策の推進に関する特別措置法」（空家特措法）が施行されました。この法律によれば、まず自治体が「特定空家」を認定した上で、所有者に対して修繕などを勧告し、所有者が修繕や解体をしない場合は自治体の行政代執行による強制撤去も可能となりました。特措法による「特定空家」の認定基準などは以下のとおりです。

●特定空家の認定

①倒壊等著しく保安上危険となるおそれのある状態

②著しく衛生上有害となるおそれのある状態

③適切な管理が行われないことにより著しく景観を損なっている状態

④その他周辺の生活環境の保全を図るために放置することが不適切である状態にある空家等

●特定空家への段階的対応

①特定空家に認定→②指導・助言→③勧告→④命令→⑤行政代執行

なお、特定空家に認定されると税金面でも各種の特例が適用されなくなります。上記③の「勧告」を受けた場合、固定資産税や都市計画税などの「住宅用地特例」の対象から除外され、従来の納税額から固定資産税は６倍、都市計画税は３倍に跳ね上がります。

PART 2

土地の使われ方

土地は、指定されている用途地域によって、用途が細かく分類されているため、その活用方法も変わってきます。土地を扱うためには、各用途地域の特性をしっかり把握する必要があります。

1 市街化区域と市街化調整区域 …… 50
2 市街化調整区域が生まれた背景 …… 52
3 農地の取り扱い …… 54
4 市街化区域と用途地域の関係 …… 56
5 住居系用途地域①　低層住居専用地域 …… 58
6 住居系用途地域②　中高層住居専用地域 …… 60
7 住居系用途地域③　住居地域・準住居地域 …… 62
8 住居系用途地域④　田園住居地域 …… 64
9 商業系用途地域　近隣商業地域と商業地域 …… 66
10 工業系用途地域　性格の異なる3つの工業地域 …… 68
11 防火地域と準防火地域 …… 70
12 風致地区と景観地区 …… 72
Column◆都市計画図を入手して散歩してみる …… 74

1 市街化区域と市街化調整区域

POINT

- 都市計画区域は市街化区域と市街化調整区域に区分される。
- 市街化区域は市街地を形成する区域。
- 市街化調整区域では建築物を建築できない。

市街化区域・市街化調整区域とは

第１章では、不動産として価値があるのは都市計画区域内の土地であるということを説明しました。ここではもう一歩踏み込んで、土地の使われ方という観点から「**都市計画区域**」を見ていきます。

三大都市圏などの大都市については、都市計画区域内が「**市街化区域**」と「**市街化調整区域**」とに*区分されています。それぞれの定義は以下のとおりです。

【市街化区域】

①すでに市街地を形成している区域

②おおむね10年以内に優先的かつ計画的に市街化を図るべき区域

【市街化調整区域】

市街化を抑制すべき区域

市街化とは建築物を建築して市街地にするということですから、市街化区域内では建築物を建築することはもちろんのこと、道路・公園・義務教育施設などを整備するための効率的な公共投資も行われます。

一方の市街化調整区域は市街化を抑制すべき区域であるため、建築物の建築や宅地の造成工事は原則としてできません。また、市街化区域とは異なり、街づくりのための公共投資も積極的には行われません。

通常、土地利用とは「建築物を建てて活用する」ということであり、その点で考えれば、**市街化区域は利用価値があるが、市街化調整区域は利用価値がない**といえます。地価水準で考えても、市街化調整区域は市街化区域に比べ大幅に劣ります。現実的にも、市街化区域は都市的な土地利用、市街化調整区域は農地的な土地利用となっています。

用語解説 ＊区分：都市計画法では、市街化区域と市街化調整区域に区分することを区域区分という。

市街化区域と市街化調整区域

市街化区域と市街化調整区域は都市計画区域内で指定されます。

都道府県

都市計画区域

市街化調整区域
市街化を抑制する

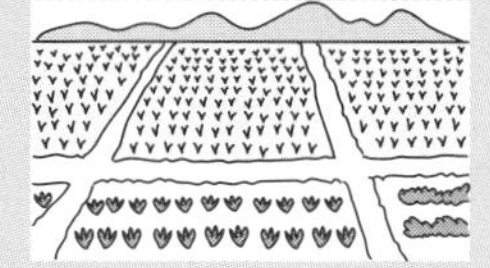

市街化区域
市街化を図る

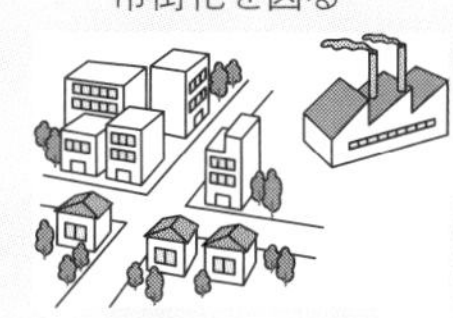

市街化調整区域では、宅地の造成・建築物の建築は原則できないため、利用価値は低い。

● 市街化区域と市街化調整区域における公共施設（都市施設）の整備

- ■ **市街化区域**：少なくとも道路・公園・下水道を定める。住居系の用途地域であれば、義務教育施設も定める。
- ■ **市街化調整区域**：市街化調整区域にも都市施設に関する計画を定めることはできるが、積極的に整備していくとまではされていない。

＋プラスα＋

都市施設の種類

都市施設とは、道路・公園・下水道・学校・病院などの公共・公益施設のこと。都市の骨格となる施設をいいます。その他の都市施設として、卸売市場、火葬場、と畜場、汚物処理場、ごみ焼却場、一般廃棄物処理施設及び産業廃棄物処理施設があります。

2 市街化調整区域が生まれた背景

■無計画に街が広がっていくことをスプロール現象という。
■スプロール現象はかつての高度経済成長期に多く見られ、それを防ぐために市街化区域・市街化調整区域が生まれた。

■計画的に市街地を開発していくために

都市計画区域を「市街化区域」と「市街化調整区域」に区分するという制度ができた昭和43年当時は、いわゆる**高度経済成長期***で、人口が大都市圏に集中しました。その結果、道路や上下水道、学校や病院など、市街地としての施設が未整備のエリアに、次々と建物が建てられ、無計画に、そして無秩序に街が広がっていきました。こういう現象を**スプロール現象**といいます。

無計画に広がった街であっても、行政側は道路や上下水道などの公共施設を整備しなければなりません。当然、あとから追っかけで対処するわけですから、非常に効率の悪いものとなります。

■市街化と同時に環境を守る

スプロール現象を防ぐためには、将来の人口や産業の動向を見据えたうえで、優先的に市街化を図るべき区域と、市街化を抑制すべき区域をわける必要があります。そのために、**計画的に市街地を建設していこうという「市街化区域」と、それとあわせて原則として宅地の造成や建築物の建築を制限する「市街化調整区域」がうまれました。**

なお、この「都市計画区域を市街化区域と市街化調整区域とに区分する」という制度については、三大都市圏や政令指定都市では必ず適用されていますが、それ以外では都道府県が区分するかしないかを選択して適用することになっています。ちなみに、市街化区域と市街化調整区域の面積比は以下のとおりで(国土交通省の調べ)、市街化調整区域が圧倒的に多くなっています。

市街化区域：144万ヘクタール(約27%)
市街化調整区域：373万ヘクタール(約73%)

用語解説 *高度経済成長期：実質経済成長率が年平均10%を超えていた昭和29年から昭和48年までをいう。

人口集中とスプロール現象

スプロール現象とは、無秩序に市街地が膨張していく現象のこと。それを防ぐために市街化区域、市街化調整区域が定められました。

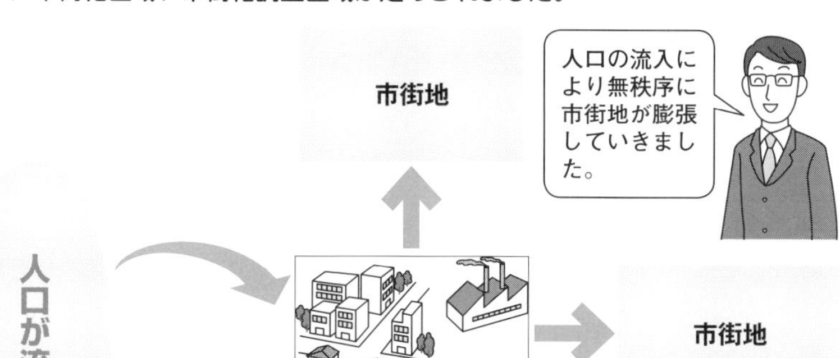

高度経済成長期、都市部に人口が流入した結果、道路や下水道が未整備な町はずれに家が建ち並び、劣悪な市街地が形成されていった。

●大都市と地方都市

市街化区域と市街化調整区域の区分について

- 大都市は必ず区分する。
- 地方都市では必ずしも区分されていない。

都市計画区域

市街化調整区域

市街化区域

非線引き都市計画区域

市街化区域と市街化調整区域を区分していない都市計画区域のこと。おなじ都市計画区域でも、人口はむしろ減少傾向にある地方都市にあっては、わざわざ市街化区域と市街化調整区域に区分する必要がないため、このような都市計画区域もある。

3 農地の取り扱い

POINT
- 農地とは耕作の目的に供される土地のこと。
- 農地は自由に取引できない。
- 農地を宅地に転用することも自由にはできない。

農地を宅地化するには許可が必要

ここでは**農地**として使われている土地について、宅地化することができるのか、取引の対象となるのか、という観点で検討していきます。

農地は日本国内のどこにでもあります。もちろん、多く目にするのは市街化調整区域や、そもそも都市計画区域に指定されていないエリアですが、市街化区域にも農地は残っています。農地法では「農地とは耕作の目的に供される土地をいう」となっており、取り扱う上で、次の2点に留意する必要があります。

- **現況が農地であれば、登記簿上の地目*にかかわらず農地となる**
- **休耕地や耕作放棄地であっても、農地となっている場合がある**

農地には農地法が適用される

農地には**農地法**の適用があり、「農地の保護・農地の有効利用」という観点から、農地の売買や転用に際し、以下のような制限があります。

①農地を農地として売買すること……農地法第3条の許可が必要
②農家が自己の農地を転用（宅地化）すること……農地法第4条の許可が必要
（市街化区域内の農地であれば届出でよい）
③農地を転用（宅地化）目的で売買すること……農地法第5条の許可が必要
（市街化区域内の農地であれば届出でよい）

つまり、**ある土地が「農地」となっている場合、自由に取引できない、自由には宅地化できない**ということになります。

なお、市街化区域内の農地であれば、その転用（宅地化）は、許可ではなく届出で足りるため、市街化調整区域内の農地と比べれば容易といえますが、なるべく農地には手を出さないというスタンスのほうがよいでしょう。

用語解説 *登記簿上の地目：地目とは土地の種類を表す用語のこと。田、畑、宅地、原野、山林など23種類ある（→P.18）。

農地の取り扱い

●どういう土地が農地となるか？

登記簿上の地目が原野や山林でも、現況が農地であれば農地として扱われます。休耕地であっても「農地」の場合があるため注意が必要です。

原野

山林

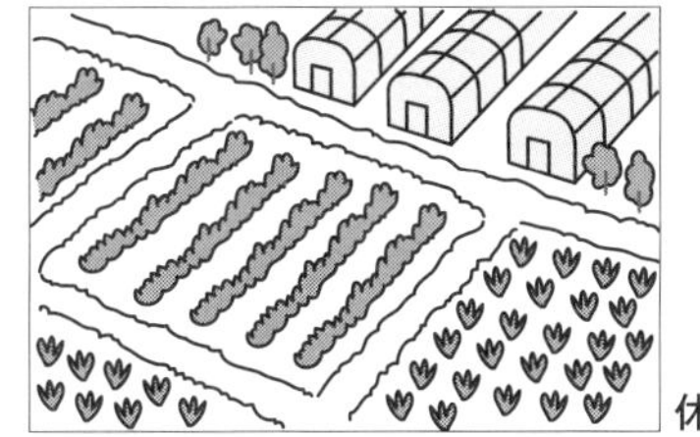
休耕地

●農地を取引(転用)する場合

農地を売買する際にはさまざまな許認可や届出が必要です。

取引(転用)状況	必要となる許可	市街化区域の農地の場合
農地を農地として売買	農地法第３条の許可	市街化区域内であっても許可が必要
農家が自己の農地を宅地化する(自己転用)	農地法第４条の許可	届出で済む
農地を宅地化するために売買	農地法第５条の許可	届出で済む

Advice

農地であることを確認

休耕地や遊休地などの場合で、農地となっているかどうか不明のときは、自治体の農業委員会で農地か否かを確認することができます。取り扱う場合はきちんと確認しましょう。

4 市街化区域と用途地域の関係

- 街づくりは都市計画に基づいて進められる。
- 市街化区域となった土地は何らかの用途地域に定められる。
- 用途地域には住居系や商業系、工業系がある。

市街化区域に指定された土地は用途地域になる

市街化調整区域は「市街化を抑制すべき区域」であったのに対し、市街化区域は**積極的に市街化を図っていく区域**です。市街化を図るということですから「建物を建築していく」というのが前提となりますが、やはりある一定の方向性(都市計画)に基づいた土地活用が求められます。

市街化区域に指定された土地には、以下の**用途地域**(全13種類)のどれかひとつが定められています。用途地域とはその名のとおり**「その土地に建築できる建物の用途」を制限していく制度**です。

たとえば住居系の用途地域に指定されているエリアでは、大規模な商業施設や工場などは建築できません。また、工業専用地域では工場のみを建築することができ、一般住宅の建築は禁止されます。

用途地域の種類

- 住居系(8種類)
  第一種低層住居専用地域・第二種低層住居専用地域(→P.58)
  第一種中高層住居専用地域・第二種中高層住居専用地域(→P.60)
  第一種住居地域・第二種住居地域、準住居地域(→P.62)
  田園住居地域(→P.64)
- 商業系(2種類)
  近隣商業地域・商業地域(→P.66)
- 工業系(3種類)
  準工業地域・工業地域・工業専用地域(→P.68)

MEMO 用途地域ごとに建蔽率(→P.58)・容積率(→P.60)を定め、建物の規模も規制している。

用途地域による街づくり

土地は用途地域によって活用方法が決まっています。

〈住居系〉

**第一種・第二種
低層住居専用地域**

**第一種・第二種
中高層住居専用地域**

**第一種・第二種住居地域、
準住居地域**

田園住居地域

〈商業系〉

商業地域・近隣商業地域

〈工業系〉

**準工業地域・工業地域・
工業専用地域**

Advice

好き勝手に建物は建てられない

用途地域では、建物の用途を制限するほか、それぞれの地域に応じた建蔽率や容積率を定めることにより、建物の規模も制限しています。自分の土地だからといって勝手な建物を建てることはできません。

5 住居系用途地域① 低層住居専用地域

POINT
- 第一種・第二種低層住居専用地域は戸建て住宅街となる。
- 第一種と第二種では建築できる建物の用途が違う。
- 第二種低層住居専用地域では小規模な店舗などは建築可能。

第一種・第二種低層住居専用地域とは

まず、住居系用途地域から見ていきましょう。**第一種・第二種低層住居専用地域**は、「低層住宅のための環境を保護する地域」とされ、文字通り「低層」の戸建て住宅街というイメージです。いわゆる閑静な住宅街であり、昔からの住宅地や新興住宅地などで典型例を見ることができます。

第一種低層住居専用地域及び第二種低層住居専用地域はいずれも、後述する**建蔽率***や**容積率**が低い数値となっているため、建築できる建物の規模は3階建て程度となりますが、「第一種」と「第二種」では「建築できる建物の用途」に違いがあります。

さらに第一種・第二種低層住居専用地域には、「建築物の絶対高さ制限（建築物の高さは10m又は12m）」があります。

【第一種低層住居専用地域】

低層住宅に係る良好な住居の環境を保護するため定める地域

➡原則として住宅のみ建築可能。戸建て住宅のほか、低層なマンションやアパートの建築も認められるが、店舗や事務所などは小規模であっても建築できない。なお、保育園・幼稚園・小学校・中学校・高等学校の建築は認められている。

【第二種低層住居専用地域】

主として低層住宅に係る良好な住居の環境を保護するため定める地域

➡第一種低層住居専用地域の不便さ（例：買い物が不便なため陸の孤島となりうる）を解消するため、第一種低層住居専用地域のイメージを残しつつ、小規模な飲食店や店舗などの建築が許容されている。ただし、面積が150㎡以内までなどの一定の条件がある。

用語解説 ＊建蔽率：敷地面積に対する建物面積の割合。建蔽率50％だったら、敷地面積の50％の部分に建物を建てることができる。

第一種低層住居専用地域と第二種低層住居専用地域

同じ低層住居専用地域でも第一種と第二種とでは、用途制限が一部で異なります。

▼第一種低層住居専用地域

▼第二種低層住居専用地域

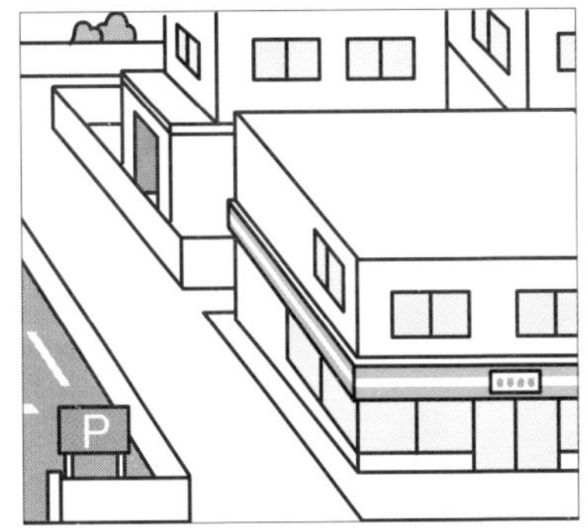

閑静な戸建てが建ち並ぶ住宅街などが典型。建築物の高さは10mか12mまでとされていることが多いため、低層住宅が目立つ。

用途制限の例

	第一種低層住居専用地域	第二種低層住居専用地域
住宅・共同住宅	○	○
幼稚園・小中高等学校	○	○
大学・専門学校	×	×
150㎡以内の店舗	×	○
500㎡以内の店舗	×	×
1,500㎡以内の店舗	×	×
事務所	×	×
カラオケボックス	×	×
パチンコ店	×	×
ホテル・旅館	×	×
映画館	×	×
キャバレー	×	×
倉庫	×	×
150㎡超の工場	×	×

6 住居系用途地域② 中高層住居専用地域

POINT
- 中高層住居専用地域は、中高層住宅のための良好な住環境を保護するための住居系の地域のこと。
- マンション(中高層住宅)などの建築を誘導できる。

第一種・第二種中高層住居専用地域とは

第一種・第二種中高層住居専用地域は、前ページの第一種・第二種低層住居専用地域と同様、「住居専用地域」ですが、こちらは「建築物の絶対高さ制限(建築物の高さは10メートルか12メートルとする)」がありません。よって、**容積率***に応じて３階～５階建て程度の、中高層住宅が建ち並ぶ住宅街となります。

建物の用途規制も第一種・第二種低層住居専用地域よりは少し緩くなり、小中学校などのほか、500㎡以内の店舗なども建築可能となります。

小中高や大学、病院も許容

第一種と第二種、それぞれの特徴を比較すると次のようになります。

【第一種中高層住居専用地域】

中高層住宅に係る良好な住居の環境を保護するため定める地域

➡最寄り駅から徒歩圏内の、中高層の住居専用マンションが建ち並ぶイメージ。「住居専用地域」であるため、事務所は規模にかかわらず建築不可となるが、2階建て以下で床面積500㎡以内の店舗などは建築できる。また、小中学校、高等学校に加え、大学や病院の建築も許容されている。

【第二種中高層住居専用地域】

主として中高層住宅に係る良好な住居の環境を保護するため定める地域

➡建築できる建物の種類は第一種中高層住居専用地域とほぼ同じ。第二種中高層住居専用地域から事務所(2階以下)、1,500㎡以内の店舗であれば建築できるようになる。

用語解説 *容積率：敷地面積に対する、建築物の延べ面積の割合。容積率300%だったら、敷地面積の3倍の床面積の建築物を建築することができる。

第一種中高層住居専用地域と第二種中高層住居専用地域

第一種中高層住居専用地域と第二種中高層住居専用地域は、建築物の規模的には大きな違いはありませんが、第二種になると事務所の建築が可能になります。

▼第一種中高層住居専用地域

▼第二種中高層住居専用地域

最寄り駅から徒歩圏にある住宅街。住居専用地域であっても、低層ではなく中高層のマンションが建ち並ぶ。

用途制限の例

	第一種中高層住居専用地域	第二種中高層住居専用地域
住宅・共同住宅	○	○
幼稚園・小中高等学校	○	○
大学・専門学校	○	○
150㎡以内の店舗	○	○
500㎡以内の店舗	○	○
1,500㎡以内の店舗	×	○
事務所	×	○(2階以下)
カラオケボックス	×	×
パチンコ店	×	×
ホテル・旅館	×	×
映画館	×	×
キャバレー	×	×
倉庫	×	×
150㎡超の工場	×	×

7 住居系用途地域③ 住居地域・準住居地域

POINT
- 住居系用途地域と商業系用途地域のクッションとなる。
- ホテルや旅館、ボウリング場などの建築も可能。
- 準住居地域は国道や幹線道路沿いで指定される。

第一種・第二種住居地域、準住居地域とは

第一種・第二種住居地域と準住居地域には、やや商業的な色合いが入り込みます。第一種・第二種住居地域は第一種・第二種中高層住居専用地域で建築可能な建物のほか、ホテルや旅館、ボウリング場などの建築も可能です。

準住居地域は大きく分けると住居系の用途地域ですが、指定の対象となるエリアは幹線道路沿いなどであり、マンションと自動車修理工場やファミリーレストラン、営業用倉庫などが共存するイメージとなります。

【第一種住居地域】

住居の環境を保護するため定める地域

➡マンションなどのほか、3,000㎡以内の床面積制限があるがスーパーなどの店舗や事務所、ホテル、ボウリング場、自動車教習所などの建築が可能。

【第二種住居地域】

主として住居の環境を保護するため定める地域

➡住居系用途地域と商業系用途地域のクッションとなる地域。マンションなどのほか、1万㎡以下のスーパーなどの建築も可能。ホテルや事務所なども床面積制限がなくなり、カラオケボックスやパチンコ店なども許容される。

【準住居地域】

道路の沿道としての地域の特性にふさわしい業務の利便の増進を図りつつ、これと調和した住居の環境を保護するため定める地域

➡マンションのほか、倉庫や車庫などの自動車関連・物流関連の施設の建築を容認する地域。車両の通行量の多い国道や幹線道路沿いに指定される。客席部分の床面積が200㎡以下の映画館も建築可能。

MEMO ホテルと旅館の違いは旅館業法に定められている。旅館業法上ホテルは「洋式の構造・設備」、旅館は「和式の構造・設備」となる。

第一種住居地域と第二種住居地域、準住居地域の違い

第一種住居地域になると、学校や事務所はもちろん、ホテルの建築も可能。第二種住居地域になると、カラオケボックス、準住居地域には映画館の建築も可能になります。

▼第一種住居地域

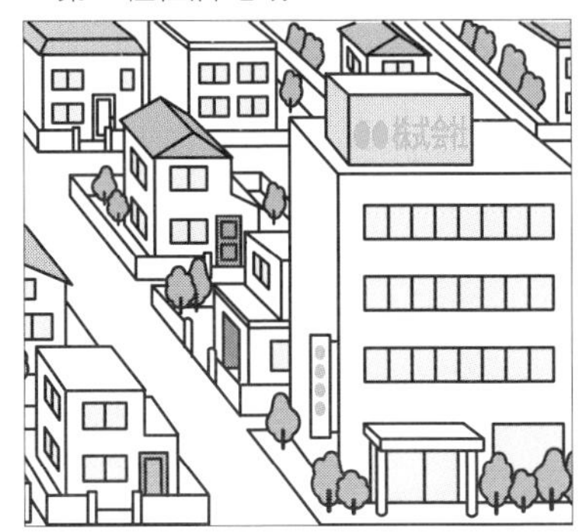

▼第二種住居地域

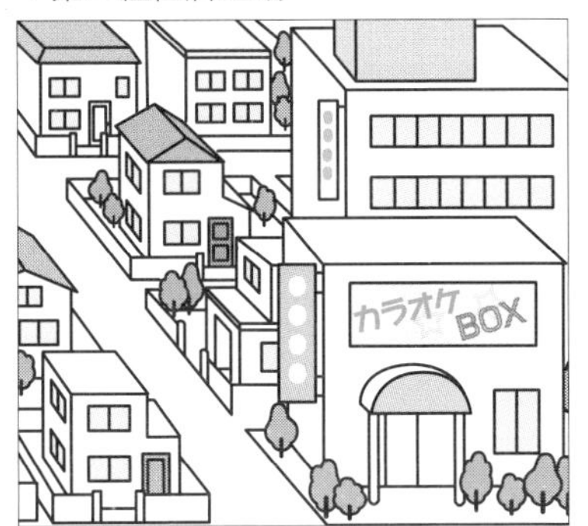

商業系用途地域と住居専用地域のクッション役となるエリア。住宅が中心とはなるが、商業的な建築物も混じり合う。

用途制限の例

	第一種住居地域	第二種住居地域	準住居地域
住宅・共同住宅	○	○	○
幼稚園・小中高等学校	○	○	○
大学・専門学校	○	○	○
150㎡以内の店舗	○	○	○
500㎡以内の店舗	○	○	○
1,500㎡以内の店舗	○	○	○
事務所	○	○	○
カラオケボックス	×	○	○
パチンコ店	×	○	○
ホテル・旅館	○	○	○
映画館	×	×	○(200㎡以下)
キャバレー	×	×	×
倉庫	×	×	○
150㎡超の工場	×	×	×

8 住居系用途地域④ 田園住居地域

POINT

- 近年、用途地域に田園住居地域が追加された。
- 低層住宅の居住環境と農業の利便を図る地域。
- 農産物の直売所などの建築が可能となる。

田園住居地域とは

田園住居地域は、農業の利便の増進を図りつつ、これと調和した低層住宅に係る良好な住居の環境を保護するため定める地域とされ、近年の改正により用途地域に追加されました。

従来、市街化区域内の土地は「農地としての利用」より「宅地化しての利用」とされてきましたが、近年は「都市機能には農業が含まれる」という方向に考え方がかわりつつあります。その流れを受けて創設されたのが田園住居地域です。

田園住居地域内での農地について

田園住居地域内の農地は、宅地化するよりも農地としての保全を図ることにしているため、田園住居地域内の農地において以下の行為をする場合は、市町村長の許可を受けなければならないとされています。

①土地の形質の変更
②建築物の建築
③工作物の建設
④土石などの物件の堆積

田園住居地域内で建築できる建築物

第一種・第二種低層住居専用地域で建築できる建築物に加え「農産物の生産・集荷・処理・貯蔵用建築物」や、農産物の直売所や飲食店などの「農業関係の店舗」を建てることができます。

MEMO 田園住居地域は、第一種・第二種低層住居専用地域内で、良好な農地が残っているエリアが指定の対象となる。

田園住居地域

田園住居地域は、農業の利便の増進を図りつつも、「低層住宅に係る良好な住居の環境の保護」も考えていることから、第一種・第二種低層住居専用地域の「仲間」というニュアンスになる。そのため、第一種・第二種低層住居専用地域と同様に、建蔽率や容積率は低い数値となっており、また、建築物の絶対高さ制限(建築物の高さは10mまたは12m)もある。

用途制限の例

	第一種低層	第二種低層	田園住居地域
住宅・共同住宅	○	○	○
幼稚園・小中高等学校	○	○	○
大学・専門学校	×	×	×
農産物の生産集荷貯蔵用	×	×	○
500㎡以内の農業関係の店舗	×	×	○
150㎡以内の店舗	×	○	○
500㎡以内の店舗	×	×	×
1,500㎡以内の店舗	×	×	×
事務所	×	×	×
カラオケボックス	×	×	×
パチンコ店	×	×	×
ホテル・旅館	×	×	×
映画館	×	×	×
キャバレー	×	×	×
倉庫	×	×	×
150㎡超の工場	×	×	×

9 商業系用途地域 近隣商業地域と商業地域

POINT
- 住宅と商業施設が混在している地域。
- 近隣商業地域は、地元の商店街のイメージ。
- ターミナル駅周辺の繁華街などは商業地域となっている。

近隣商業地域・商業地域の特徴

商業系の用途地域は、**近隣商業地域**と**商業地域**の２つがあります。いずれの地域でも住宅のほか、店舗、事務所、ホテル、パチンコ店、カラオケボックスなどに加えて、映画館、車庫、倉庫、小規模な工場なども建築でき、商業地域になれば、風俗施設などほとんどすべての商業施設の建築が可能になります。

【近隣商業地域】

近隣の住宅地の住民が日用品の買い物をする店舗などの業務の利便を増進するための地域

➡大規模なターミナル駅ではなく小規模な駅周辺の商店街など。近隣の住宅地の住民向けに、総菜や日用品を売っている商店街のイメージ。商業地域の周辺でも見受けられる。商業施設の建築も可能だが、風俗施設などは禁止されている。建蔽率は高いが容積率はあまり高くない数値で指定されていることが多い。

【商業地域】

主に商業の利便を増進するための地域

➡都心部や大規模なターミナル駅周辺などで見受けられる。建蔽率も事実上100％であり、また、**容積率の上限***も相当高い数値に設定されているため、大規模な高層建築物が建ち並ぶ。

危険性の高い工場や大規模な工場などの建築には規制があるが、風俗施設を含め、ほとんどすべての商業施設の建築が可能で、地価水準も高くなる。なお、人や物、建物が集積する地域であるため、防火地域（P.70）となっていることが多く、**耐火性の高い建築物**の建築が要請される。

用語解説 *容積率の上限：近隣商業地域では500％であるのに対し、商業地域は1,300％となる。

近隣商業地域と商業地域

近隣商業地域と商業地域には、危険性の高い大規模な工場などを除けばほとんどの建築物を建てることが可能です。

▼近隣商業地域

▼商業地域

近隣商業地域は住宅地の近隣にある商店街というイメージ。一方、商業地域はターミナル駅周辺の繁華街となる。

用途制限の例

	近隣商業地域	商業地域
住宅・共同住宅	○	○
幼稚園・小中高等学校	○	○
大学・専門学校	○	○
150㎡以内の店舗	○	○
500㎡以内の店舗	○	○
1,500㎡以内の店舗	○	○
事務所	○	○
カラオケボックス	○	○
パチンコ店	○	○
ホテル・旅館	○	○
映画館	○	○
キャバレー	×	○
倉庫	○	○
150㎡超の工場	×	×

10 工業系用途地域 性格の異なる3つの工業地域

POINT
- 工業系用途地域には３種類ある。
- 工業地域までは住宅の建築は可能。
- 工業専用地域は住宅の建築は禁止される。

準工業地域・工業地域・工業専用地域とは

工業系の用途地域には、**準工業地域**、**工業地域**、**工業専用地域**の３つがあります。準工業地域では住居系や商業系の建築物との混在も見られますが、工業地域になると徐々に混在は減っていき、工業色が強くなっていきます。

ちなみに、住宅の建築が可能なのは準工業地域と工業地域までで、**工業専用地域になると、住宅の建築は禁止**されています。

【準工業地域】

主に環境悪化をもたらすおそれのない、工場の利便を図る地域

➡住宅や商店などのほか、工場も建築できる地域。町工場が混在する住宅地というイメージ。環境悪化をもたらすおそれのない工場も建築できるため、商業地域よりも幅広い用途の建築物の建築が可能となる。

【工業地域】

主として工業の利便の増進を図る地域

➡住宅地ではなく工業地としての利便増進を図る地域であるため、学校や病院、ホテルや旅館などの建築はできなくなる。住宅を建てることも可能だが、メインは工場となる。

【工業専用地域】

工業の利便の増進を図る地域

➡危険性が高い工場や著しく環境を悪化させるおそれがある工場など、どのような工場でも建築することができる反面、住宅、店舗、学校、ホテルなどの建築は禁止されている。まさに工業専用の地域となる。

MEMO 危険性が高い工場とは、花火工場、石油コンビナートや製鉄所など。住宅街には建築できない工場をいう。

準工業地域・工業地域・工業専用地域の違い

徐々に工業地としての利便性を優先した区分けになっていきます。

▼準工業地域

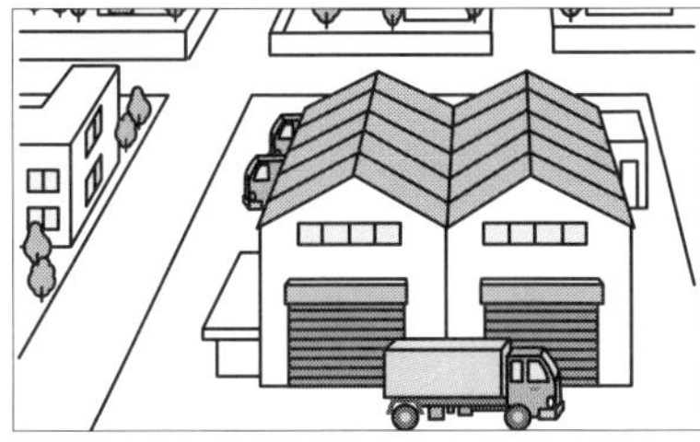

▼工業地域

▼工業専用地域

準工業地域は、危険性の高い工場などを除き、ほぼすべての建築物を建てることができる。工業専用地域は、住宅や店舗、学校などの建築が禁止されている。

用途制限の例

	準工業地域	工業地域	工業専用地域
住宅・共同住宅	○	○	×
幼稚園・小中高等学校	○	×	×
大学・専門学校	○	×	×
150㎡以内の店舗	○	○	×
500㎡以内の店舗	○	○	×
1,500㎡以内の店舗	○	○	×
事務所	○	○	○
カラオケボックス	○	○	○
パチンコ店	○	○	×
ホテル・旅館	○	×	×
映画館	○	×	×
キャバレー	○	×	×
倉庫	○	○	○
150㎡超の工場	○	○	○

11 防火地域と準防火地域

POINT
- 都市部では大規模火災の延焼防止策が必要。
- 防火地域・準防火地域では耐火的な建築物を建てる。
- 準防火地域は住居系用途地域などでも見受けられる。

都市の防災を図る防火地域・準防火地域

都市計画を考えるうえで、住宅やビルなどが密集している都市部では、大規模な火災が起こった場合の**延焼防止を図る**などの、都市防災・建物の**不燃化**が重要な課題となっています。そこで、都市計画法では大規模災害を防止するため「**防火地域**」「**準防火地域**」というものを用意しています。

この防火地域・準防火地域は「市街地における火災の危険を防除するため定める地域」とされ、**耐火建築物**などの建築が求められます。

防火地域はターミナル駅周辺の繁華街など、容積率が大きい数値で設定されている商業系の用途地域に重ねて指定されているケースが多く見られます。一方、準防火地域は防火地域に指定されているエリアを取り囲むように指定されているほか、住居系用途地域などでも見受けられます。防火地域・準防火地域に指定されている場合の、建築物の構造制限は以下のとおりです。

【耐火建築物(同等以上の延焼防止性能をもつ建築物)としなければならない建築物】

防火地域
- 階数が3以上の建築物(地階を含む)
- 延べ面積が100㎡を超える建築物

準防火地域
- 地上階数が4以上の建築物
- 延べ面積が1,500㎡を超える建築物

防火地域または準防火地域内にある建築物は、上記のとおり、建築物の規模に応じて一定の技術的基準に適合するもので、国土交通大臣が定めた構造方法を用いるもの(国土交通大臣の認定を受けたもの)としなければなりません。

MEMO 防火地域内にある一定規模以上の看板や広告塔などについても、主要構造部を不燃材料とするなどの規制がある。

防火地域と準防火地域

建物が密集している日本の都市では、延焼防止を図るためのさまざまな建築制限があります。

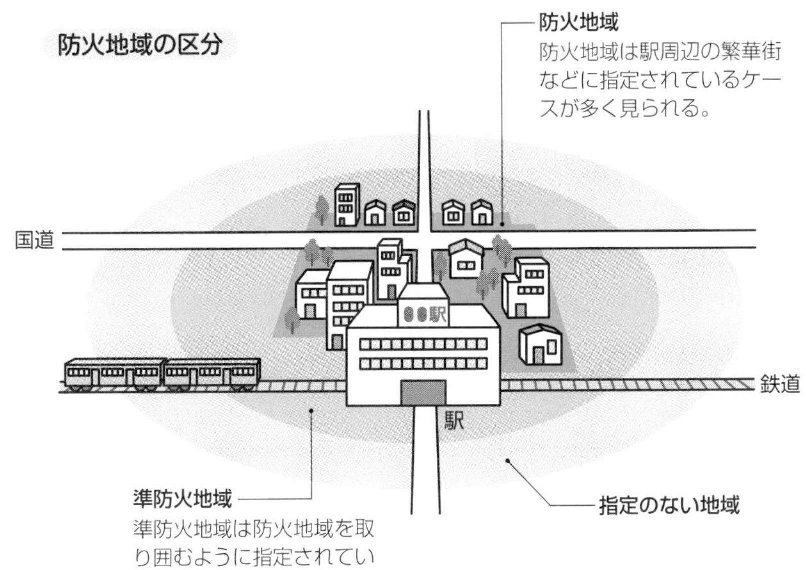

防火地域での構造制限

- 3階建て以上
- 延べ面積100㎡超

いずれかの建築物は耐火建築物（同等以上の延焼防止性能をもつ建築物）とする

耐火建築物か準耐火建築物

耐火建築物としなければならない

準防火地域での構造制限

- 4階建て以上
- 延べ面積1,500㎡超

いずれかの建築物は耐火建築物（同等以上の延焼防止性能をもつ建築物）とする

耐火建築物か準耐火建築物

耐火建築物としなければならない

＊3階建てで延べ面積が500㎡以下であれば、一定の防火建築物でもよい。

12 風致地区と景観地区

POINT
- 風致地区は、都市の自然的な環境を維持する地区。
- 景観地区は、市街地の良好な景観を形成する地区。
- 風致・景観地区以外にもさまざまな土地利用の制限がある。

環境保護や景観形成を目的とした地域

これまでに見てきた用途地域(全13種類)、防火地域・準防火地域のほかに、**風致地区***や**景観地区**というものもあります。

風致地区とは、**都市の風致を維持するために定める地区**で都市にある森林や河川(水辺)などの自然的な環境を保護するためのものをいいます。

一方の景観地区は、自然的な環境ではなく、**市街地の良好な景観の形成を図るために定める地区**です。

風致地区や景観地区が定められている場合、それぞれ以下のような制約が課されます。

【風致地区】

➡建設物の建築や宅地の造成、樹木の伐採などにつき、地方公共団体の条例で、都市の風致を維持するための一定の制限(例:都道府県知事の許可を受けなければならない)が加えられる。

【景観地区】

➡建築物の形態や規模、意匠などに規制が加えられる。これらの規制に従わない場合は工事停止や是正命令が発令され、罰則も用意される。景観地区内で建築等を行うためには、形態や意匠が規制に適合することについて、市町村長の認定を受ける必要がある。

風致地区や景観地区のほか、都市計画法には**高度地区**(高さの制限)、**高度利用地区**(土地の高度利用)、**特別用途地区**(例:文教地区)など、さまざまな地域地区が用意されています。これらの地域地区が指定されている場合、それぞれの目的に応じて土地利用が制限されていきます。

用語解説 *風致:自然的な風景が醸し出すおもむきや味わいなど。風致地区では、風致を守るため木竹の伐採なども規制される。

風致地区と景観地区

風致地区と景観地区は、ともに良好な都市環境を守るために設定された地区です。次のような違いがあります。

風致地区

規制される行為

- 宅地の造成、土地の開墾など
- 木竹の伐採
- 土石類の採取
- 水面の埋立てまたは干拓
- 建築物や工作物の新築、改築、増築または移転など

景観地区

景観地区の指定がある自治体（主なもの）

北海道（倶知安町、ニセコ町）、岩手県（盛岡市、平泉町）、宮城県（仙台市）、東京都（江戸川区）、神奈川県（藤沢市・江の島地区、鎌倉市）、静岡県（熱海市）、三重県（伊勢市）、京都府（京都市）、兵庫県（芦屋市）、岡山県（倉敷市）、島根県（松江市）、広島県（尾道市）、大分県（大分市）、沖縄県（石垣市）など。

Column

都市計画図を入手して散歩してみる

都市計画法や建築基準法による建築制限として、本文でも述べてきたとおり、都市計画区域であるとか市街化区域や市街化調整区域、全13種類の用途地域や用途地域に応じての建蔽率や容積率など、さまざまなものが存在します。

そのため、取引対象となる土地がどのような制限を受けるのかがわからないのではその土地をどう活用するかについての話も進みません。たとえば市街化区域内にあるのか市街化調整区域内にあるのか、市街化区域内にあるとして13種類の用途地域のどれに指定されているのかなどです。

そこで、自治体では主な法令上の制限内容を一枚の地図上に表した「都市計画図」というものを発行しています。この都市計画図を見れば、対象となる土地の用途地域はどうなっているのか、どのような制限を受けることになるのかなどがひと目でわかります。最近では、各自治体のホームページでも用途地域などを調べることができますが、やはり実際の都市計画図を入手して眺めてみることをおすすめします。街全体を見渡すことで、都市計画がもっと身近になるでしょう。

実際に不動産に関連する仕事に就き、具体的な土地の話をすることになったら、まず都市計画を調べなければならず、不動産関係者にとって都市計画図は必須のものとなります。

この都市計画図は市町村単位で作成されており、市町村の役所に行けば買うことができます。価格は市町村によって異なりますが1,000円～2,000円程度です。

おすすめは、まず自分が住んでいる街の都市計画図を入手してみること。そもそも自分がいま住んでいる場所はどの用途地域なのか。建蔽率や容積率はどのような数値で指定されているのかなどから調べてみてはいかがでしょうか。そして散歩がてら近所の住居系・商業系・工業系の用途地域を歩いてみる。いつもの街角の風景が少し変わって見えてくるかもしれません。

PART ③

不動産の価値と住宅ローン

不動産は、日常的に取引されているものの中でも高価な商品のひとつ。その価値はどう評価されるのでしょうか。不動産の価格のしくみと住宅ローンの基礎知識について見てみましょう。

1 土地の価値（価格）を考える …… 76
2 ４つの土地の価格〈一物四価〉 …… 78
3 建物の価値（価格）のしくみ …… 80
4 土地と建物が一体の場合の価値とは …… 82
5 不動産の鑑定評価のしくみ …… 84
6 住宅ローンの基礎知識 …… 86
7 住宅ローンの種類（貸付金利のタイプ） …… 88
8 住宅ローンの返済方法①　返済方法の種類 …… 90
9 住宅ローンの返済方法②　繰上げ返済 …… 92
10 「諸費用」の内訳 …… 94
11 住宅ローン控除について …… 96
Column◆「夫婦で共同してマンションを買う」という意味 …… 98

1 土地の価値（価格）を考える

- 不動産に定価というものはない。
- 公的土地評価は３つあり、土地価格の目安となる。
- 3つの評価以外に実際の取引価格（実勢価格）も参照される。

公的な土地評価を見てみると

ここでは、土地の価値（価格）について考えていきましょう。まずはじめに「**公的土地評価**」といわれているものを紹介します。「公的土地評価」には以下の3つがあります。

① **地価公示価格（公示価格）**…**地価公示法**＊に基づき、全国約３万地点の標準地について、1月1日時点での1㎡あたりの価格が公示されるもの。毎年3月中旬に公表され、土地取引の指標とされている。
なお、これと似た制度に「**地価調査価格（基準地価格）**」というものがあり、これは毎年7月1日時点の価格が9月中旬に公表される。

② **相続税路線価（路線価）**…相続税や贈与税の課税価格を算出するために、国税庁が毎年作成して公表しているもの。税務署で調べることができるほか、国税庁のサイトでも公開されている。

③ **固定資産税評価額**…固定資産税を課税するための基準となる価格で、市町村に備え付けられている固定資産課税台帳の登録価格のこと。ちなみに、固定資産税は、土地・建物（固定資産）の所有者に課税される市町村税。

そのほか、土地の価格には、この3つの「公的土地評価」以外に、**実勢価格（相場・時価）**と呼ばれるものがあります。これは公的土地評価とは異なり公表されているものではありませんが、国土交通省が運営している「土地総合情報システム」（P.33）というサイトで、実際に行われた不動産の取引価格を調べることができます。

用語解説 ＊地価公示法：地価の正常な価格を公示することを目的とした法律。取引価格の目安となる。

土地の価格(公的土地評価)

土地の価格は次の3つの評価を目安に求めることもできます。

	実施主体	時期	目的
公示価格(地価公示)	国土交通省	3月中旬に公表	取引価格の指標
路線価	国税庁	毎年公表	相続税・贈与税の課税
固定資産税評価額	市町村	3年に一度の見直し	固定資産税の課税

●実勢価格について

公的土地評価以外に、実際に行われた不動産取引における実勢価格(相場・時価)も土地の価格の指標となります。

実勢価格の意味合い

- 実際に取引された価格
- 売りに出したときに売れる価格
- 売り手と買い手の間で合意できた価格
- 取引が行われた場合には、その取引金額が実勢価格となる
- 取引がない場合、公示価格や路線価などで探る

プラスα

土地の価値を決める指標

地価公示の主な役割は、以下の3つです

- 一般の土地の取引に対して指標を与えること
- 不動産鑑定評価の基準となること
- 公共事業用地の取得価格算定の基準となること

2 4つの土地の価格〈一物四価〉

- 土地の価格は４つあり、一物四価と呼ばれる。
- それぞれ、価格を求める目的が異なる。
- 実勢価格と地価公示価格は、ほぼ同水準となる。

目的によって土地の価格は分類される

土地の価格には「**実勢価格**」「**公示価格**」「**路線価**」「**固定資産税評価額***」の４種類があり、「**一物四価**」（右ページ参照）といわれることもあります。

これらの価格には格差があり、「実勢価格」と「公示価格」はほぼ同水準と考えられていますが、「相続税路線価」は「地価公示価格」の**８割程度**、「固定資産税評価」は「地価公示価格」の**７割程度**となっています。

なぜこのような格差が生じているかというと、これらの価格を求める目的が異なるからです。

たとえば「固定資産税評価額」は、市町村が所有者に固定資産税を課税する際に参照するものなので、「少しでも低い額を」と配慮されています。そのため、４つの価格のなかではいちばん低い水準となっています。「路線価」は道路（路線）に面した宅地の１㎡あたりの評価額のことで、同様の趣旨から、「地価公示価格」の８割程度としているようです。

公示価格を調べる

その土地の価格が高いのか安いのかをとりあえず判断したい場合、公示価格を用いるのが手軽かもしれません。

公示価格は、国土交通省の**土地総合情報システム**のホームページ（https://www.land.mlit.go.jp/webland/）から調べることができます。必ずしも所在地そのものの価格が公示されているわけではありませんが、所在地に近い**標準地**を調べれば、指標となる取引価格の相場感がわかります。

標準地となっている地域の１㎡の価格のほか、その標準地の**鑑定評価書**もダウンロードできます。

用語解説 ＊固定資産税：市町村が１月１日現在の土地や家屋（固定資産）の所有者に対して課税する税金。

4つの土地の価格、一物四価

土地の価格は以下のように分類されています。

価格の種類	実勢価格との乖離	内容および調査先
実勢価格	—	実際に不動産の取引が成立する価格のこと。時価。 ➡土地総合情報システム https://www.land.mlit.go.jp/webland/
公示価格	90～100%	全国に定められた「標準地」を対象に、国土交通省が毎年1月1日時点に公示する価格のこと。 ➡土地総合情報システム https://www.land.mlit.go.jp/webland/
路線価	80%	道路（路線）に面した宅地の1㎡あたりの評価額のこと。 ➡国税庁の路線価サイト https://www.rosenka.nta.go.jp/
固定資産税評価額	70%	市町村が所有者に固定資産税を課税する際の基準となる評価額のこと。 ➡全国地価マップ https://www.chikamap.jp/

固定資産税評価額は課税の参考にする価格なので、少しでも低い額になるよう配慮されています。

どういう事項が公示されているか

公示価格で公示される主な事項は次のようなものです。

- 標準地の住所
- 1㎡（単位面積）あたりの価格
- 水道、ガス、下水道の整備の状況
- 鉄道などの交通施設との接近の状況（最寄り駅）など。

〈例〉

標準地番号	新宿-24
住所	西早稲田2－18－35
価格(円/㎡)	580,000(円/㎡)
給排水等状況	ガス・水道・下水
交通施設、距離	西早稲田、260m

3 建物の価値（価格）のしくみ

■中古住宅の価値（価格）は、耐用年数から逆算する
■木造住宅の耐用年数は22年程度とされている。
■マンション（鉄骨鉄筋コンクリート）だと47年程度となる。

■中古住宅の価格を査定するには

建物の価値（価格）は、新築のときがいちばん高く、築年数を経過することにより低下していきます。日本の住宅の寿命は**25年～30年程度**といわれていますが、こうしたことを考慮すると、たとえば中古の木造住宅の場合、築年数に応じた価格はいったいどれくらいになるのでしょうか。

建物についての正確な価格査定方法はありませんが、建物の「**耐用年数**」を用いて中古建物の価格を査定していく方法もあります。

国税庁のホームページによれば、住宅の耐用年数は以下のとおりです。

・木造住宅…22年
・マンション…47年

これをもとに、11年前に1,800万円で建てた木造住宅を例に試算してみましょう。この建物の耐用年数を22年とし、その住宅を現時点で新築した場合の**建築費**（**再調達原価**＊）も1,800万円だったとします。

$$1{,}800万円 \times \frac{22年-11年}{22年} = 900万円$$

ざっと試算するとこのような価格になります。この耐用年数の考え方でいけば、上記の建物の価値は建築後22年経過すればゼロになるわけです。

とはいえ、耐用年数による減価償却についてのルールは、税務上・会計上の取り決めでしかありません。本来の意味での「建物の寿命」ということではないので、実際にその建物が何年もつのかは一律に判断できません。

用語解説 ＊再調達原価：現在時点で同じ不動産を再度取得するとした場合に支払わなければならない価額。

国税庁による建物の耐用年数の例

建物の耐用年数は建築方式や使用目的により、次のようになっています。

	住宅	店舗	事務所
木造	22年	22年	24年
鉄骨造	34年	34年	38年
鉄骨鉄筋コンクリート	47年	39年	50年

中古住宅の価格査定の例（耐用年数を22年とする場合）

■新築　価格1,800万円

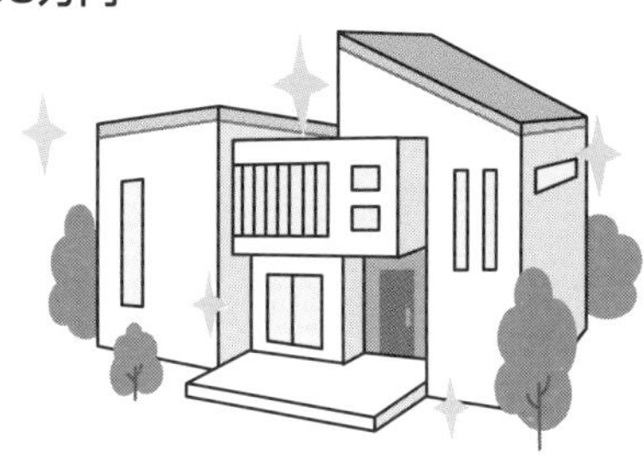

■築11年　価格900万円

耐用年数22年から築年数11年を差し引き、その割合を新築価格に掛けて求める。

$$1{,}800\text{万円} \times \frac{22\text{年}-11\text{年}}{22\text{年}} = 900\text{万円}$$

■築22年　価格0円

実際にはまだまだ使えても、木造住宅の耐用年数は22年なので価値はゼロになる。

$$1{,}800\text{万円} \times \frac{22\text{年}-22\text{年}}{22\text{年}} = 0\text{円}$$

4 土地と建物が一体の場合の価値とは

- 土地は更地価格がいちばん高く、建物があると減価される。
- 建物付きの場合、土地の使用方法とマッチしているか。
- 建付減価とは、建物があることによるマイナス分をいう。

建付減価とは

土地と建物が一体の不動産となっている場合、その価値（価格）はどのようにして求めればよいのでしょう。まず、土地と建物が一体の不動産とは、土地の上に建物が建っている不動産のことですが、**土地の価値（価格）がいちばん高いのは、一般的には土地の上に建物がなにも建っていない更地**です。

では、この更地価格が１億円として、土地の上に2,000万円の建物が建っているとしましょう。そうなるとこの土地建物の評価額（価格）は土地と建物の価格を単に足し算して１億2,000万円になるのかというと、そうではありません。

建っている建物がその土地の使用方法とぴったり一致している状態を「**最有効使用**」といいますが、この状態であれば、更地価格＋建物価格＝土地建物価格となる場合もあります。ところが、土地の上に入居者の見込めないアパートが建っているなど、土地が有効利用されているとはいえない場合だと、そういうわけにはいきません。さらに、建物を撤去して更地にし、最適な建物を建て直したほうがよいと判断されるような状態であれば、その撤去費用（仮に1,000万円とします）を考慮しなければならないため、

更地価格１億円 — 撤去費用1,000万円 ＝ 9,000万円

と更地価格を割り込んでしまうこともあります。

このように、建物が建っていることによる減価分のことを「**建付減価**（たてつけ）」といいます。先に土地は更地のほうが価値があるといったのは、建付減価を考慮する必要がないからです。ちなみに、土地と建物が一体の不動産となっている場合において「建付減価ゼロ」になることはかなり異例であると考えておいたほうがいいでしょう。

MEMO 最有効使用の状態は、その不動産の交通接近条件や行政的な条件や法規制、周囲の環境や利用状況等などを総合しての判断となる。

土地に建物が建っている場合の価格の求め方

土地・建物が一体となっている不動産の価格は、次のようにして算出されます。

大前提　土地は更地の状態がいちばん価値がある。

▼

土地の上にどのような建物が建っているかで価格を考える。

■土地の使用方法として最適な建物が建っている場合

➡グレード、用途、規模、築年数などが使用方法と一致している（「最有効使用」という）

例：高級住宅街に高級な戸建て住宅が建っている
　　商業地に高度利用の商業ビルが建っている

最有効使用の状況

土地の価格　＋　建物価格

■最適とはいえない建物が建っている場合

➡建付減価が発生している

例：商業地域に規模の小さいビルが建っており建付減価が発生している。

（土地の価格 ＋ 建物価格）　×　（1－建付減価）

■取り壊して建て直したほうがよい建物が建っている場合

➡撤去費用を考慮しなければならない

土地の価格　－　撤去費用　（更地価格を割り込む）

5 不動産の鑑定評価のしくみ

- 不動産の鑑定評価は不動産鑑定士が行う。
- 鑑定評価は、原価法・取引事例比較法・収益還元法で行う。
- 3つの鑑定評価より算定した価格を試算価格という。

不動産の鑑定評価をするには

不動産の鑑定評価とは、読んで字のとおり土地や建物などの経済価値を鑑定するということをいい、**不動産鑑定士**（不動産の鑑定評価に関する法律に基づき制定された国家資格）が、国土交通省が定めた「**不動産鑑定評価基準**」により行います。

不動産は**個別性**（同じものがない）・**希少性**（量が少ない）という特性があり、一般の商品とは異なり市場の流通を通じての価格形成が難しいといえます。そのため専門家による**鑑定評価**が必要となる場面も生じます。

鑑定評価を行うための3方式

不動産鑑定士が不動産の鑑定評価を行うにあたっては、次の３つの方式を適用することとされています。

- **原価法（費用性）**：対象不動産の再調達原価を求める。作り直したらいくらかかるかという視点からの価格判定。再調達原価から**減価修正***を行う。
- **取引事例比較法（市場性）**：周辺で行われている取引事例を収集し、必要に応じて修正を加えて価格を求める。
- **収益還元法（収益性）**：対象不動産が将来にわたって生み出す収益（家賃収入、土地の賃貸料など）から逆算して現時点の価格を求める。

このように、費用性（原価）・市場性（取引価格）・収益性（家賃など）という３つの視点からのアプローチにより判定した価格を**試算価格**といい、これらの試算価格を調整したうえで最終的な鑑定評価額を導きだします。

なお、不動産鑑定評価基準によると、鑑定評価の対象となる不動産の実情などで、この３方式の併用が困難な場合でも、「その考え方をできるだけ参酌（さんしゃく）するよう努めるべきである」とされています。

用語解説 ＊減価修正：物理的、経済的、機能的要因に基づいて発生した減価額を、対象の不動産の再調達原価から控除して適正な価格を求めること。

鑑定評価を行うための3方式

不動産鑑定士は、以下の3つの評価方式より試算価格を判定します。

評価方式	評価対象となるもの	
原価法	●再調達原価を求める どれくらいの費用がかかるか	費用性
取引事例比較法	●取引事例から相場を求める 同種のものが市場でどの程度の価格で取引されているか	市場性
収益還元法	●収益性に着目する そのものから将来、どれくらいの収益を得られるか	収益性

●収益還元法による価格計算例

純収益 ÷ 還元利回り ＝ 価格

例：純収益が60万円で、還元利回り（地域や建物などにより異なる）が6％である場合（直接還元法）

$$\frac{60万円（純収益）}{6\%（還元利回り）} = 1{,}000万円$$

直接還元法のほかにDCF法（ディスカウントキャッシュフロー法）もあります。

対象不動産を賃貸することで得られるであろう純収益の額と、売却によって得られるであろう価格を合算し、それを現在の価格に割り戻して計算する方法です。

※例：〇年後の1,000万円は現在の価格に割り戻すと945万円…など

プラスα

純収益と還元利回り

純収益とは以下の式より求めることができます。
純収益＝賃料収入－（管理費＋税金＋修繕費＋空室損失）
また、還元利回りとは、純収益から不動産の価格を求めるための利回りのこと。正確なものはなく、投資会社などが発表している数値を参考とします。

6 住宅ローンの基礎知識

POINT
- 自己資金の目安は頭金＋諸費用で３割程度。
- 貯蓄額のうち頭金として使える額を計算する。
- 「諸費用」の目安は価格の10%程度となる。

資金計画と自己資金

ここでは一般の方が不動産を購入するにあたっての**資金計画**について考えたいと思います。資金計画の目的は、手持ちの資金と住宅ローンをあわせて「だいたいこれくらいの価格のものなら購入できそうだ」という額を算出することですが、そのためには、まず「**手持ち資金**」について知っておく必要があります。

手持ち資金、すなわち**自己資金（貯蓄額）**は、不動産を購入するにあたり多いに越したことはないのですが、自己資金をすべて頭金として使うわけにはいきません。というのも、後ほどあらためて触れますが、不動産を購入する際には各種の**税金**や**手数料**などの「**諸費用**」がかかるからです。

これら諸費用の目安は、**物件価格の10%程度**。貯蓄額が500万円あったとしても、諸費用に200万円かかるとすれば、頭金として使える額は300万円となります。

一般に、頭金として物件価格の２割程度は用意したほうが無難ですので、諸費用も考慮すれば、**自己資金の目安として、頭金＋諸費用で３割程度あると安心**です。

最近では頭金を用意せず、頭金ゼロで住宅ローンを組む事例も見受けられます。また「諸費用」についても住宅ローンとは別に「**諸費用ローン**」が登場するまでになりました。

しかし、頭金ゼロで住宅ローンを組むということは元本も大きくなるということであり、その後のローン返済負担も重くなります。また、住宅ローンの返済期間も長くなるため、生活環境の変化によるリスクも高くなります。あまりおすすめすべきではありません。

MEMO 住宅ではなく、アパート建設の際に組むのは「アパートローン」となる。住宅ローンより利率が高い。

住宅ローンの借入額と返済負担額の割合

住宅ローンを算出する過程を具体例で見てみましょう。

■フラット35(住宅金融支援機構)による借入額の検討

借入限度額は、以下のいずれかの少ない金額とされる

①物件価格
②年収に対する年間の返済額から計算する金額

年間の返済額からの計算

年 収	返済負担率
400万円未満	30%以下
400万円以上	35%以下

＊年収が500万円であれば、年間の返済額は175万円(毎月14.6万円程度)となる。これに返済期間・利率などを考慮して借入限度額を計算する。

＊住宅金融支援機構のホームページ内の「フラット35らくらく診断」を用いると借入限度額をかんたんに計算できる。

設定例

年齢35歳・年収500万円・他の借入金なし・返済期間35年・元利均等返済

金 利	借入限度額	総返済額
3%	3,789万円	6,125 万円
2%	4,402万円	6,125 万円
1.0%	5,166万円	6,125 万円
0.8%	5,340万円	6,125 万円
0.6%	5,523万円	6,125 万円

夫の収入だけでは希望する物件のローンが組めない場合、妻の収入をあわせての住宅ローンを組むこともできます。なお「妻」には婚約者または内縁関係にある方も含まれます。

7 住宅ローンの種類（貸付金利のタイプ）

- 変動金利型は、金利変動により支払額が変化する。
- 固定金利型は、金利が一定のため支払額は変化しない。
- 固定金利型のほうが金利は高い。

■「変動金利型」と「固定金利型」

住宅ローンの貸付金利には、大きく分けると「**変動金利型ローン**」と「**固定金利型ローン**」の2つのタイプがあります。

●変動金利型ローン

その時々の金利動向に応じて定期的に金利の見直しが行われ、それによって**返済額が増減**します。市中金利が上がれば適用される金利も上がり、市中金利が下がれば適用される金利も下がります。昨今は低金利時代でもあるため、特に低い金利となっています。また、変動金利型でスタートしてから、後になって固定金利型に変更することも可能です。

・メリット：固定金利型より金利が低いため、支払額が少なくて済む
・デメリット：金利の上昇時に支払額が増える

●固定金利型住宅ローン

契約時点で**借入期間中の金利が固定される**タイプです。変動金利型と異なり、どのような社会情勢になったとしても借入期間中の金利は変わりません。なお、当初の金利が完済まで変わらない**全期間固定**のものと、**一定の時期だけ固定（例：10年）するもの**があります。

固定金利型は返済額があらかじめ決まっているため、返済計画が立てやすい反面、変動金利型と比べ金利が高くなります。金利の見直しもできません。

・メリット：金利が上昇しても支払額は上昇しない
・デメリット：低金利時代が続いても支払額は少なくならない

なお、金融機関により、固定期間が終了後、固定金利型と変動金利型を選択できるタイプや、固定金利型と変動金利型をミックスできる**金利ミックスローン**なども開発されています。

MEMO 変動金利の見直しは、各金融機関にて、短期プライムレートを基準として半年ごとに行われる。

「変動金利型」と「固定金利型」住宅ローンの違い

変動金利型と固定金利型では以下の点が異なります。なお、条件はありますが途中で変更することも可能です。

■適用される金利

	変動金利型	固定金利型（10年）	固定金利型（全期間）
適用金利	0.4～0.9%	1.0～1.8%	1.4～2.2%
平均金利	0.5%	1.5%	1.8%

＊2023年1月時点での主要都市銀行の金利の目安です。金利は情勢に応じて動きます。

■メリットとデメリットの比較

	変動金利型	固定金利型（全期間）
メリット	・金利が低い ・金利設定手数料が低い ・固定金利型に変更可能	・返済額が一定 ・金利上昇のリスクがない ・返済計画が立てやすい
デメリット	・金利上昇のリスクがある ・半年に1回程度、金利が変動する可能性がある	・変動型と比べて金利が高い ・金利の見直しができない

＊金融機関によっては、固定期間が終了したら固定と変動を選べるローンもある。
＊多くの金融機関では、変動金利型の返済額は５年間一定にしている（５年ルール）。

それぞれにメリット・デメリットがあるので、顧客のライフスタイルに合ったものをすすめましょう。

プラスα

変動と固定、人気があるのは？

利用の多い住宅ローンの金利タイプは変動と固定のどちらでしょうか。国土交通省住宅局の「民間住宅ローンの実態に関する調査（令和3年度）」によると、変動金利型が約70%、固定期間選択型が約17%、全期間固定型3%、証券化ローン約10%となっています。将来の経済情勢はなかなか予測できないものの、金利動向などのニュースに関心を持っておくことをおすすめします。

8 住宅ローンの返済方法① 返済方法の種類

POINT

- 元利均等返済は、返済額が一定。
- 元金均等返済は、当初の返済額が大きい。
- 元金均等返済のほうが利息が少ない。

「元利均等返済」と「元金均等返済」

住宅ローンの返済方法には、「**元利均等返済**」と「**元金均等返済**」の2つがあります。それぞれの特徴を見てみましょう。

【元利均等返済】

住宅ローンの返済期間中、毎回の返済額（元金＋利息）を一定にするタイプです。元金と利息の返済割合が返済期間の経過に従って変わっていくしくみで、返済開始当初は利息部分の支払いが大きく、返済が進むにつれて元金部分の支払い割合が大きくなっていきます。

- **メリット：月々の返済額は一定。**
- **デメリット：返済開始当初は利息の支払い額が大きく、元金はほとんど減らない。**

【元金均等返済】

毎回の返済額のうち、元金の返済額を一定額にするタイプです。毎月の返済で元金が一定額減少していきますので、利息は毎月計算することになります。そのため、毎月の返済額は月により異なります。

返済開始当初の返済額は多くなりますが、元金の減少に伴い利息も少なくなるので、期間の経過とともに返済額は少なくなっていきます。

- **メリット：総支払額は元利均等返済よりも少なくなる。**
- **デメリット：毎月返済額が変動する。返済開始当初は返済額が大きくなる。**

ちなみに、民間の金融機関での取り扱いを見ると元利均等返済のほうが一般的です。いずれにしても、住宅ローンは長期にわたるので、慎重な返済計画を立てることが重要といえます。

MEMO 住宅ローンで発生する４大コストとして、支払利息、手数料、保証料、団体信用生命保険料（団信保険料）がある。詳細はP.94にて。

「元利均等返済」と「元金均等返済」のしくみ

住宅ローンの返済方法には、以下の２種類があります。

●元利均等返済

メリット

返済額（元金＋利息）が一定のため、返済計画が立てやすい。
元金均等返済に比べて、返済開始当初の返済額が少ない。

デメリット

元金均等返済よりも総返済額が多くなる。
借入金残高の減り方が遅い。

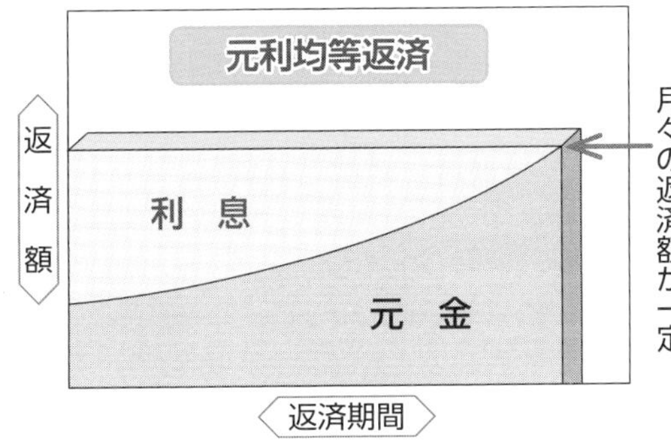

●元金均等返済

メリット

元利均等返済に比べて、利息の減少が早い。
元利均等返済よりも総返済額は少なくなる。

デメリット

返済開始当初の返済負担が重い。

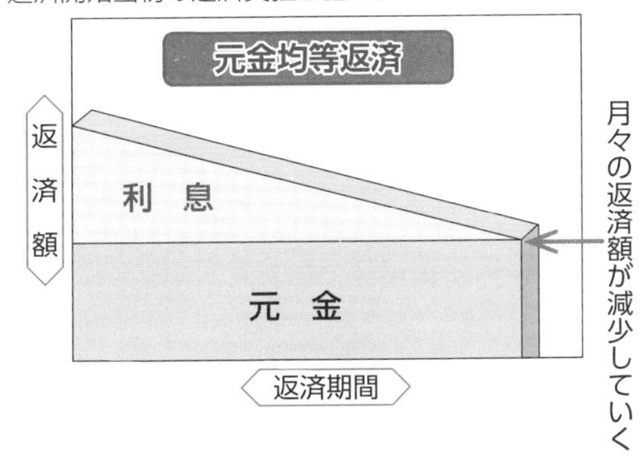

9 住宅ローンの返済方法② 繰上げ返済

POINT
- 繰上げ返済をすれば利息の支払いが少なくなる。
- 全額繰上げ返済のほか、一部繰上げ返済もできる。
- 返済期間短縮タイプと月々の返済額を減らすタイプがある。

繰上げ返済とは

住宅ローンの返済期間は、通常かなり長期になります。そして、返済期間が長くなれば長くなる分だけ、利息の支払いも多くなります。

そこで、手元資金に余裕がある場合などでは、**繰上げ返済**をすることをおすすめします。

繰上げ返済とは、**通常の返済とは別に手元資金を使って住宅ローンの残高を減らす方法**です。繰上げ返済による資金は、ローンの**元金部分に充当される**ため、将来支払うはずの利息をカットすることができます。とくに、元金が大きかったり残りの期間が長かったり、または利息が高い場合などに大きな効果があります。

この繰上げ返済には、**全額繰上げ返済**のほか、**一部繰上げ返済**という方法もあります。

一部でも繰上げ返済をすれば元金が減るのですから、大いに検討する余地があるといえるでしょう。

また、一部繰上げ返済には毎回の返済額はそのままに、期間を短縮するタイプや、返済期間を変えずに毎月の返済額を減らすタイプがあります。

同じ金額を繰上げ返済する場合、期間短縮型のほうが利息の支払いは少なくなります。

- **全額繰上げ返済：ローン残高を一括して全部返済する。**
- **一部繰上げ返済：ローン残高のうち一部を返済する。**次の2パターンがある。

① 月々の返済額は変えず、返済期間を短縮するタイプ
② 返済期間は変えず、月々の返済額を少なくするタイプ

MEMO 繰上げ返済は元金が減るのが早いほど利息も減るので、損得で考えれば早い時期に行うほうが得になる。

住宅ローンの繰上げ返済

繰り上げ返済は以下の手順で行います。

●住宅金融支援機構(フラット35)の場合

■全額繰上げ返済する場合

① 繰上げ返済する1ヵ月前までに、金融機関に申し出る

② 手数料はかからない

■一部繰上げ返済をする場合

① 繰り上げて返済する1ヵ月前までに、金融機関に申し出る

② 繰り上げて返済できる額は100万円以上

※インターネットで申し込む場合は、繰り上げて返済できる額は10万円以上

③ 繰り上げて返済できる日(入金日)は月々の返済日

④ 手数料はかからない

●一部繰上げ返済のタイプ

【期間短縮型】

月々の返済額は今までどおりの額にし、借入期間を短縮するタイプ

■**毎月返済額(ボーナス加算額)**:変わらない

■**残りの返済期間**:短くなる

利用メリット

- 総返済額を効率的に減らせる
- 住宅ローンの早期完済

【返済額軽減型】

借入期間は今までどおりの期間にし、月々の返済額を少なくするタイプ

■**毎月返済額(ボーナス加算額)**:軽減される

■**残りの返済期間**:変わらない

利用メリット

- 毎回の返済額が少なくなる

Advice

繰上げ返済のデメリット

一見、いいことずくめの繰上げ返済ですが、デメリットもあります。たとえば、手持ちの現金が少なくなり、急な出費などに対応できない可能性があるなどです。よく考えて選択しましょう。

10 「諸費用」の内訳

POINT
- 購入費用のほか、手数料や税金などの諸費用がかかる。
- 諸費用の目安は物件価格の10%程度。
- 諸費用以外に調査費や水道の引き込み等の費用も考慮する。

意外とかかる「諸費用」

住宅を購入する際には、物件の購入費用以外に「**諸費用**」が必要です。諸費用のおおよその目安は、物件価格の5%～10%程度。物件購入時に現金で支払うことが多いため、あらかじめ予算化しておきましょう。

【不動産の取得にかかる主な費用】

印紙税：住宅の新築や購入の際の売買契約書・請負契約書・住宅ローンを借りる際の金銭消費貸借契約書を作成する場合に必要

登録免許税：所有権の保存や移転、抵当権設定を登記する際にかかる税金

登記手数料：登記手続を司法書士に依頼したときにかかる費用

不動産取得税：不動産を取得した際にかかる税金

仲介手数料：不動産業者の仲介で売買契約を成立させた場合にかかる費用

消費税：不動産業者から建物を購入する場合、建物代金に消費税がかかる

【住宅ローンにかかる主な費用】

融資手数料：住宅ローンを組むときに金融機関に支払う手数料

保証料：返済不能となった場合に備えて、保証会社へ支払う保証料

団体信用生命保険料：死亡などの場合にローン残債が全額支払われる保険のための保険料

火災保険料：抵当権を設定した建物への保険料

住宅ローン事務代行手数料：ローン手続きを代行する不動産業者に支払う

その他にも、次のような費用が考えられます。

地盤調査費、地鎮祭*、上棟式費用、水道引き込み費用、マンションの場合の修繕積立金(一時金)、引っ越し料、家具購入費用など。

用語解説 ＊地鎮祭：建築工事を始める前に行う儀式。その土地の神様を祀り鎮め、土地利用の許可を得るために行う。

不動産購入の際にかかる諸費用

個人が住宅を購入する際にかかる諸費用には、以下のようなものがあります。

■取得にかかる税金

印紙税	売買契約書、建築請負契約書に貼付	売買代金や建築請負代金などによる。
登録免許税	所有権保存の登記	固定資産税評価額×0.4%
	所有権移転登記(売買)	固定資産税評価額×2%
	抵当権設定登記	債権金額×0.4%
不動産取得税	土地及び住宅の取得	固定資産税評価額×3%

＊住宅用家屋については軽減税率が適用される場合があります。

■取得にかかる手数料

登記手数料	所有権の登記申請をする際などに、司法書士に支払う。	5万円程度
仲介手数料	不動産会社の仲介により契約が成立した際、不動産業者に支払う。	売買代金×3%+6万円+消費税

■住宅ローンにかかる費用

融資手数料	融資実行時に金融機関に支払う。	大手都市銀行やネット銀行などでそれぞれ異なる。
保証料	融資実行時に保証会社に支払う。	利用する金融機関により異なる。金利に上乗せされている場合もある。
団体信用生命保険料	融資実行時に保険会社に支払う。	金融機関により異なる。金利に含まれている場合もある。
火災保険料	融資実行時に保険会社に支払う。	規模や構造により異なる。

諸費用の目安は
およそ物件価格の
5～10%程度です。

11 住宅ローン控除について

■一定条件を満たした住宅ローンには減税制度がある。
■所得税がローン残高に応じて控除される。
■最初の年だけ確定申告書の提出が必要（給与所得者）。

■住宅ローン控除制度

住宅ローン控除制度は、住宅ローンを借入れて住宅を取得した方を対象にした制度で、**住宅ローンの年末残高に応じて、住宅取得者の所得税額から一定額を控除（所得税から控除しきれなかった額は、個人住民税より控除）するもの**で、いわゆる減税措置です。たとえば会社員の方（給与所得者）が住宅ローンを組んで一定の住宅を買った場合、給与所得からの所得税額が本来の額より低くなります。この制度による控除期間は、新築の場合は13年です。購入から13年間にわたり、毎年末の住宅ローン残高からの一定額が、所得税額から控除（減額）されます。住宅ローン控除制度の適用を受けることができる場合は、次のとおりです。

【主な適用要件】

- 自らが居住するための住宅であること
- 住宅の床面積が50㎡以上であること
- 控除を受ける年の合計所得金額が2,000万円以下であること

※令和５年末までに建築確認を受けた新築住宅を取得等する場合、合計所得金額1,000万円以下に限り、床面積が40㎡以上であること。

- 住宅ローンの借入期間が10年以上であること
- 住宅の引き渡しまたは工事完了から６ヵ月以内の入居であること
- 昭和57年以降に建築された又は現行の耐震基準に適合すること

控除額　各年の住宅ローンの年末残高　×　控除率(0.7%)　＝　控除額
＊年末残高が3,000万円以上ある場合は3,000万円として計算

なお、住宅ローン控除の適用を受けるためには**確定申告書**の提出が必要となりますが、会社員などの給与所得者であれば、適用を受ける最初の年だけ確定申告書を提出すれば、以後は**年末調整**により控除されます。

MEMO　住宅ローン控除の適用要件には床面積要件があるので、コンパクトマンションなどの場合は注意。

住宅ローン控除

次の要件などを満たせば、住宅ローン控除を受けることができます。

●住宅ローン控除の主な適用要件

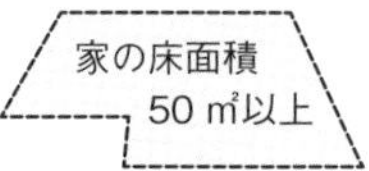

【対象となる住宅】
- 床面積が50㎡以上
- 2分の1以上を居宅として使用
- 新築住宅
- 一定要件を満たす中古住宅

【対象となる住宅ローン】
- 返済期間が10年以上
- 金融機関からの借入れ(家族や知人からの借入れではない)

【対象となる人】
- 合計所得金額が2,000万円以下
- 住宅を購入後、6ヵ月以内に居住
- 一定の期間内で、居住用財産を譲渡した場合の3,000万円特別控除を受けていない　など

●控除額の計算例

年末のローン残高が5,000万円あった場合

＊控除対象借入限度額3,000万円(一般の住宅の場合)として計算。長期優良住宅の場合は、控除対象借入限度額は5,000万円。

3,000万円　×　控除率(0.7%)　=　21万円

この年の所得税額から21万円が控除される。

住宅ローン控除制度の内容について

住宅ローン控除制度はたびたび改正されます。上記の控除額などの計算例は令和5年時点でのものです。年度によって控除率の変更・控除年数の変更・借入限度額の変更・所得要件の変更などがありますので、当該年度での最新情報にてご確認ください。

「夫婦で共同してマンションを買う」という意味

夫の収入だけでは希望する物件のローンが組めない場合もあります。このような場合はどうしたらいいのでしょうか。いちばん安全な策は無理してその物件を買わないということですが、どうしてもその物件を買いたいというのであれば、妻の収入をあわせての住宅ローンということになります。

夫婦共同でローンを組もうとする場合、大きくわけて次の３つの方法があります。

①妻の収入を夫の収入に合算する
②夫婦で連帯債務者となる
③夫婦で別々にローンを組む

このうち利用が多いのは①の方法で、所定の条件を満たせば夫の収入と妻の収入とを合算してローンを組むことができます。この場合、妻は連帯保証人になります。連帯保証人になるということは、夫が返済できなくなったときは妻が返済責任を負うことになります。

②の連帯債務は、主に「フラット35」を利用するケースとなります。この場合、妻は連帯債務者となりローン全額の債務を夫と共同して負うことになります。連帯保証の場合はあくまでも夫が主たる債務者となりますが、連帯債務の場合は、夫との間に主従はありません。夫も妻も同じ扱いになります。なお、この連帯債務の場合は、負担割合に応じて住宅の持分の登記も行います。

③は夫婦それぞれで別の住宅ローンを組む方法です。夫婦それぞれが金融機関と住宅ローンの手続きをすることになるので、契約書もそれぞれになります。この場合、夫の連帯保証人は妻が、妻の連帯保証人には夫がなります。

いずれの方法も、夫婦の収入を合算することでより大きな借入れができますが、夫婦が離婚することになった場合、離婚を理由に連帯保証も連帯債務も免れることはできません。そのため、離婚しているのに債務（支払い義務）は残ったままという状態に陥るので、気をつけましょう。

PART ④

物件情報・競売情報の読み方

店先やショールームで現物を見て購入することができない不動産は、広告や登記簿などを手がかりに、それがどのような物件なのかを見極める必要があります。

1 不動産販売広告の読み方① 広告規制 …… 100
2 不動産販売広告の読み方② 表示基準 …… 102
3 不動産販売広告の読み方③ 特定事項の表示義務 …… 104
4 不動産登記の解読法① 登記簿の記載内容 …… 106
5 不動産登記の解読法② 登記事項証明書のしくみ …… 108
6 不動産登記の解読法③ 権利部・甲区と所有権の登記 …… 110
7 不動産登記の解読法④ 所有権以外の権利について …… 112
8 競売情報の解読法① 不動産競売のしくみと流れ …… 114
9 競売情報の解読法② 不動産競売情報の入手法 …… 116
10 競売情報の解読法③ 競売のメリット・デメリット …… 118
11 競売情報の解読法④ 任意売却とは …… 120
Column◆マンション販売広告「2LDK＋S＋WIC」とは …… 122

1 不動産販売広告の読み方① 広告規制

POINT
- 不動産の販売広告には法律による規制がある。
- 法的な専門用語が使われており、読み解く知識も必要。
- 顧客誘引を防止するため、誇大広告は禁止されている。

販売広告はここに注意

分譲マンションなどの不動産を探す場合、まずは不動産情報誌に掲載されている物件情報や不動産業者のホームページに掲載されている販売広告を見ることが多いと思われます。

しかし、これらの販売広告には法律の規制に基づいた専門用語が使われているため、その不動産の販売広告からちゃんとした情報を読み解くためには、ある程度の知識が必要となります。

宅地建物取引業法による広告規制

不動産の販売広告を規制する法律として、**宅地建物取引業法**や**景品表示法（不当景品類及び不当表示防止法）**があります。不動産取引の悪質業務は販売広告からはじまることが多いため、宅地建物取引業法で「**誇大広告**」を禁止しています。誇大広告とは以下のようなものをいいます。

- **所在や形質、交通の利便などにつき著しく事実に反する広告**
- **実際のものよりも著しく優良・有利であると誤認させる広告**

また、顧客を誘引するために売却意思のない物件や存在しない物件をお買い得物件として広告し、実際には他の物件を販売しようとする、いわゆる「**おとり広告**」も誇大広告として禁止されています。規定に違反すると行政処分として業務の停止（情状が重い場合は免許の取消）があり、また、刑事処分として6ヵ月以下の懲役または100万円以下の罰金となることもあります。

なお、未完成（工事完了前）の宅地や建物の広告については、宅地建物取引業法では全面的に禁止とはしていません。しかし、完成後の物件が広告に表示されたものと大きく異なることを防ぐため、その建築工事に必要な「**建築確認***」や「**開発許可**」などを受けてからでなければ広告できません。

用語解説 ＊建築確認：建築物の建築計画が関連法規に適合しているかどうかの確認。建築工事前に行う。

不動産の販売広告についての規制

不動産の販売広告には方法や内容、表現等についてさまざまな規制があります。

●広告の方法

新聞折り込みチラシ、配布用のチラシ、新聞雑誌、テレビやラジオ、インターネット(不動産業者のホームページ、不動産情報サイト)、ダイレクトメール、立て看板など、種類を問わない。

●誇大広告としての禁止対象

以下について事実に反する記述や実際のものより優良・有利であると誤認させる記述は誇大広告として処罰の対象になっている。

① **宅地建物の所在**
取引物件の地理上の場所、所在地

② **宅地建物の規模**
取引物件の面積、部屋数、分譲地全体の広さなど

③ **宅地建物の形質**
建物の構造、種類、土地の地目、ガスや水道などの整備状況

④ **現在・将来の利用の制限**
都市計画法や建築基準法などによる法令上の制限や賃借権の有無など

⑤ **現在・将来の環境**
物件の周辺の状況(静寂さ、方位など)、コンビニエンスストアや商店街、学校、病院などの状況、道路などの整備状況

⑥ **現在・将来の交通の利便**
交通アクセスの便利さ、交通機関、最寄り駅、所要時間など

⑦ **代金・借賃の額や支払い方法**
売買代金や借賃のほか、権利金など

⑧ **売買代金などに関するローン**
ローンのあっせんの有無、住宅ローンの金利などの融資の条件

2 不動産販売広告の読み方② 表示基準

POINT

- 景品表示法でも販売広告の規制をしている。
- 広告での表記には一定のルールがある。
- ルールに基づかない広告は不当表示となる。

景品表示法による広告規制

不動産の販売広告については、宅地建物取引業法のほか、景品表示法での規制もあります。景品表示法とは「**不当景品類及び不当表示防止法**」の略で、過大な景品類の提供や不当な表示で顧客を誘引をすることを禁止しています。

どのような景品や表示が不当なものになるのか、その具体的な内容は、不動産業界については「**不動産の表示に関する公正競争規約**」「**不動産業における景品類の提供の制限に関する公正競争規約**」で定められています。

販売広告の表示基準

不動産の広告に使う文言は、次のような基準に基づき表示しなければなりません。この表示基準に違反した場合は不当表示となります。

- **新築**
  建築後１年未満であって、未使用のもの。
- **徒歩による所要時間**
  道路距離80mにつき１分として算出すること。１分未満は１分とすること。
- **物件の居室（部屋）**
  採光や換気のための窓などの面積が法的な基準に満たない場合、居室（部屋）ではなく納戸等として表示すること。
- **生活関連施設**
  デパートやスーパー、商店等の商業施設は、道路距離又は徒歩所要時間を明示して表示する。工事中なら整備予定時期を明示すること。
- **交通の利便**
  新設予定の駅などは、運行主体が公表したものに限り、その新設予定時期を明示して表示することができる。

MEMO 物件の居室とは、たとえば3LDKの「3」にあたる部分。3つの居室に「LDK」という間取り。

不動産販売広告の表示基準

不動産広告の表示には明確な基準があり、これに反する表現は不当表示となります。

例：新築

未使用の物件であっても、建築後１年以上の建物は「新築」と表示できない。

＊「新古物件」「クリアランス物件（再販物件）」などと表示している場合あり。新築ではないので注意。

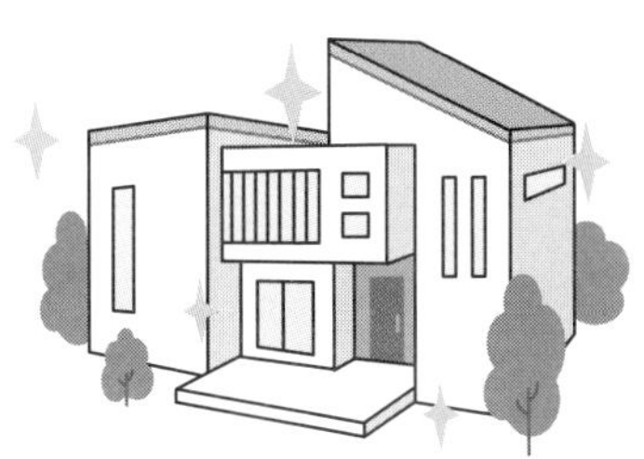

道路距離80mにつき１分として表示すること。

＊販売戸数（区画数）が２以上の分譲物件においては、最も近い住戸（区画）の徒歩所要時間と最も遠い住戸（区画）の所要時間の表示が必要となる。

例：交通の利便性

新設予定の駅などは、運行主体（例：JR）が公表したものは表示できる。

＊朝の通勤ラッシュ時の所要時間を明示すること。

＊乗り換えを要するときはその旨を明示し、所要時間には乗り換えにおおむね要する時間を含めること。

Advice

不当表示があった場合の措置

景品表示法に違反する不当な表示があった場合、消費者庁より措置命令などの措置がとられます。措置命令の内容は、違反行為の差し止め、訂正広告、再発防止策の実施などで、今後同様の違反行為を行わないことなどを命じます。

3 不動産販売広告の読み方③ 特定事項の表示義務

- 欠陥を含んだ不動産は、それを明示しなければならない。
- 相場より極端に安い不動産にはなんらかの問題がある。
- 「不動産に掘り出し物はない」という格言もある。

景品表示法による広告規制（デメリット表示）

不動産業者は、一般消費者が通常予期することができない**不利益（欠陥）**を含んだ物件の販売広告をする場合、そのデメリット**（特定事項）**を広告の見やすい場所に、見やすい大きさ、見やすい文字で表示しなければなりません。「不動産に掘り出し物はない」という格言もあるとおり、相場に比べて極端に価格が安い物件には、なんらかの問題があるものです。それを明らかにさせるための規制で、表示義務の例として以下のようなものがあります。

【特定事項（不利益）の表示義務の例】

①市街化調整区域の所在する土地
「市街化調整区域」であることと、「宅地の造成及び建物の建築はできない」という旨を一定以上の大きさの文字で明示すること。

②道路に2メートル以上接していない土地
「再建築不可」または「建築不可」と明示すること。

③沼沢地、湿原または泥炭地等
沼沢地などを明示すること。

④土地の全部または一部が高圧電線路下にあるとき
高圧電線路下にあること及びその面積を明示すること。建築が禁止されているときはその旨も明示すること。

⑤相当の期間にわたり建築工事が中断されていた物件
建築工事に着手した時期及び中断していた期間を明示すること。

⑥土地が擁（よう）壁によって覆われていない崖の上または下にあるとき
その旨を明示すること。建築する場合に制限が加えられているときは、その内容を明示すること。

MEMO その他のデメリットとして傾斜地がある。おおむね30%以上が傾斜地ならその旨と面積を表示する必要がある。

特定事項(不利益)の表示義務の例

消費者が予期できない不利益を被る可能性がある物件は、販売広告にそのデメリット(特定事項という)をわかりやすい形で表示する義務があります。

例：道路に2m以上接道していない土地

再建築不可・建築不可と明示しなければならない

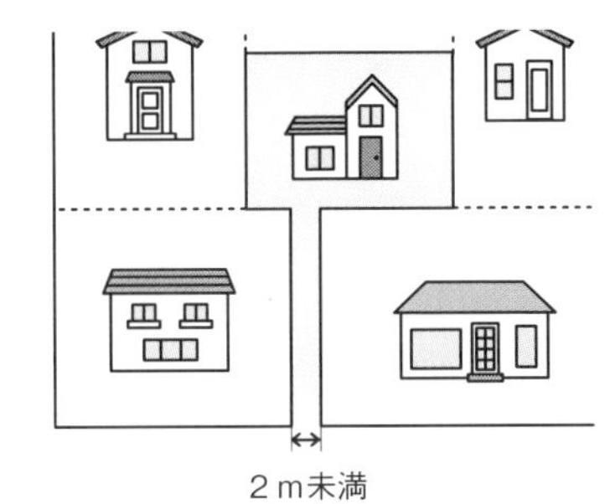

例：高圧電線路下にある物件

高圧電線路下にあると明示しなければならない

例：擁壁に覆われていない土地

「擁壁に覆われていない崖下にあるため、建築する際は主要構造部を鉄筋コンクリート造にする必要がある」などと明示しなければならない

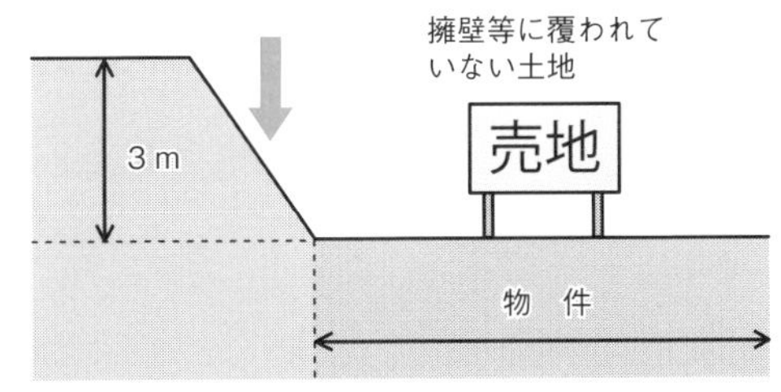

プラスα

不動産業の景品について

不動産取引に関連して景品を提供する場合にも、一定の制限があります。不動産業者が購入者全員にもれなく景品類を提供する場合、景品の額は、取引価格の10分の1か100万円のいずれか低い額までとなります。

4 不動産登記の解読法① 登記簿の記載内容

- 登記には「表示に関する登記」と「権利に関する登記」がある。
- 登記記録を記載した書面を「登記事項証明書」という。
- 「登記事項証明書」を入手して権利関係などを調べる。

不動産の登記とは

不動産の**登記**とは、**登記簿**という公の帳簿に、土地や建物の所在・面積のほか、所有者の氏名や住所などを記録すること、または記録そのものをいいます。なぜこうしたものが必要になるのかというと、土地や建物についての物理的な現況（表示に関する登記）や、さまざまな権利関係（権利に関する登記）を公示（一般公開）するためです。

- **表示に関する登記：不動産の物理的な現況がわかる**
- **権利に関する登記：不動産の権利関係がわかる**

不動産の権利関係などの状況が公示されて、その不動産の登記記録を誰でも調べることができるようになることで、安全かつ円滑な不動産取引が可能になります。

なお、日本では土地と建物は別の不動産として扱われているため、土地については土地の登記、建物については建物の登記があります。

登記事項証明書とは

不動産の登記事項は電子データ化され、磁気ディスクに保存されています。この磁気ディスクに記録されているデータを**登記記録**といいますが、この登記記録を直接見ることはできません。そのため、不動産の登記記録を記載した「**登記事項証明書**」という書面が用意されています。

登記事項証明書を入手することにより、その不動産の所有者が誰なのか、抵当権が設定されているのかなどがわかるようになっています。

登記事項証明書の入手方法は、直接、**登記所で交付申請をする**方法のほか、**郵便で交付申請をして郵送してもらう**方法、インターネットを使って**オンラインで交付申請をする**ことにより入手する方法の３つがあります。

MEMO 建物がマンションの場合、マンションの専有部分（部屋）ごとに不動産登記が用意されている。

不動産の登記について

不動産を売買する際に必ず確認しておきたい「登記」。土地・建物の現況や権利関係がわかります。

●不動産登記（登記記録）

土地及び建物の現況と権利関係を公示する記録簿。

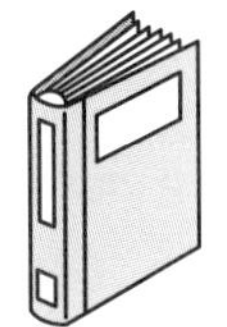

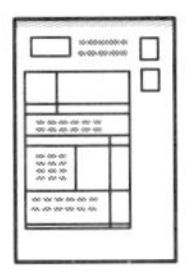

かつては紙製の帳簿形式だったが、現在はデータ化されている。

●登記に関する事務

不動産の登記記録は、１筆の土地、１個の建物ごとに作成される。
また、この不動産登記に関する事務は、その不動産の所在地を管轄する登記所が取り扱う。

●土地と建物の登記

建物登記簿

土地登記簿

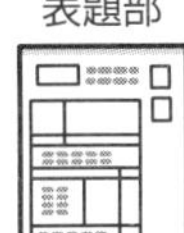

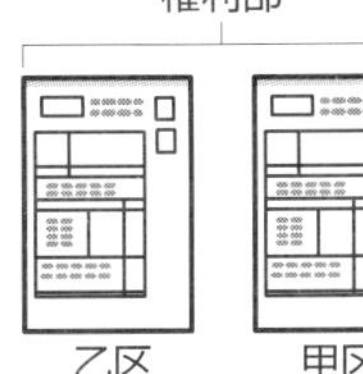

建物には建物登記簿、土地には土地登記簿がそれぞれあり、さらに表題部、権利部（「甲区」「乙区」）に区分される（→P.108）。

プラスα

登記事項証明書の入手方法

直接登記事項証明書の交付を請求する場合、登記所（法務局または地方法務局）へ行く必要があります。そこで登記事項証明書交付請求書を記入し、収入印紙（600円）を添付して申請します。
なお、オンラインによる交付は窓口や郵送による交付請求に比べて、手数料が安くなります。

交付請求手数料
- 法務局で直接請求　600円
- オンライン請求・送付　500円
- オンライン請求・窓口交付　480円

5 不動産登記の解読法② 登記事項証明書のしくみ

- 登記事項証明書は「表題部」と「権利部」に分かれている。
- 権利部甲区には所有権に関する事項が登記されている。
- 権利部乙区には所有権以外に関する事項が登記されている。

登記事項証明書の内容区分

登記事項証明書は「**表題部**」と「**権利部**」に区分されており、「権利部」はさらに「**甲区**」と「**乙区**」に区分されています。

【登記事項証明書の区分】

- **表題部：表示に関する登記**
- **権利部：権利に関する登記(甲区と乙区)**

表題部に登記される事項

「表題部」には、その不動産の「表示に関する登記」として、不動産の所在する場所、大きさ、種類といった、その**不動産の物理的現況**が記録されています。これらの記録は不動産を特定するための事項であり、土地であれば所在と地番、地積などが、建物であれば所在と家屋番号、種類や構造、床面積などが記録されています。

権利部に登記される事項

「権利部」には、その不動産の「権利に関する登記」として、だれが所有者なのか、その不動産に抵当権や賃借権などが設定されているか、といった**権利に関する登記**が記録されています。この権利部は「甲区」と「乙区」に分かれており、甲区には「**所有権に関する事項**」が、乙区には「**所有権以外の権利に関する事項**」が登記されています。P.110〜113でさらに詳しく説明します。

【権利部の記載事項】

- **甲区：所有権**
- **乙区：抵当権、質権、先取特権、賃借権、地上権、配偶者居住権など**

MEMO 登記事項証明書の交付は、書類による申請のほか、オンラインによる申請も受け付けている。オンラインの場合、登記所の窓口か郵送で受け取ることができる。

登記事項証明書のサンプル

登記事項証明書は大きく「表題部」と「権利部」に区分され、不動産の物理的現況と所有権およびそれ以外の権利について登記されています。

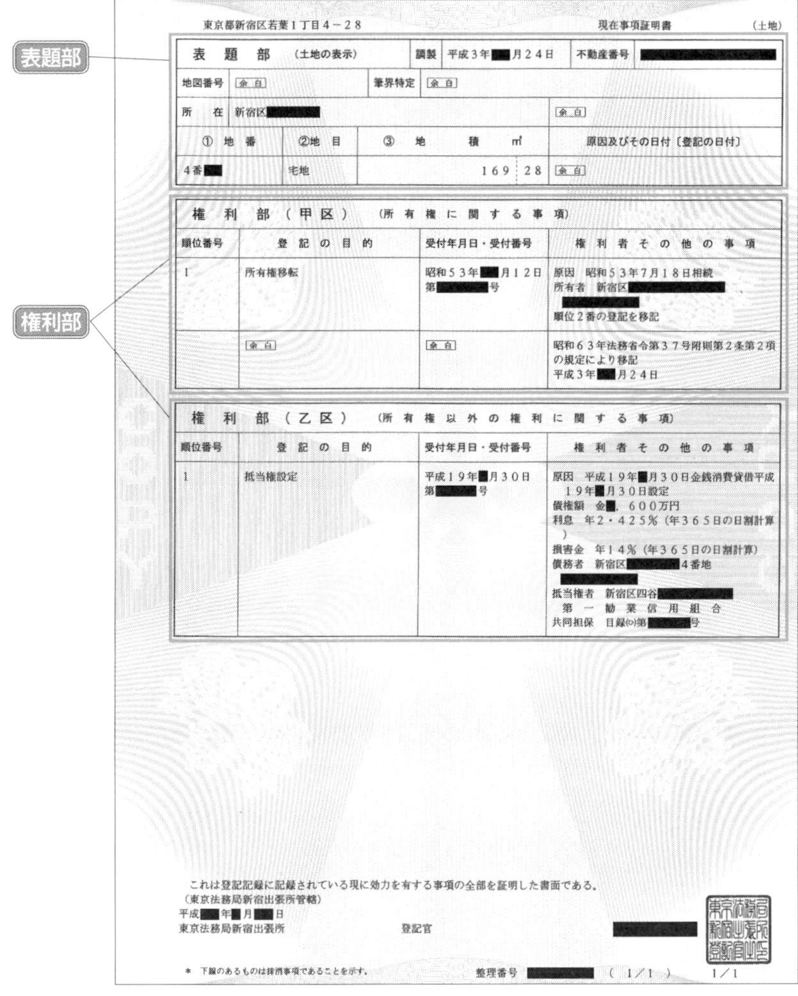

東京都新宿区若葉1丁目4－28　　現在事項証明書　　（土地）

表　題　部　（土地の表示）		調製	平成3年　月24日	不動産番号	
地図番号	余白	筆界特定	余白		
所　在	新宿区			余白	
①　地　番	②地　目	③　地　積　㎡		原因及びその日付〔登記の日付〕	
4番	宅地	169　28		余白	

権　利　部　（甲　区）　（所　有　権　に　関　す　る　事　項）			
順位番号	登　記　の　目　的	受付年月日・受付番号	権　利　者　そ　の　他　の　事　項
1	所有権移転	昭和53年　月12日 第　号	原因　昭和53年7月18日相続 所有者　新宿区 順位2番の登記を移記
	余白	余白	昭和63年法務省令第37号附則第2条第2項の規定により移記 平成3年　月24日

権　利　部　（乙　区）　（所　有　権　以　外　の　権　利　に　関　す　る　事　項）			
順位番号	登　記　の　目　的	受付年月日・受付番号	権　利　者　そ　の　他　の　事　項
1	抵当権設定	平成19年　月30日 第　号	原因　平成19年　月30日金銭消費貸借平成19年　月30日設定 債権額　金　，600万円 利息　年2・425％（年365日の日割計算） 損害金　年14％（年365日の日割計算） 債務者　新宿区　4番地 抵当権者　新宿区四谷 第　一　勧　業　信　用　組　合 共同担保　目録(ロ)第　号

これは登記記録に記録されている現に効力を有する事項の全部を証明した書面である。
（東京法務局新宿出張所管轄）
平成　年　月　日
東京法務局新宿出張所　　登記官

＊　下線のあるものは抹消事項であることを示す。　　整理番号　（　1／1　）　1／1

Check!

□登記事項証明書のレイアウト

登記事項証明書はA4サイズ。いちばん上に「表題部」があり、次に「甲区」「乙区」の順番になる。「甲区」の登記事項が多い場合はそのまま「甲区」の登記事項が続き、「乙区」は次ページ以降となる。

6 不動産登記の解読法③ 権利部・甲区と所有権の登記

POINT
- 所有権保存登記は、新築建物などで最初にされる登記。
- 所有権保存登記を基礎に、所有権移転登記がなされる。
- 現時点での所有者は、いちばん最後の登記で確認する。

■権利部・甲区の見方

登記事項証明書の「表題部」には、前項で説明したとおり、その不動産がどこにあるか、大きさや種類などの物理的な現況を表示しています。それを受けて、「権利部」の「甲区」・「乙区」には、その不動産の実質的な中身ともいうべき権利関係が登記されています。

甲区は**「所有権に関する事項」**の登記です。**順位番号、登記の目的、受付年月日・受付番号、権利者その他の事項**の各欄があります。

見方の基本は「**新しい登記事項は最後にある**」ということです。たとえばAが所有していた建物をBが購入し、BがCに転売した場合で考えてみると、順位番号1でまず、Aが**所有権保存登記**をします。この時点での所有者はAですが、順位番号2でBに所有権が移転、そして順位番号3でCに所有権が移転となります。

A→B→Cと所有権が移転していくのに応じて、甲区の最後に登記事項が追加されて記録されていきます。

ですから、現時点での所有者を知りたい場合には、甲区のいちばん最後の順位番号に記載された所有者を確認すればよいことになります。

■所有権の保存登記と移転登記

「**所有権保存登記**」は、新築建物など所有権の登記のない不動産について初めてされる所有権の登記をいいます。以後、この保存された所有権が売買や相続などで移転されれば、それに伴い**所有権移転登記**がなされていきます。

また、所有権保存登記の申請は、新築建物の場合のほか、土地でもなされる場合があります。埋め立てなどでできた土地など、もともと登記がなかった土地を取引対象とする場合、土地の所有権保存登記がなされます。

MEMO 登記事項証明書の甲区を調べてみると、その不動産の来歴がわかる。明治時代まではさかのぼることも可能。

不動産登記の「所有権に関する登記」

登記事項証明書の権利部の「甲区」と「乙区」にはその不動産の権利関係について記載されています。ここでは「甲区」の記載についてみてみましょう。

甲区　見本

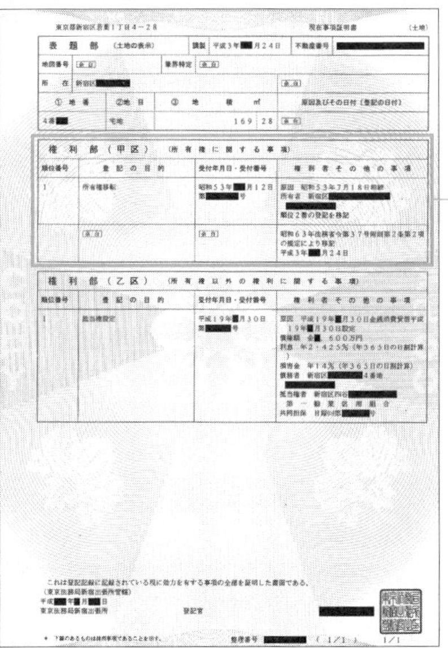

東京都新宿区若葉1丁目4－28　　現在事項証明書　　（土地）

表題部（土地の表示）		調製	平成3年■月24日	不動産番号	■
地図番号	余白	筆界特定	余白		
所在	新宿区■			余白	
①地番	②地目	③地積㎡		原因及びその日付〔登記の日付〕	
4番■	宅地	169 28		余白	

権利部（甲区）（所有権に関する事項）			
順位番号	登記の目的	受付年月日・受付番号	権利者その他の事項
1	所有権移転	昭和53年■月12日 第■号	原因　昭和53年7月18日相続 所有者　新宿区■ ■ 順位2番の登記を移記
	余白	余白	昭和63年法務省令第37号附則第2条第2項の規定により移記 平成3年■月24日

権利部（乙区）（所有権以外の権利に関する事項）			
順位番号	登記の目的	受付年月日・受付番号	権利者その他の事項
1	抵当権設定	平成19年■月30日 第■号	原因　平成19年■月30日金銭消費貸借平成19年■月30日設定 債権額　金■，600万円 利息　年2・425％（年365日の日割計算） 損害金　年14％（年365日の日割計算） 債務者　新宿区■4番地 ■ 抵当権者　新宿区西谷■ 第一勧業信用組合 共同担保　目録(い)第■号

これは登記記録に記録されている現に効力を有する事項の全部を証明した書面である。

Check!

□甲区の登記事項の読み方

見本の順位番号1を見ると昭和53年●月12日に現所有者が所有権保存の登記をしていることがわかる。以降、所有者が移転したら順位番号2、3…と登記する（見本では余白）。最後に登記されている人が、現在の所有者となる。

権利部（甲区）（所有権に関する事項）			
順位番号	登記の目的	受付年月日・受付番号	権利者その他の事項
1	所有権移転	昭和53年■月12日 第■号	原因　昭和53年7月18日相続 所有者　新宿区■ ■ 順位2番の登記を移記
	余白	余白	昭和63年法務省令第37号附則第2条第2項の規定により移記 平成3年■月24日

Advice

所有権移転の登記原因について

一般的な所有権移転の登記原因は売買や相続などです。売買を原因とする場合は、見本例にあるとおり、「登記の目的」には「所有権移転」、「権利者その他の事項」には原因の日付の次に「売買」と記されます。相続での所有権の移転であれば、「売買」ではなく「相続」と記されます。

7 不動産登記の解読法④ 所有権以外の権利について

- 乙区での登記でいちばん多いのは抵当権。
- 乙区を見れば金融機関からの借入状況などがわかる。
- 抵当権の設定登記がある不動産は要注意。

乙区と抵当権

権利部の甲区は所有権に関する事項が登記されていましたが、権利部の乙区には**所有権以外の権利**に関する事項が登記されています。所有権以外の権利として「**抵当権**」や「**賃借権**」などがありますが、乙区での登記で多く見られるのが抵当権の登記です。

抵当権とは、住宅ローンなどの借入金が返済できない場合に備えて、あらかじめ金融機関などの債権者（金銭の貸主・抵当権者）と不動産の所有者（抵当権設定者・金銭の借主である場合が多い）との間で不動産に設定する権利のひとつです。貸主（抵当権者）は、抵当権を設定しておけば、もし返済が滞ったときは不動産を競売にかけることができ、競売代金から優先的に配当を受けることができます。競売された場合、落札者が新しい所有者となるため元の所有者は出て行かなければなりません。抵当権の内容として、**債権額**、**利息**、**損害金**、**債務者**、**抵当権者**などが登記されます。

抹消や変更事項にはアンダーライン

たとえば、AがB銀行から住宅ローンを借りて抵当権を設定したとします。その後ローンを完済すればB銀行の抵当権は消滅しますが、抵当権が消滅したら、その旨も登記に反映させておかなければなりません。

この場合、B銀行の「**抵当権設定登記**」にアンダーラインが引かれます。このアンダーラインは**アンダーラインは登記が抹消されたという意味**です。抵当権設定などの登記が抹消されたとしても、登記記録そのものは消されないため、アンダーラインにて処理するのです。

なお、抵当権抹消登記は、抵当権設定登記とは独立した順位番号にて登記されます。

MEMO 抵当権設定登記にアンダーラインがない場合、まだ抵当権は抹消されていないので注意が必要。

不動産登記　抵当権など、所有権以外に関する登記

登記事項証明書における権利部「乙区」には所有権以外の権利について記載されています。もっとも多いのは抵当権に関する記載です。

乙区　見本

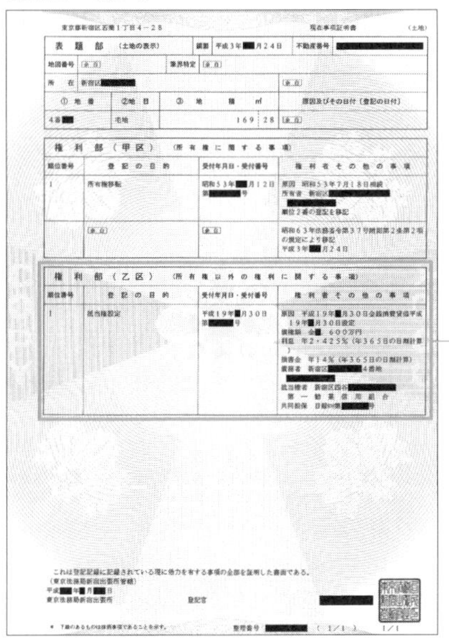

東京都新宿区若葉1丁目4－28　　現在事項証明書　（土地）

表題部（土地の表示）		調製	平成3年■月24日	不動産番号	■
地図番号	余白	筆界特定	余白		
所在	新宿区■			余白	
①地番	②地目	③地積　㎡		原因及びその日付〔登記の日付〕	
4番■	宅地	169：28		余白	

権利部（甲区）（所有権に関する事項）			
順位番号	登記の目的	受付年月日・受付番号	権利者その他の事項
1	所有権移転	昭和53年■月12日 第■号	原因　昭和53年7月18日相続 所有者　新宿区■ ■ 順位2番の登記を移記
	余白	余白	昭和63年法務省令第37号附則第2条第2項の規定により移記 平成3年■月24日

権利部（乙区）（所有権以外の権利に関する事項）			
順位番号	登記の目的	受付年月日・受付番号	権利者その他の事項
1	抵当権設定	平成19年■月30日 第■号	原因　平成19年■月30日金銭消費貸借平成19年■月30日設定 債権額　金■，600万円 利息　年2・425％（年365日の日割計算） 損害金　年14％（年365日の日割計算） 債務者　新宿区■4番地 ■ 抵当権者　新宿区四谷■ 第一勧業信用組合 共同担保　目録(ひ)第■号

これは登記記録に記録されている現に効力を有する事項の全部を証明した書面である。
（東京法務局新宿出張所管轄）
平成■年■月■日
東京法務局新宿出張所　　登記官　■

＊　下線のあるものは抹消事項であることを示す。　　整理番号　■　（1／1）　1／1

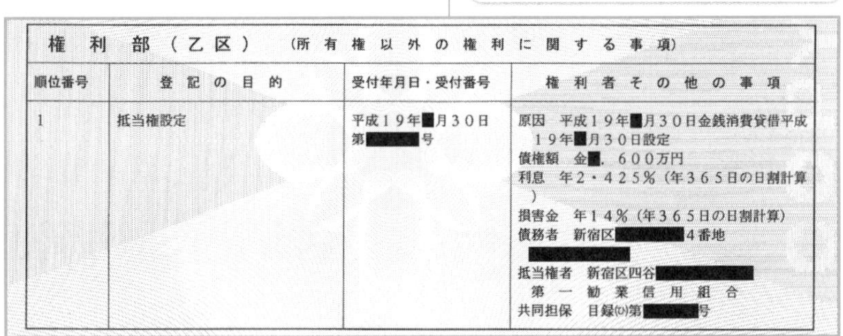

権利部（乙区）（所有権以外の権利に関する事項）			
順位番号	登記の目的	受付年月日・受付番号	権利者その他の事項
1	抵当権設定	平成19年■月30日 第■号	原因　平成19年■月30日金銭消費貸借平成19年■月30日設定 債権額　金■，600万円 利息　年2・425％（年365日の日割計算） 損害金　年14％（年365日の日割計算） 債務者　新宿区■4番地 ■ 抵当権者　新宿区四谷■ 第一勧業信用組合 共同担保　目録(ひ)第■号

乙区に多いのは抵当権の登記。設定しておけば、ローンの返済が滞った際に競売にかけることができます。

Check!

□乙区事項欄の読み方

順位番号1で「抵当権設定」と登記されている。受付年月日は平成19年●月30日。「権利者その他の事項欄」をみると、「平成19年●月30日金銭消費貸借」とあるので、その日に●,600万円の融資を受けたことがわかる。債権者は第一勧銀信用組合。債権者である第一勧業信用組合は、この●,600万円の債権を担保するためこの不動産に抵当権を設定した。なお、アンダーラインが引かれていないので、まだ抵当権は設定されたままということになる。

Advice

所有権以外の権利の登記について

乙区には、所有権以外の権利が登記されます。たとえば土地に借地権（土地の賃借権）が設定されその登記をする場合、「登記の目的」には「賃借権設定」、「権利者その他の事項」には日付のほか、「借賃　1月○○円」「支払期　毎月末」「存続期間　30年」「賃借権者の住所と氏名」が登記されます。

8 競売情報の解読法① 不動産競売のしくみと流れ

POINT
- 競売とは、裁判所が売主となるオークションのこと。
- 競売には誰でも参加することができる。
- 入札期間中にいちばん高値をつければ落札できる。

競売により不動産を取得する

マンションや戸建住宅などの不動産を取得するひとつの方法として「**競売**」があります。競売とは、債務者が債権者に返済をしないとき、債権者の申立てにより裁判所が間に入って、**不動産を「競り売り(オークション)」にかけて売却するしくみ**です。債権者は配当として売却代金を受け取ります。

この競売には誰でも参加することができ、入札期間中にいちばん高い価額をつければ落札できます。なお、不動産の競売には、以下の２つのパターンがあります。

①抵当権(担保権)の実行としての競売

②債権者の判決などに基づく強制執行としての競売

いずれの場合も、競売の申立てがなされ、裁判所を通じて売りに出されている点では同じです。

競売の方法

競売には、債務者や過去に入札妨害をした者などを除き、誰でも参加することができます。不動産競売の方法としてもっとも多く行われているのが「**期間入札**」です。

「期間入札」とは、一定の期間中に入札を受け付ける方法で、入札期間が終わると、あらかじめ公告されていた開札期日に開札が行われます。開札の結果、もっとも高い価額をつけた人が「**最高価買受申出人**」と定められます。

そして裁判所が最高価買受申出人に不動産を売却することを決定(売却許可決定)したあと、代金納付期限が買受人に通知されます。

買受人が代金を納付すると、競売不動産は買受人の所有となり、裁判所は登記官に対して、買受人への「所有権移転登記」の嘱託(しょくたく)をします。

MEMO 現在は「期間入札」になっているが、以前は期日入札となっていて当日の価格勝負となっていた。

不動産競売について

不動産の競売は以下のような流れで行われます。債務者や過去に入札妨害をした者などを除いて、誰でも参加することができます。

● 不動産競売の流れ　※期間は目安です（東京地裁の場合）

競売申立て

ローンの支払いを２ヵ月滞納すると「代位弁済手続きの予告」という通知が、３ヵ月滞納すると「代位弁済手続き開始」という通知が送られてくる。金融機関は裁判所に競売の申立てを行う。

不動産競売開始の決定

差押登記嘱託

現況調査・評価

物件明細書の作成

売却基準価額の決定

売却実施処分

競売不動産の公告・３点セットの備置き

売却不動産の物件種別、事件番号、所在地、面積、構造、築年数、売却基準価額、買受可能価額、入札期間、改札期日等の情報が新聞などで公開（公告）される。公示からおよそ２週間後には３点セット（物件明細書、評価書、現況調査報告書→P.116参照）が裁判所で閲覧できるようになる。

入札受付

３点セット閲覧開始からおよそ３週後に入札が開始される。入札期間は原則８日間（東京地裁の場合）。入札は入札保証金（売却基準額の20%）を納付し、裁判所に入札書類を提出して行う。

開札・特別売却

入札締め切りから原則８日後（東京地裁の場合）、開札が行われる。落札が決まったら入札保証金はそのまま売却代金の一部にあてられ、落札できなかったら指定の口座に返却される。

売却許可決定〈売却許可決定期日〉

開札日から１週間以内に最高価買受申出人に裁判所が売却許可を決定。

代金納付〈所有権移転〉

売却許可決定が確定するとおよそ２週間で代金の納付期限が定められ、買受人に代金納付期限通知書が届く。代金および必要書類を裁判所に提出。期限内に納付しなかった場合、売却許可決定の効力を失う。

配当

引渡し命令

不動産明渡執行の申立て

9 競売情報の解読法② 不動産競売情報の入手法

- 競売情報はインターネットで入手できる。
- ①現況調査報告書、②評価書、③物件明細書を入手する。
- 評価書での価格が、売却基準価額の根拠となる。

競売物件の情報を知る方法

競売される不動産の入札に関する情報は、裁判所での掲示や新聞の競売公告でも確認できますが、インターネットでの情報収集も可能です。

裁判所も、競売手続の各段階でインターネットを活用することにより、競売参加者の便宜を図ろうとしています。まずは実際に**不動産競売物件情報サイトBIT**のホームページ(右ページ参照)から物件情報を検索してみましょう。

BITはインターネット上で競売物件情報を公開するシステムです。全国の裁判所の不動産競売物件を検索することができ、また、現況調査報告書、評価書、物件明細書の3点セットを自由にダウンロードすることができます。

競売物件情報の３点セットとは

競売物件情報の３点セットとは、不動産競売に関する資料として、裁判所が作成した①現況調査報告書、②評価書、③物件明細書をいいます。

①現況調査報告書

裁判所の執行官が行った、その物件の形状や占有関係などの調査結果が記されています。現在誰かが住んでいるのか、住んでいるとしたらどのような権利に基づいているのかなどを調べることができます。

②評価書

現況調査と並行して、その物件の価格の評価が行われます。評価人である不動産鑑定士が行った評価の内容と結果が記されています。売却基準価額の根拠となります。

③物件明細書

①の現況調査報告書と②の評価書に基づいて、裁判所の書記官が作成します。他人の権利の有無などを確認することができます。

MEMO 競売物件の売却基準価格は、競売という特殊性が考慮されているため、一般的な取引価格の70%程度で設定されている。

競売情報をインターネットで入手する

競売物件の情報は、裁判所の掲示や新聞の競売公告以外にも、インターネットで調べることができます。

●不動産競売物件情報サイトBIT

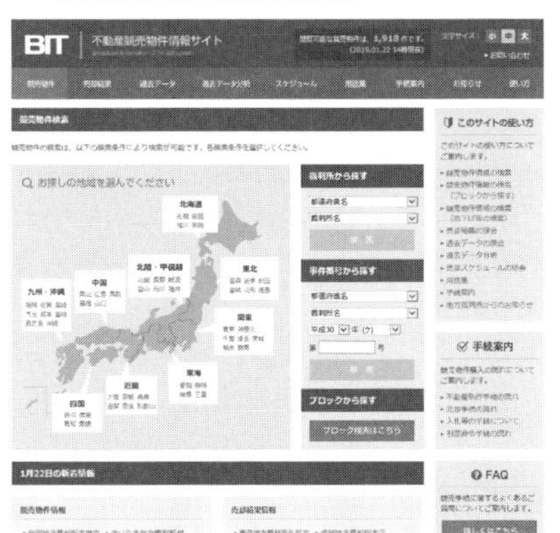

BIT はBroad-cast Informa-tion of Tri-set systemの略称です。

ネット上において競売物件情報を公開するシステムのことで、全国の裁判所に導入されています。

BITを活用すると、競売物件検索、過去の競売データ、各都道府県で実際に行われた物件の売却結果、売却スケジュールなどがわかる。

https://www.bit.courts.go.jp/app/top/pt001/h01/

●競売物件情報の３点セット

これまで競売物件情報の３点セットの閲覧やコピーは裁判所で行うしかなかったが、BIT導入後はインターネットを通じて全国の競売物件を閲覧できるようになった。

①現況調査報告書

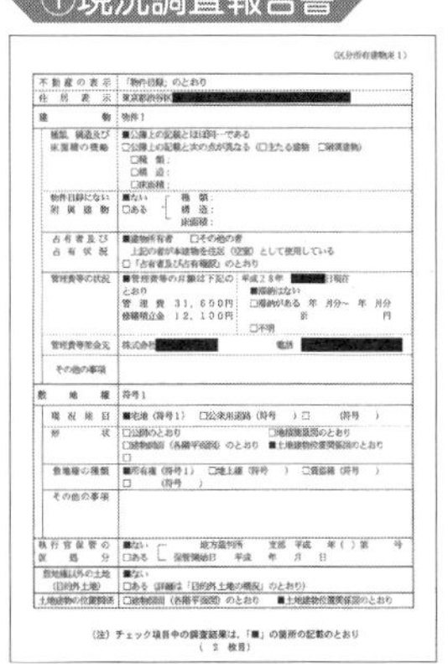

(区分所有建物用 1)

不動産の表示	「物件目録」のとおり
住居表示	東京都渋谷区[黒塗り]
建物	物件1
種類、構造及び床面積の概略	■公簿上の記載とほぼ同一である □公簿上の記載と次の点が異なる（□主たる建物 □附属建物） □種類： □構造： □床面積：
物件目録にない附属建物	■ない □ある　種類：　構造：　床面積：
占有者及び占有状況	■建物所有者　□その他の者 上記の者が本建物を住居（自宅）として使用している □「占有者及び占有権原」のとおり
管理費等の状況	■管理費等の月額は下記のとおり 管理費 31，600円 修繕積立金 12，100円 平成２８年[黒塗り]日現在 ■滞納はない □滞納がある　年　月分～　年　月分　計　円 □不明
管理費等照会先	株式会社[黒塗り]　電話[黒塗り]
その他の事項	
敷地権	符号1
現況地目	■宅地（符号1）　□公衆用道路（符号　）□　（符号　）
形状	□公図のとおり　□地積測量図のとおり □建物図面（各階平面図）のとおり　■土地建物位置関係図のとおり □
敷地権の種類	■所有権（符号1）　□地上権（符号　）　□賃借権（符号　） □　（符号　）
その他の事項	
執行官保管の仮処分	■ない □ある　地方裁判所　支部　平成　年（ ）第　号　保管開始日　平成　年　月　日
敷地権以外の土地（目的外土地）	■ない □ある　詳細は「目的外土地の概況」のとおり
土地建物の位置関係	□建物図面（各階平面図）のとおり　■土地建物位置関係図のとおり

（注）チェック項目中の調査結果は，「■」の箇所の記載のとおり
（ 2 枚目）

②評価書

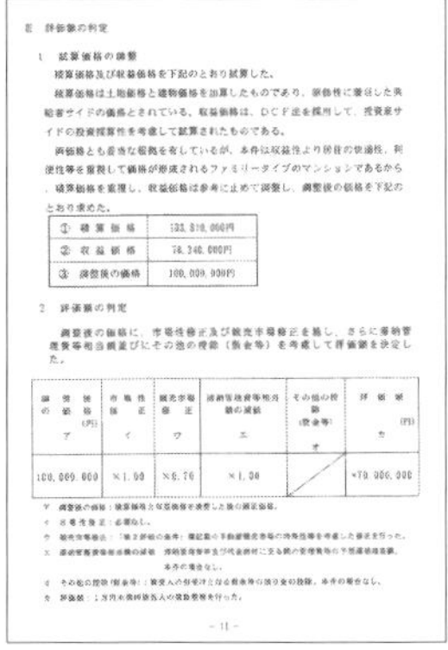

Ⅱ　評価額の判定

1　試算価格の調整

積算価格及び収益価格を下記のとおり試算した。

積算価格は土地価格と建物価格を加算したものであり、需給性に着目した供給者サイドの価格とされている。収益価格は、DCF法を採用して、投資家サイドの投資採算性を考慮して試算されたものである。

両価格とも妥当な価格を有しているが、本件は収益性より居住の快適性、利便性等を重視して価格が形成されるファミリータイプのマンションであるから、積算価格を重視し、収益価格は参考に止めて調整し、調整後の価格を下記のとおり求めた。

① 積算価格	133,810,000円
② 収益価格	78,340,000円
③ 調整後の価格	100,000,000円

2　評価額の判定

調整後の価格に、市場性修正及び競売市場修正を施し、さらに滞納管理費等相当額並びにその他の控除（敷金等）を考慮して評価額を決定した。

調整後の価格 (円) ア	市場性修正 イ	競売市場修正 ウ	滞納管理費等相当額の減額 エ	その他の控除（敷金等） オ	評価額 (円) カ
100,000,000	×1.00	×0.70	×1.00		=70,000,000

ア　調整後の価格：積算価格と収益価格を調整した後の調整価格。
イ　市場性修正：必要なし。
ウ　競売市場修正：「第２評価の条件」記載の不動産競売市場の特殊性等を考慮した修正を行った。
エ　滞納管理費等相当額の減額：滞納管理費等及び代金納付に至る間の管理費等の予想額相当額。本件の場合なし。
オ　その他の控除（敷金等）：買受人の引受けとなる敷金等の額の控除。本件の場合なし。
カ　評価額：１万円未満四捨五入の端数整理を行った。

－ 11 －

③物件明細書

平成２５年（ケ）第　２３４号

物件明細書

平成２５年[黒塗り]日
東京地方裁判所民事第[黒塗り]部
裁判所書記官[黒塗り]

1　不動産の表示
【物件番号1】
別紙物件目録記載のとおり

2　売却により成立する法定地上権の概要
なし

3　買受人が負担することとなる他人の権利
【物件番号1】
なし

4　物件の占有状況等に関する特記事項
【物件番号1】
本件所有者が占有している。

5　その他買受けの参考となる事項
なし

《注意書》

1　本書面は、現況調査報告書、評価書等記録上表れている事実とそれに基づく法律判断に関して、執行裁判所の裁判所書記官の一応の認識を記載したものであり、関係者の間の権利関係を最終的に決める効力はありません（訴訟等により異なる判断がなされる可能性もあります）。

2　記録上表れた事実等がすべて本書面に記載されているわけではありませんし、記載されている事実や判断も要点のみを簡潔に記載されていますので、必ず、現況調査報告書及び評価書並びに「物件明細書の詳細説明」も御覧ください。

3　買受人が、占有者から不動産の引渡しを受ける方法として、引渡命令の制度があります。引渡命令に関する詳細は、「引渡命令の詳細説明」を御覧ください。

4　対象不動産に対する公法上の規制については評価書に記載されています。その意味内容は「公法上の規制の詳細説明」をご覧ください。

5　各種「詳細説明」は、閲覧室では備置用ファイルとして備え付けられています。このほか、BITシステムのお知らせメニューにも登載されています。

1ページ

10 競売情報の解読法③ 競売のメリット・デメリット

POINT
- 競売価格は安い反面、それなりのデメリットもある。
- 物件に欠陥(瑕疵)があっても、売主に責任を追及できない。
- 物件の事前調査が十分にできない場合が多い。

競売の特殊性

競売による物件取得も、以前よりは手軽にできるようになりましたが、不動産業者を通して購入する一般流通物件と比べ、競売ならではの特殊性もあります。競売は誰でも参加でき、価格も安いわけですから、それなりにデメリットもあります。このデメリット、すなわち競売の特殊性にはどのようなものがあげられるか、メリットとあわせて以下に簡単にまとめておきます。

【競売のメリット】

不動産を時価より安く買うことができる

➡入札期間内に落札されるような配慮が必要となることから、市場価格より20%〜30%ほど安い価格で売却価格が設定される。売却価格を決定する際に「**競売市場修正率***」というものが使われる。

【競売のデメリット】

一般的な「売主の責任(義務)」が存在しない

➡通常の不動産取引であれば、買い受けた不動産に瑕疵(かし)(欠陥)があった場合、買主は売主に対して損害賠償の請求や、瑕疵の具合によっては売買契約の解除をすることができる。しかし競売の場合、**どのような瑕疵があったとしても、買主の自己責任**としてそのまま引き受けなければならない。

物件の事前調査が十分にできない

➡通常の不動産取引であれば、購入前に物件の下見をすることができるが、競売不動産という性質上、**対象物件の現地案内や内覧なども自由にはできない**。したがって物件の事前調査については、入札期間内で、かつ競売物件情報の３点セットという限られた情報で行うことになる。

用語解説 ＊競売市場修正率：競売手続の際に買受人が負担するリスクを考慮し、減価要因を売却基準価額に反映させる価格修正のこと。

競売不動産の特殊性

不動産の競売は価格が安いなどのメリットがありますが、参加自由な競売ゆえのデメリット(=競売不動産の特殊性)もあります。

●競売のデメリット

①売主の責任がない

競売不動産は裁判所による売却であることから、一般的な不動産取引では認められている「売主の瑕疵担保責任」がないため、購入した物件に不具合や瑕疵があったとしても、すべて買主が対応することになる。

②買主の自己責任で対処しなければならない事象がある

売主の責任が存在しないため、以下はすべて自己責任になる。

- 瑕疵担保責任
- 売主や第三者の立退き
- 鍵の引渡し
- 付帯設備の点検と修理
- 隣家との境界の確定
- 売主や第三者の残置物の撤去
- 抵当権、賃借権などの権利の抹消

③保証金が必要

競売物件ごとに決められている「買受申出保証金」というものがあり、競売に参加するためには、あらかじめこの保証金を用意しておかなければならない。保証金の額は売却基準価額の20%(例:3,000万円だったら600万円)となる。保証金は落札した場合は代金の一部にあてられ、落札できなかった場合は返金される。

④買い受けてもすぐに住めない場合もある

競売で不動産を買い受けた場合、裁判所に代金を支払えば所有権は買主に移転するが、元の所有者が居座り続けるなどで、すぐに引渡しを受けることができない物件もある。この場合、裁判所に引渡命令の申立てを行い、執行官による強制立ち退きも可能ではあるが、時間がかかる場合が多い。

Check!

□引渡命令の申立てについて

競売で落札した物件に占有者がいる場合、占有者に立ち退きを求めることになる。任意に出て行ってもらえるのがベストだが、うまくいかない場合は引渡命令の申立てをすることができる。その後、この引渡命令を元に、執行官が強制的に立ち退かせることになる。

11 競売情報の解読法④ 任意売却とは

POINT
- 任意売却とは競売をせずに不動産を任意に売却すること。
- 競売と異なり、実勢価格に近い額での売却も可能。
- 債権者にも債務者にも、それぞれメリットがある。

■任意売却とは

競売などの強制執行を回避することを目的とした売買で、不動産の所有者の意思で不動産を売却することを**任意売却**といいます。

マイホームなどの不動産を取得する場合、抵当権を設定して住宅ローンを組むことが一般的ですが、返済期間は20年～30年という長期にわたるため、途中で予期せぬ事態に陥り支払いが困難となる場合も想定されます。そうなった場合に、金融機関などの債権者は「競売」により貸金の回収を図ることができます。しかし、競売をするにも時間と費用がかかりますし、また、競売価格が実勢価格より低い価格になってしまいます。

債権者側からすれば、融資した貸金を回収できればいいわけですから、リスクの高い競売よりも、任意売却を検討する余地も出てきます。

■任意売却のメリット

任意売却は、「任意」とついているものの、その手法は通常の不動産の売却手続きと変わりません。そのため**実勢価格での売却も期待でき**、金融機関などの債権者も、任意売却に前向きとなる場合もあります。

この任意売却は、債権者と債務者との協力で行われますので、債務者にもメリットがあります。たとえば売却代金でローンの残債が完全に返済できなかったとしても、**毎月の返済額を減らしてもらったり、残債自体の見直しをしてもらえたりする**こともあります。

また、競売の場合は、入札期間内に最高値をつけた人が買い受けることになるため、こちら側で買主を選ぶことはできませんが、任意売却の場合は、たとえば親戚に買ってもらうというように買主を選ぶことができ、のちに買い戻す機会が出てくる場合もあります。

MEMO 「任意売却」をサポートする業者も多い。条件やサポート体制をよく見極めるなどの検討も必要。

任意売却について

所有者の意思で不動産を売却する任意売却は、以下の点が競売とは異なります。

●任意売却

任意売却とは債権者と債務者との協力により、不動産の所有者が、ローンの返済のために不動産を売却すること。

- 話し合いで進める。通常の不動産売却手続と変わらない
- 債務者の意思を反映することもできる

代金での返済
＊実勢価格での売却も期待できる

●競売

- 債権者の申立てにより、裁判所が競売する（強制執行）

＊民事執行法の規定に基づき進める
＊債務者の意思は反映されない

競売による売却代金の配当
＊実勢価格の7割～8割での売却となる

Advice

残債を支払う義務があるか

抵当権を設定している不動産を競売や任意売却で処分しても、まだ残債務があれば金融機関などの債権者から請求がきます。こういう形態を「リコースローン」といいます。これに対し、抵当権を設定した不動産を処分すれば残債務の支払い義務を負わない形態を「ノンリコースローン」といいます。日本はリコースローンですが、アメリカはノンリコースローンが主流です。

マンション販売広告「2LDK+S+WIC」とは

不動産の販売広告には、景品表示法などによる規制があることについては、本文でも触れてきたとおりです。しかし、法律で規制されていない用語を駆使した広告もいまだに多く見られます。時間あるときに販売広告をじっくり読んでみてください。不思議な表示があるかもしれません。

たとえば「間取り」として「2LDK+S+WIC」というような表示をよく目にします。最初の「2LDK」については、建築基準法上の居室（居間など）が2つとリビングダイニングキッチン（LDK）ということで、こちらはわかると思いますが、次の「S」とはなんでしょうか。これはサービスルームの略で、納戸等を表しています。納戸等とはP.102でも触れておりますが、法律上必要とされる採光や換気のための窓などが確保できない部屋のこと。居室として表示することはできません。本来であれば納戸等と表示すべきところですが、スタイリッシュな販売広告に「2LDK+納戸等」ではイメージがよくないため「2LDK+S」としているのです。なお「S」ではなく「N」や「DEN」と表示している広告もあります。Nはもちろん納戸等のNで、「DEN」は巣、隠れ家等を表す英語のようです。

また「WIC」や「SIC」という表示も多く見かけます。これらの表示についても法規制がないため、どのような意味合いで使ってもいいのですが、おおむねWICはウォークインクローゼット、SICはシューズインクローゼットを表します。そのほか「法規制がない表示」には以下のようなものもあります。OB=オープンエアリビングバルコニー、PG=プライベートガーデン（1階の専用庭のこと）、BW=ビッグウォークインクローゼット、OL：オープンエアリビング、T=テラスなどです。

個人的にいちばんおもしろいと思ったのが「HCL」です。どういう意味で「HCL」を使っているのか、一種のアタマの体操ですね。答えはHCL=布団クローゼット。Hは日本語の布団の略だったのです。

PART 5

建築物に関する法規制

建築物を建築する場合、面積や容積、高さなどについて、法によってこと細かい規制を受けます。違反建物の見極めも大事なので、建築に関する最低限の知識は押さえておきましょう。

1 建築を規制する法律の種類 …… 124
2 都市計画法と建築基準法 …… 126
3 道路と敷地の制限　接道義務 …… 128
4 幅員４m未満の道路とセットバック …… 130
5 建築面積の割合を示す建蔽率 …… 132
6 延べ面積の割合を示す容積率 …… 134
7 建築物の高さ規制 …… 136
8 トラブルを未然に防ぐ日影規制 …… 138
9 宅地にすべきではない土地とは …… 140
10 建築物の構造についての基準 …… 142
11 建築確認の手続きと流れ …… 144
Column◆土地の相場と容積率について …… 146

1 建築を規制する法律の種類

POINT
- 自分の土地だとしても、まったく自由には建築できない。
- 民法では隣地との関係についての規制がある。
- 都市計画法や建築基準法などで実務的な規制をしている。

建築物の建築を規制する法律

土地を購入して建築物を建築する場合、その建築につき各種の法規制があります。そのため自分の土地であったとしても、まったく自由には建築できるわけではありません。このような、建築物の建築を規制する法律には①**民法**、②**都市計画法**、③**建築基準法**などがあります。

①民法

民法は、社会生活上の取引や権利関係についてを定めた法律で、建築などの土地利用に関してもさまざまな規制がなされています。

具体的には、自分の土地が他の土地に囲まれて公道に通じない場合は、その土地を囲んでいる他の土地を通行することができる、境界線付近に築造する場合は、境界線から50㎝以上離さなければならないなど、近隣地との関係についての規制が多くあります（右ページ参照）。

②都市計画法

都市計画法は計画的な街づくりをしていくための法律です。都市計画区域を市街化区域や市街化調整区域に区分したり、市街化区域に用途地域を定めたりすることで建築物の建築を規制します。主に「街づくり」という観点からの、マクロ的な規制をする法律です。

③建築基準法

建築基準法は、私たちの生命や健康、財産の保護をはかるため、建築物の敷地や構造、設備や用途に関する基準を定めた法律です。都市計画法で指定する都市計画区域内での建築物につき、建蔽率や容積率、日影規制による高さ制限など各種の建築規制を加えます。都市計画法に対し、こちらはミクロ的な規制ともいえます。

MEMO 民法上の相隣関係として「公道に至るための他の土地の通行権」などもある。他の土地に囲まれて公道に通じない土地の所有者に認められている。

民法による建築規制の例（相隣関係）

相隣関係とは、隣合わせの土地の所有者同士の関係をいいます。具体例をいくつか見てみましょう。

●境界付近の建築

建物の建築と境界線

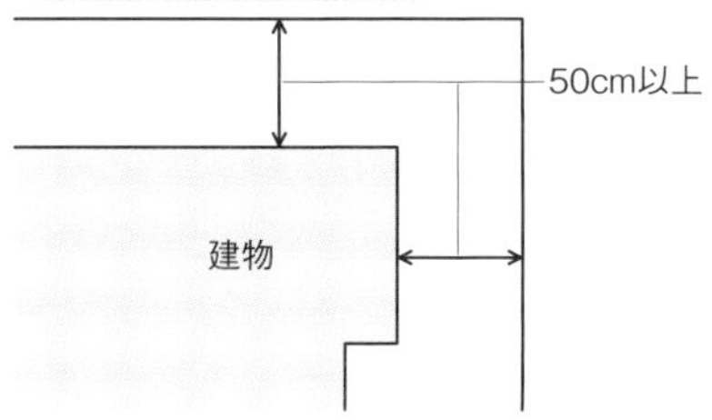

建物を建てるには、境界線から50cm以上離さなければならない。

建物の窓、縁側と境界線

境界線から１m未満のところに、他人の宅地を見通せる窓や縁側を作ろうとする者は、目隠しをつけなければならない。

●隣の竹木などが入り込んだときの措置

木の枝の越境

隣地の竹木の枝が、境界線を越えて出ているときは、竹木の所有者に境界線を越える枝を切除させることができる。

＊竹木の所有者に枝を切除するよう催告したのにもかかわらず、竹木の所有者が相当の期間内に切除しないときは、その枝を切除することができる（令和５年４月より適用）。

木の根の越境

隣地の竹木の根が、境界線を越えて出ているときは、その根を切り取ることができる。

2 都市計画法と建築基準法

POINT
- 都市計画法はマクロ的な規制。街づくりの方向性を定める。
- 建築基準法はミクロ的な規制。具体的な建築制限を定める。
- 都市計画区域内で適用される規定群を「集団規定」という。

都市計画法と建築基準法

都市計画法と建築基準法は、建築についての規制という面で密接な関係をもっています。都市計画法は前述のとおり、計画的に都市建設を進めていくための法律で、はじめに都市計画区域を指定します。一方、建築基準法は、個々の建築物の技術的な基準（**単体規定**→P.142）を定めているほか、都市計画区域内での建築行為を対象に、都市計画に基づいた形での良好な都市環境をつくるための規定（**集団規定**）を用意しています。

【都市計画区域内において適用される規定（集団規定）の例】

①道路と敷地の制限（接道義務）
建築物の敷地は、建築基準法で定める道路（幅員4m以上）に2m以上接していなければならない。

②用途地域での建築物の用途制限
用途地域（全13種類）で規定されている用途以外の建築物を建築することは禁止されている。

③建蔽率・容積率
用途地域に応じて指定された建蔽率と容積率の範囲内で、建築物を建築しなければならない。

④斜線制限・日影規制などの建築物の高さ制限
建築物の高さが制限されている場合、それを超えて建築してはならない。

⑤防火地域及び準防火地域での建築制限
防火地域または準防火地域内にある建築物は、防火地域及び準防火地域の別・建築物の規模に応じて政令で定める技術的基準に適合するもので、国土交通大臣が定めた構造方法を用いるもの（国土交通大臣の認定を受けたもの）としなければならない。

MEMO 「接道義務」や「建蔽率」などの集団規定は、都市計画区域のほか準都市計画区域でも適用がある。

都市計画法と建築基準法の関係

都市計画法と建築基準法は、それぞれマクロ的な視点とミクロ的な視点をもち、お互いに密接な関係をもっています。

● 都市計画法と建築基準法の棲み分け

■ 都市計画法（マクロ的な規制・方向性を決める）
- 都市計画区域を指定する

■ 建築基準法（ミクロ的な規制・具体的に制限する）
- 都市計画区域内を対象に、建築規制を行う。

Check!

□ 建築基準法の目的

建築基準法は、建築物の敷地や構造、用途などに関する最低の基準を定めて、国民の生命や財産の保護を図ることを目的とする。

● 建築基準法の全体像

■ 単体規定

個々の建築物の構造基準（最低の基準）を定めたもの。全国一律に適用される。

■ 集団規定

都市計画区域において適用される規定群。都市を建設していくという観点からの規定。

3 道路と敷地の制限　接道義務

- 幅員４m以上の道が、建築基準法上の道路となる。
- 建築物の敷地は、道路に2m以上接していなければならない。
- 接道義務を満たしていない土地には建築できない。

いちばん重要なものは「道路」

都市計画区域内の建築物の建築については、前述のとおり、良好な都市環境をつくるための観点からの規定（集団規定）が適用されます。都市には建築物が集団として建っているという特徴を踏まえたもので、都市計画で定められた都市計画に従うかたちで、具体的かつ集団的な建築規制が行われます。

その集団規定のなかでも重要なのが**道路と敷地**の関係です。都市計画区域内では、**道幅が４m以上の道路に、２m以上接している土地**でなければ建築できません。これを**接道義務**といいます。建築基準法での「道路」となる道には、以下のようなものがあります。

①道路法や都市計画法による道路（国道や県道）
②昔から存在していた道
③２年以内に事業化が予定される道路
④敷地として利用するために築造した私道（位置指定道路）

これらの道のうち、幅員が４m以上あるものが道路となります。公道だったとしても、幅員が４m以上なければ道路としては扱われません。

接道義務

建物を建築する敷地は、建築基準法に定める道路に２m以上接していなければならず、たとえいくら広い土地であったとしても、道路に接していない土地であれば建築できません。また、このような土地に古い建物が建っている場合もありますが、接道義務を満たしていないため再築できません。

そのため、景品表示法では、接道義務を満たしていない物件の販売広告については「**再建築不可**」または「**建築不可**」という文言を明示しなければならないとしています。

MEMO 道路の幅員は「４m以上」を原則とするが、地域によっては「６m以上」とすることもできる。

道路と敷地の接道義務とは

いくら広い土地でも、道路に接していなければ建物を建てることはできません。

●建築可能な土地を見極めるポイント

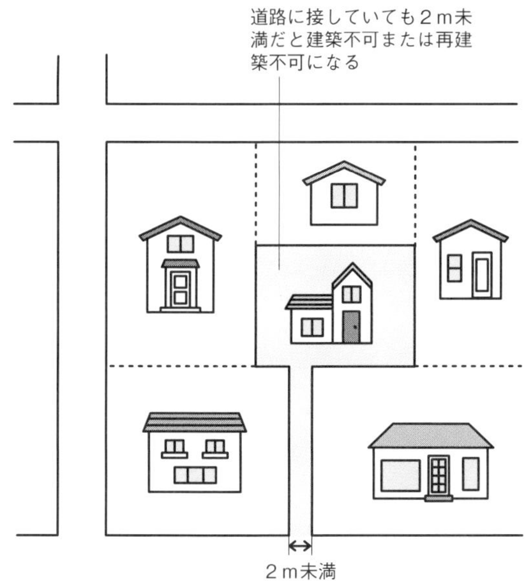

①敷地が2m以上、道路に接しているかどうか
②敷地が接している道路は、建築基準法上の道路となっているか

●道路関連のその他の規定

道路内の建築制限

建築物や敷地を造成するための擁壁は、道路内や道路に突き出して建築してはならない。

私道の変更・廃止の制限

私道の変更や廃止で、建築基準法などの規定に抵触することになる場合は、私道の変更や廃止が禁止されたり制限されたりする。

条例による制限強化

地方公共団体は、スーパーや量販店などの特殊建築物や大規模建築物については、敷地が接しなければならない道路の幅員や、敷地が接する道路の部分の長さ(接道)について、条例で制限を付加できる。

4 幅員4m未満の道路とセットバック

- 幅員が４ｍ未満の道でも道路とみなされる場合がある。
- 「42条２項道路」または「みなし道路」と呼ばれる。
- 建物を建て替えるとき、セットバックしなければならない。

42条２項道路(みなし道路)とは

建築基準法における道路とは、公道や私道を問わず、**幅員が４ｍ以上の道**というのが原則です。ところが、幅員が４ｍ未満の道であっても、建築基準法上の道路とみなされる場合があります。このような道路のことを、建築基準法第42条第２項の規定に基づくものであることから「**42条２項道路**」とか「**みなし道路**」と呼んでいます。

本来であれば、道路は幅員４ｍ以上としたいところですが、この規定が適用された当時、幅員４ｍ未満の道が大量に存在し、その道路に沿って建築物がすでに建ち並んでいました。こうした現実を踏まえ、当面はこういった道路も「みなし道路」とすることになりました。

セットバックとは

みなし道路については、道路の**中心線から２ｍ**の線が道路と敷地の境界線となります。つまり、みなし道路に面する敷地で建替えを行う場合、道路と敷地の**境界線を敷地側に後退**させなければなりません。この「敷地側に境界線を後退させる」ことを**セットバック**といいます。建替えの際に徐々にセットバックしていけば、みなし道路はいつしか幅員４ｍ以上の道路となります。

セットバックで後退した部分は道路として扱われます。敷地の一部が道路としてとられてしまうというわけですから、その分、敷地面積は小さくなり、その小さくなった敷地面積で建蔽率や容積率を適用することになります。そのため、従来と同じ規模での建替えが難しくなる場合もあります。また、セットバックをしたとしても補償金などの制度もありませんので、道路として土地を無償提供することになります。

MEMO セットバックがある土地の販売広告には、セットバックの面積（10％以上の場合）を表記する。

みなし道路とセットバック

幅員が４ｍ未満のみなし道路に面した土地では、建替えの際にセットバックすることで、４ｍ以上の道路を確保することになります。

セットバックとは

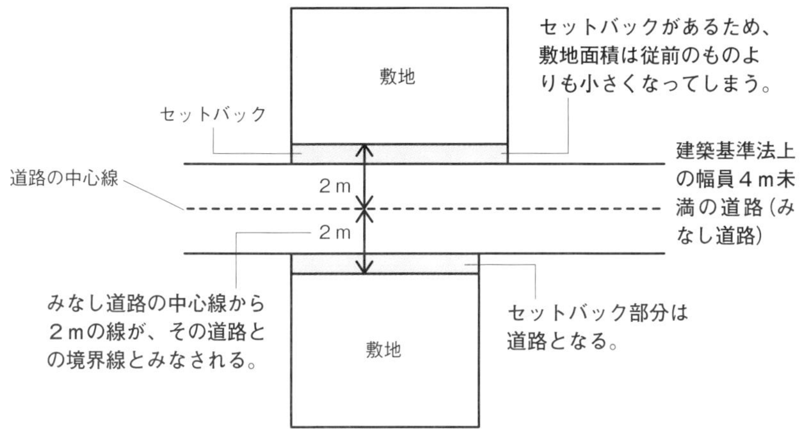

家を建てるための道路の調べ方

①現地にて道路の幅（寸法）を調べる

②自治体の担当窓口で問い合わせる

窓口の名称は「建築課」「建築指導課」「建築審査課」などとなっている

プラスα

公道と私道の違い

公道と私道では、以下の点が異なります。

- 公道：国や地方公共団体が管理する道路
- 私道：個人または団体が所有している土地を道路として使用

なお、個人または団体が所有している道路を国や地方公共団体が管理している場合もあります。この場合は公道扱いとなります。

5 建築面積の割合を示す建蔽率

- 建蔽率とは敷地面積に対する建築面積の割合をいう。
- 建蔽率が60%だったら、敷地の40%は空地となる。
- 用途地域に応じて、建蔽率の上限が定められている。

建蔽率(けんぺい)について

建蔽率とは、**敷地面積に対する建築面積の割合**をいいます。建築面積とは**建築物の外壁、柱の中心線で囲まれた部分の面積**のことで、実質的には建物の1階部分の面積になります。

つまり、建蔽率は建築物が敷地をどれくらい覆ってしまってよいかという数値で、たとえば「建蔽率60%」と指定されていたら、敷地の40%は空地にしておかなければならないということです。この建蔽率は、後述する**容積率**と同様に、用途地域ごとに都市計画として上限が定められています。

建蔽率が緩和される場合

各地域ごとに上限が定められている建蔽率ですが、次の建築物を建築する場合は、建蔽率が10%緩和されます。

①建蔽率が30%～70%で指定されている区域で、かつ、防火地域・準防火地域内にある耐火建築物等・準耐火建築物等

②街区の角にある一定の敷地内にある建築物

例：住居系の用途地域で、建蔽率が60%と指定されている区域で角地の場合、建蔽率は70%とすることができる。

なお、①と②の両方を満たしている場合は、建蔽率は20%緩和されます。

- **建蔽率が100%となる場合(適用除外)**

また、建蔽率が80%と指定されている区域については、別の取り扱いとなります。その区域に防火地域の指定があり、かつ、耐火建築物等を建築する場合は建蔽率制限は適用されません。敷地いっぱい(100%)に建築できます。

MEMO 商業地域(建蔽率80%)は防火地域が指定されていることが多く、敷地ぎりぎりに建てられたビルが密集した街並みとなることが多い。

建蔽率のしくみ

建蔽率は用途地域ごとに、都市計画で上限が定められています。

●建蔽率の求め方

$$建蔽率 = \frac{建築面積}{敷地面積} \times 100\%$$

建蔽率の指定

用途地域	指定される建蔽率
第一種・第二種低層住居専用地域 田園住居地域	30%・40%・50%・60%
第一種・第二種中高層住居専用地域	30%・40%・50%・60%
第一種・第二種住居地域、準住居地域	50%・60%・80%
近隣商業地域	60%・80%
商業地域	80%
準工業地域	50%・60%・80%
工業地域	50%・60%
工業専用地域	30%・40%・50%・60%

●建蔽率の緩和条件

①建蔽率が30%～70%で指定されている区域で、かつ、防火地域・準防火地域内にある耐火建築物等・準耐火建築物等

②街区の角にある一定の敷地内にある建築物

＊①と②の両方を満たせば20%が緩和される

例：第一種住居地域で建蔽率60%と指定されているエリアの場合

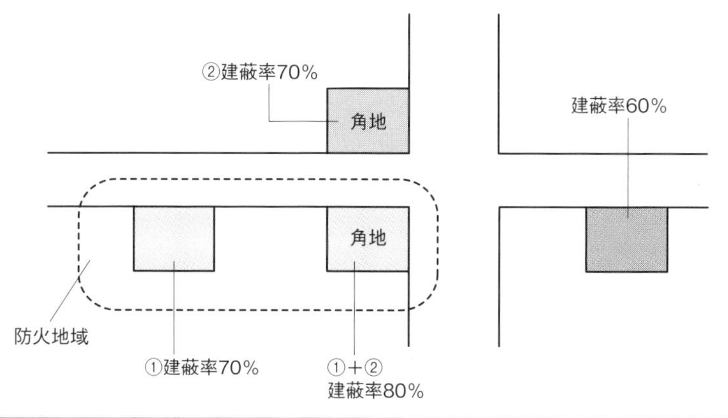

6 延べ面積の割合を示す容積率

- 容積率が大きければ、大きい建物を建てることができる。
- 用途地域に応じて、容積率の上限が定められている。
- 前面道路の幅員により、容積率が制限される場合がある。

容積率について

容積率とは、**建築物の延べ面積（各階の床面積を合計した面積）の敷地面積に対する割合**をいいます。土地に対してどれくらいの大きさの建築物を建築できるのかを示すもので、敷地面積に容積率を乗じると、建築物の延べ面積の上限が算出されます。この容積率も建蔽率と同様に、用途地域ごとに都市計画として上限が定められています。

例：敷地面積が100㎡で容積率が400%と定められている場合
100㎡（敷地面積）×400%（容積率）＝400㎡（延べ面積）
- 各階を100㎡とすると、４階建てまで(100㎡×４階)
- 各階を80㎡とすると、５階建てまで(80㎡×５階)
- 各階を50㎡とすると、８階建てまで(50㎡×８階)

前面道路の幅員と容積率の関係

容積率の数値が高ければ高いほど、その敷地に大きい建築物を建築することができますが、実際の容積率はその敷地が接する前面道路の幅員により、制限を受ける場合があります。前面道路の幅員が12m未満の場合、その敷地での容積率は、以下の①か②のうちいずれか**小さいほう**となります。

①指定された容積率の数値
②前面道路の幅員×法定乗数＝算出された数値×100%
※法定乗数：住居系の用途地域→0.4、商業・工業系の用途地域→0.6

例：住居の用途地域で指定容積率が300%、前面道路の幅員が4mの場合
指定された300%を使うことはできず、容積率は４(m)×0.4×100＝160%に限られてしまう。

MEMO　都市計画で定めることができる容積率の数値の最大限度は、「商業地域」で「1300%」となる。

容積率のしくみ

容積率は敷地面積に対する建築物の延べ面積の割合をいいます。

●容積率の求め方

$$容積率 = \frac{延べ面積}{敷地面積} \times 100\%$$

例：敷地面積が200㎡で容積率が400%と定められている場合
200㎡（敷地面積）×400%（容積率）＝800㎡（延べ面積）

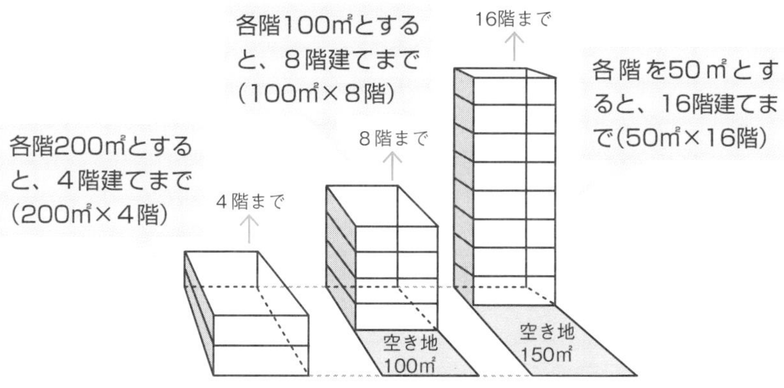

●容積率が前面道路の幅員により制限を受ける場合

住居系　　商業・工業系

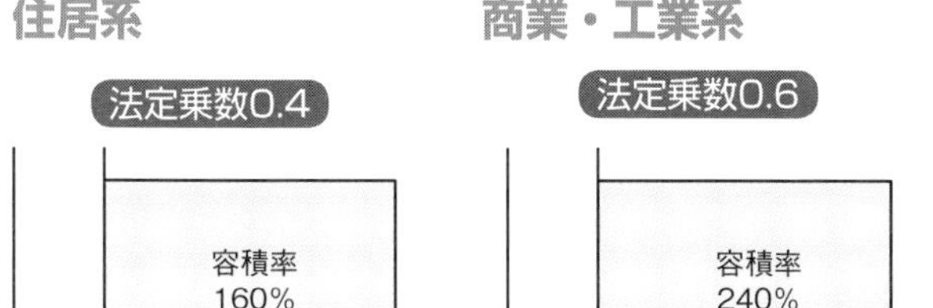

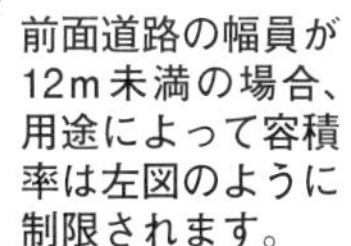

▶指定された容積率か、上記の計算により算出された容積率160%（住居系。商業・工業系は240%）のどちらか小さいほうの容積率で建築する。

7 建築物の高さ規制

- 日照や通風確保のための建物の規模に関する規定がある。
- 高さ制限がある場合、その高さまでしか建築できない。
- 斜線的に建築物の高さを制限をすることを斜線制限という。

建築物の規模、高さを規制する規定

建築物の規模をコントロールしている建蔽率や容積率のほかに、日照や通風を確保するなどのために、建築物の「高さ」を制限する規定がいくつかあります。いずれも住居系の用途地域ではやや厳しい制限となっています。

【絶対高さ制限】

第一種・第二種低層住居専用地域、田園住居地域内では、建築物の高さは、**10m以下か12m以下**としなければなりません（都市計画によりどちらかの数値が定められている）。一般住宅（マンション）の１階に要する高さは約３mですので、実質的に３階建てまでの建築物となります。

【斜線制限】

建築物の各部分の高さは、次の３種の**斜線制限**の規定により、斜線的に建築物の高さが制限されています。そのため一定の角度の斜線の範囲内で建築しなければならなくなります。

①道路斜線制限

建築物の各階の高さは、敷地の前面道路の反対側から、用途地域によって決められた傾斜勾配により制限される。

②隣地斜線制限

建築物の各部分の高さは、隣地境界線からも傾斜勾配により制限される。31m（住居系では20m）を超える部分の建物は、一定の角度の斜線の範囲内での建築となる。

③北側斜線制限

南側に高い建物を建てられると、北側の建物は日照を妨げられることになるので、南側となる建物の高さは傾斜勾配により制限される。低層住居専用地域と中高層住居専用地域、田園住居地域が対象となる。

MEMO 第一種・第二種低層住居専用地域、田園住居地域は、建蔽率や容積率が小さく、さらに10mか12mの高さ制限もある。

建築物の高さを制限する規定

建築物の高さを制限する規定には、次のようにさまざまなものがあります。

●絶対高さ制限

第一種・第二種低層住居専用地域、田園住居地域では建築物の高さは10mか12m以下としなければならない。

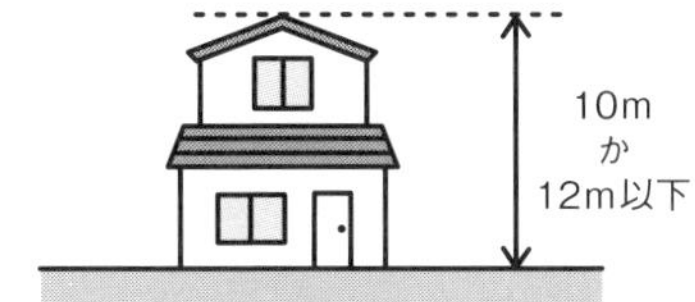

●3種の斜線制限

①道路斜線制限

前面の道路の反対側から一定の角度の斜線の範囲内で建築しなければならない。

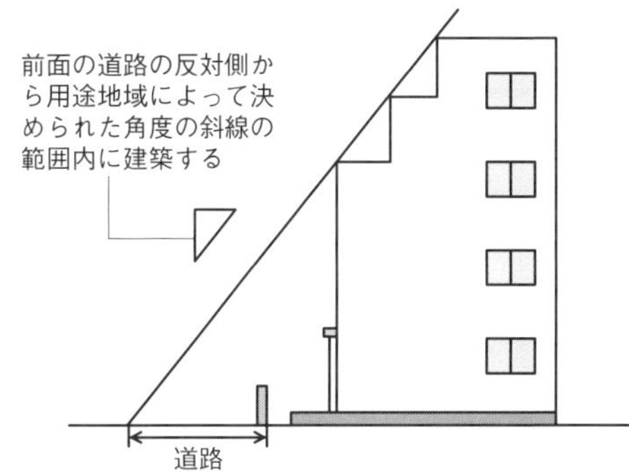

②隣地斜線制限

隣地との境界線上から一定の高さを基準に、そこから一定の角度の勾配で示された斜線の範囲内で、建築しなければならない。

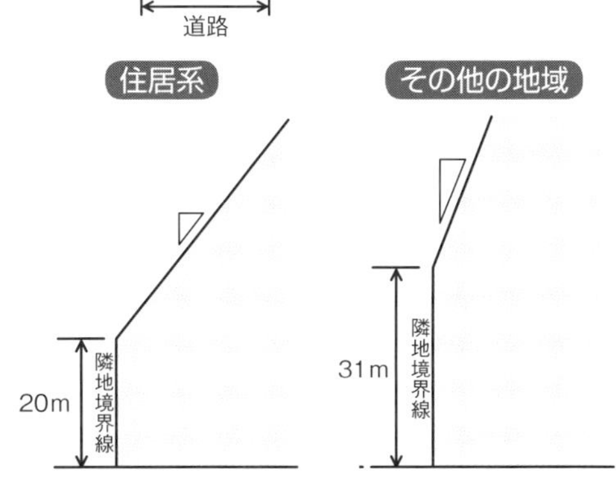

③北側斜線制限

第一種・第二種低層住居専用地域、田園住居地域では真北の敷地境界線上5mの高さから1mにつき1.25m上がる斜線の内側に、第一種、第二種中高層住居専用地域では、真北の敷地境界線上10mの高さから1mにつき1.25m上がる斜線の内側に建築しなければならない。

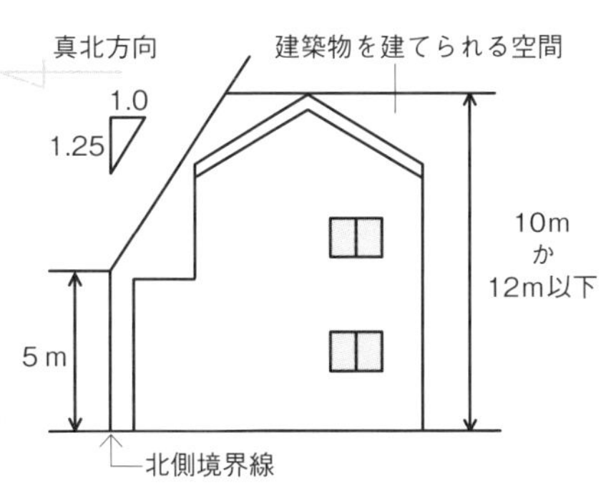

8 トラブルを未然に防ぐ日影規制

POINT

- 日影規制は隣接地との日照権トラブルを避けるためのもの。
- 日影規制の対象区域は、地方公共団体の条例で定められている。
- 対象区域外にある建築物でも日影規制が適用される場合がある。

日影による中高層の建築物の高さ制限(日影規制)

日影規制による中高層の建築物の高さ制限は、住宅地などに建つ中高層建築物に対し、**一定時間以上、隣接地に日影を生じさせないようにするため**のものです。そのためには、建築物自体の高さを抑えたり、隣地境界線から距離をとったりするなどの方法があります。この日影規制は、マンションなどの中高層の建物が都市中心部でさかんに建てられるようになったころから各地で生じた**日照権**のトラブルを解決するため、昭和52年に設けられました。

日影規制の対象区域は全国一律とはなっておらず、地方の気候や土地の利用状況を踏まえ、地方公共団体が条例で対象区域や日照時間を定めています。

日影規制の対象となる用途地域

日影規制の対象となる用途地域は次のとおりです。この用途地域のうち、**地方公共団体が条例で指定した区域**に、日影規制が適用されます。

- 第一種・第二種低層住居専用地域
- 第一種・第二種中高層住居専用地域
- 第一種・第二種住居地域
- 準住居地域　• 田園住居地域　• 近隣商業地域　• 準工業地域

日影規制は主に住宅地の日照時間の確保ということを目的としていますので、用途地域のうち**「商業地域」「工業地域」「工業専用地域」は指定の対象外**となります。なお、対象区域外にある建築物であっても、高さが10mを超えており、かつ、対象区域内に日影が及ぶ場合は日影規制の対象となり、高さ制限を受ける場合があります。

MEMO 敷地が道路や水面に接していたり隣地との高低差が著しいなどの場合、日影規制が緩和される場合がある。

日影による中高層の建築物の高さ制限（日影規制）

日影規制は、日照条件の最も悪い冬至の日の８時から16時までの８時間のうちで、日影を生じさせてはならない時間を各自治体で定めています。

●日影規制の対象建築物

■第一種・第二種低層住居専用地域
■田園住居地域
①軒の高さが７ｍを超える建築物
②地階を除く階数が３以上の建築物

■その他の用途地域
高さが10メートルを超える建築物

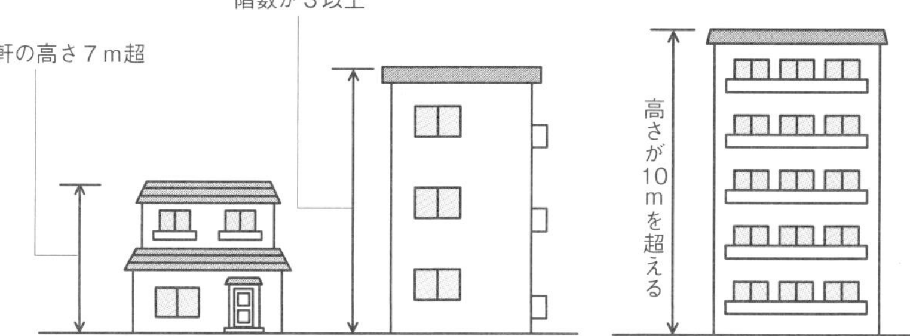

●日影の規制時間

■日影規制の概略（地域によって異なります）

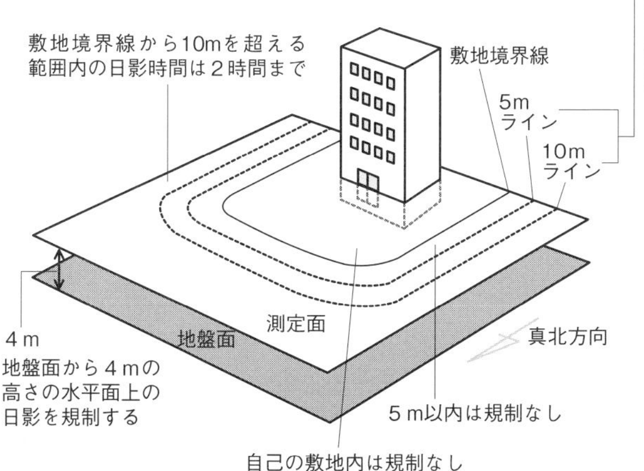

9 宅地にすべきではない土地とは

- 住宅地として向き・不向きの地形や地盤がある。
- 台地や丘陵地は、自然災害に対する安全度が高い。
- 低地は地震や洪水に対して弱く、宅地として好ましくない。

どのような土地が住宅地として適しているか

建築物を建築するには、土地の地形や地盤にも注意を払う必要があります。地形や地盤の状況により、災害に対するリスクが異なるためです。宅地として不向きな土地もありますので、以下の点の見極めも大切です。

①山麓部

過去の土石流や土砂崩壊による堆積でできた地形や、地すべりによってできた地形はふたたび斜面崩壊や地すべりが起こる危険性が高い。

②台地・丘陵地・段丘

一般的に水はけがよく、地盤も安定しており洪水や地震などの自然災害に対する安全度も高い。宅地として積極的に利用することができる地形。ただし、以下の地形には注意が必要。

- **台地や丘陵地の縁辺部**（崖下など）：集中豪雨などの際にがけ崩れを起こす危険が高い。
- **丘陵地帯を造成（盛土や切土）して平坦化した土地**：切土・盛土部分の土留めや排水工事が不十分であると地盤沈下を起こしやすい。
- **台地上の浅い谷の部分**：豪雨時に浸水することがある。小さな池沼を埋め立てたところでは、地震の際に地盤の液状化が生じるおそれもある。

③低地

低地は一般に地震や洪水などの自然災害に対して弱く、宅地には不向きだが、現実問題として都市の大部分が低地に広がっているため、住宅地としての利用が多く見られる。特に災害の危険度が高い地形は、以下の３つ。

- **河川の河口付近に広がる標高の低いデルタ地域（三角州）**
- **海抜０ｍ以下の地帯**
- **旧河道（過去に河川の流路だったところ）**

MEMO その土地での災害リスクは、国土交通省の「ハザードマップポータルサイト」で調べることができる。住所で検索が可能。

宅地として不向きな土地とは

災害に弱いなど、宅地とするには不向きな土地があります。見極めの際には、以下の点に注意しましょう。

●宅地に不向きな土地

■地すべり地

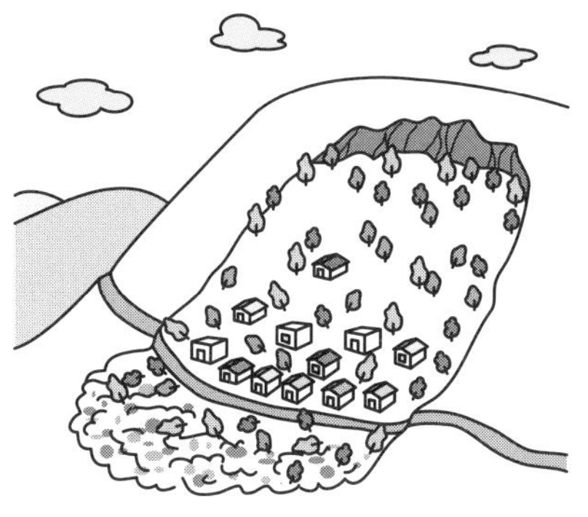

一度地すべりを起こした土地は、ふたたび斜面崩壊や地すべりを起こす危険性度が高い。

■河口付近に広がる標高の低いデルタ地域

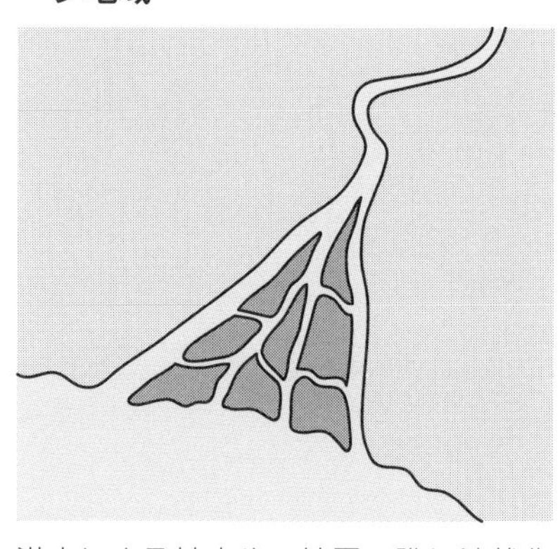

洪水による被害や、地震の際に液状化する危険性が高い。

■盛土・切土部分

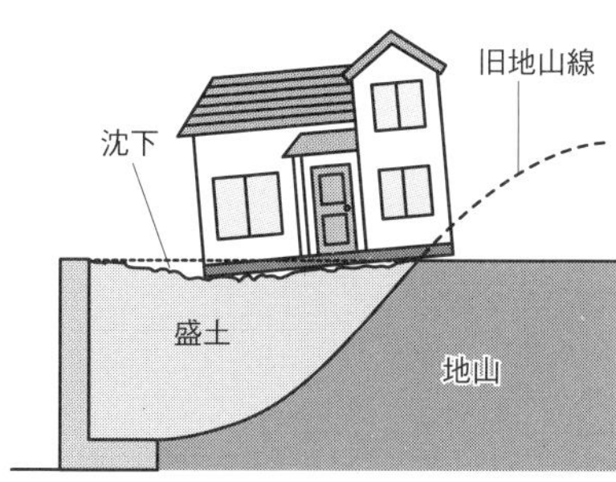

土留めや排水工事が不十分であると地盤沈下を起こしやすい。

■旧河道

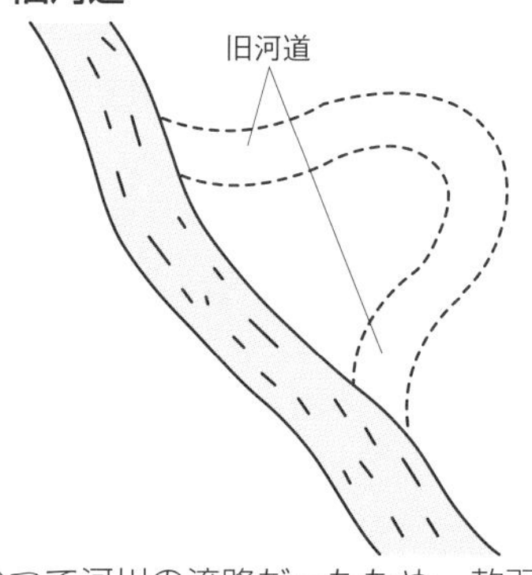

かつて河川の流路だったため、軟弱な地盤であることが多い。

10 建築物の構造についての基準

- 建築物は一定の基準に従って建築されなければならない。
- 建築物の敷地は、道の境よりも高くなければならない。
- 居室には、採光や換気のための開口部がなければならない。

単体規定について

建築物の役割は、雨や風、暑さや寒さから身を守るという側面と、地震や火災などに対しても安全であることなどです。そこで建築基準法では、建築物個々への制限として、**建築物の敷地や構造などについて最低の基準**を定めています。この基準を**単体規定**といいます。

単体規定は全国一律に、どの建築物についても適用されます。単体規定の主なものは以下のとおりです。

①敷地についての基準

- 建築物の敷地は、道の境よりも高くなければならない。
- 湿潤な土地やごみを埋め立てた土地については、盛土や地盤改良などの衛生上や安全上の措置をとらなければならない。

②採光・換気についての基準

- 住宅などの居室（居間、食堂、寝室など）には、原則として採光や換気のための窓などの開口部がなければならない。
  - 採光のための窓など：床面積に対して7分の1以上
  - 換気のための窓など：床面積に対して20分の1以上

③建築物の構造などについての基準

- 建築物は自重や積雪や風圧、地震などの振動に対して安全なものでなければならない。
- **アスベスト***の使用は禁止。ホルムアルデヒド（接着剤）やクロルピリホス（シロアリ駆除剤）の使用についても一定の制限あり。
- 居室の天井の高さは2.1m以上（平均）としなければならない。
- 高さ20mを超える建築物には、避雷設備を設けなければならない。
- 高さ31mを超える建築物には、非常用昇降機を設けなければならない。

用語解説 ＊アスベスト：石綿といわれる、繊維状の鉱物を結束した天然繊維。建築資材として使用されてきたが、深刻な健康被害の原因となるため、現在は使用は禁止されている。

建築物の構造についての基準の例

建築物を建てるには、敷地や採光、構造などについて、建築基準法により定められた最低限の基準をクリアしていなければなりません。

●主な単体規定

建築物は地震などの振動に対して安全なものでなければならない。

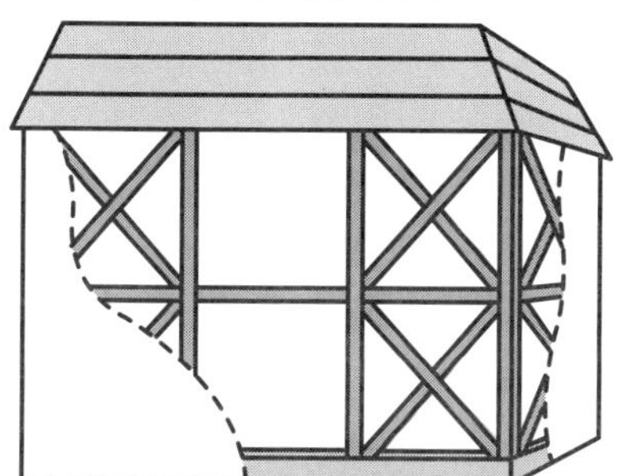

居室には採光や換気のための窓などの開口部がなければならない。

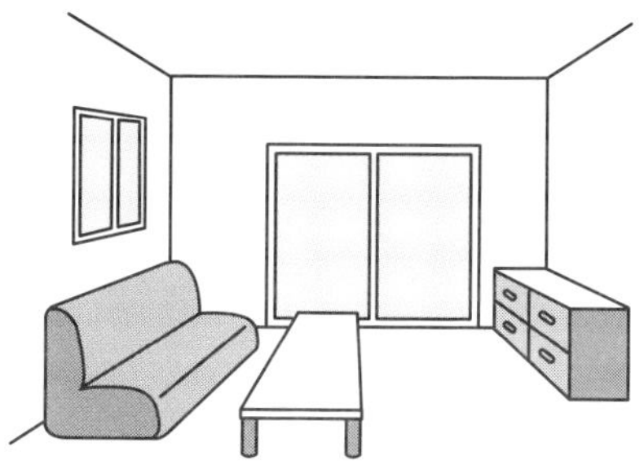

アスベストの使用は禁止。

居室の天井の高さは2.1m以上（平均）としなければならない。

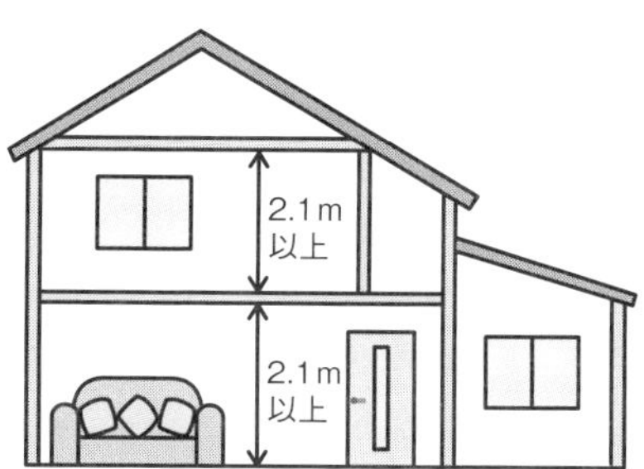

高さ20mを超える建築物には、避雷設備を設けなければならない。

11 建築確認の手続きと流れ

- 建築にあたり、事前に建築確認を受けなければならない。
- 建築確認を受けると、確認済証の交付を受ける。
- 大規模修繕の際も、建築確認が必要となる場合がある。

■建築確認制度について

建築物を建築するにあたっては、建築基準法を中心とした各種の法規制が適用されます。そのため、一定の規模の建築物を建築しようとする場合には、建築主は、工事着手前に建築計画が各種の法規制に適合するものである旨の「**建築確認**」を受けなければなりません。建築確認を受けていない建築物は違法建築となります。建築確認の手続きの流れは以下のとおりです。

①建築確認の申請先
- 建築主事(建築確認を行う自治体の職員)
- 指定確認検査機関(建築確認を行う民間の機関)

⬇

②建築確認を受ける
- 確認済証が交付される

⬇

③工事着工～工事完了
- 工事が完了したら完了検査を受ける(検査済証が発行される)
- 建築物の規模により、中間検査が必要となる場合もある

⬇

④建築物の使用開始

■大規模修繕をする場合

建築確認制度は、一定の規模の建築物に対し大規模修繕をする場合にも適用されます。そのため、分譲マンションで定期的に行うことになる大規模修繕の際にも、その工事着手前に、建築確認が必要となります。

MEMO 都道府県や市町村が指定した建築物(例：構造にかかわらず3階建て以上など)については、指定した工程が終了した段階で中間検査を受けなければならない。

建築確認のしくみ

建築主はその建築計画が法規制に則って行われているものであるという「建築確認」を受けなければなりません。

●建築確認の申請を必要とする建築物

①特殊建築物

（劇場、病院、共同住宅、映画館、飲食店など）

- 床面積の合計が200㎡を超えるもの

②木造の建築物

（次のいずれかに該当する建築物）

- 階数が3以上のもの
- 床面積の合計が500㎡を超えるもの
- 高さが13mを超えるもの
- 軒の高さが9mを超えるもの

③木造以外の建築物

（次のいずれかに該当する建築物）

- 階数が2以上のもの
- 延べ面積が200㎡を超えるもの

●指定確認検査機関とは

指定確認検査機関とは、建築基準法に基づき、建築確認などを行う機関として国土交通大臣や都道府県知事から指定された民間の機関のこと。従来は地方公共団体の建築主事だけが建築確認を行っていたが、平成11年の建築基準法の改正により制度化された。以下が主なもの。

- 一般財団法人日本建築センター
- 日本ERI株式会社
- 株式会社住宅性能評価センター
- 株式会社都市居住評価センター
- ビューローベリタスジャパン株式会社

など

Column

土地の相場と容積率について

容積率とは「敷地面積に対する建物の延べ面積の割合」で、マンションなどの建物のボリュームを決める数値です。たとえば敷地面積が100㎡の土地の容積率が200%とされていたら、延べ面積200㎡の建物を建てることができます。各階の床面積を50㎡とすれば4階建てまでOK。ビルやマンション用地などの土地の単価は、容積率にだいたい比例するようです。

さて、この容積率ですが、何らかの理由で200%から300%に緩和されたとしたらどうなるでしょうか。上記の例で考えれば、同じ敷地に６階建ての建物を建てられるようになります。容積率は本来、建築基準法によって用途地域ごとに決められていますが、さまざまな緩和規定があるのも事実です。

このような容積率の緩和は、販売事業者にとって「おいしい状態」となります。いってみれば札束を敷き詰めた４段重ねの箱を、ある日「６段にしていいよ」といわれるようなものだからです。

また、平成６年の建築基準法の改正で「マンションの共用部分は容積率不算入」となりました。マンションはすべて専有部分で構成されているわけではなく、共用部分であるエントランスやエレベーターホール、廊下や階段などがあります。いままではそういった共用部分の床面積も建物の延べ面積に入れて容積率を考えておかなければならなかったのですが、改正後は共用部分の床面積を専有部分に振り分けて使えることになりました。つまり専有部分の戸数を増やせることになったわけです。

その恩恵をもっとも多く受けたのが、タワーマンションだといわれています。構造上エレベーターなどの共用部分の面積が多くなるタワーマンションですが、その床面積をそっくり専有部分に回した結果、たとえば「従前なら300戸が限度だったが330戸くらいまではオッケーとなる」というようなことになりました。「おかげさまでまた、札束が増えたよ」というわけです。

マンション販売業者にはうれしい法改正となりました。

PART ⑥

不動産会社の業務と規制

不動産という高額商品を扱う不動産会社は、営業活動を行うにあたり、さまざまな法規制を受けます。取引をする前に押さえておきたい不動産会社の業務規制について見てみましょう。

1 不動産会社の立場 …… 146
2 物件購入時に発生する仲介手数料 …… 150
3 賃貸における仲介手数料 …… 152
4 媒介契約の種類 …… 154
5 媒介契約についての業務規制 …… 156
6 不動産取引の流れ …… 158
7 重要事項説明書の内容① 取引物件の客観的状況 …… 160
8 重要事項説明書の内容② 説明が必要な取引条件 …… 162
9 契約書面の内容 …… 164
10 クーリング・オフ制度 …… 166
11 広告についての規制 …… 168
12 営業活動についての規制 …… 170
Column◆不動産仲介業者の仕事 …… 172

1 不動産会社の立場

POINT
- 不動産取引には、各種の法的な規制がある。
- 宅地建物取引業を営むには免許が必要となる。
- 賃貸経営は宅建業ではないため宅建業法上の免許は不要。

不動産取引に関する法的規制

この章では、不動産会社の業務内容や取引をする際に適用される各種の法的規制を見ていきます。これらの各種規制は、いわば不動産取引の安全性を担保するためものであり、その中心を担っているのは**宅地建物取引業法**（宅建業法）です。

この宅建業法では、不動産業や不動産業者という名称は使われません。それぞれ**宅地建物取引業**（宅建業）、**宅地建物取引業者**（宅建業者）という名称になります。まずはじめの法的規制として**免許制度**があります。宅建業者（個人・法人）になるには、宅建業法上の免許を受けなければなりません。つまり、免許がないと宅建業を営むことはできないということになります。

なお、宅地や建物の賃貸経営（賃貸業）は宅建業とはされていないため、業務を行うにあたり宅建業法上の免許は受ける必要はありません。

【宅建業とは（宅建業法上の免許が必要となる業態）】

①宅地建物の分譲業（販売業）

②宅地建物の売買の媒介・代理（仲介業）

③宅地建物の賃貸の媒介・代理（仲介業）

例：新築マンションの販売業者（売主）
　　中古住宅の売買の仲介
　　賃貸住宅のあっせん

【宅建業とはなっていない業態（宅建業法上の免許は不要）】

①賃貸マンションの大家業、貸しビル業、駐車場の賃貸

②マンションの管理業

③宅地の造成業、住宅の建築業

MEMO 宅建業法には一定の基準（欠格事由）があり、それに該当していると免許は受けられない。

不動産業と宅地建物取引業（宅建業）

一般にいう不動産業には、ビル経営やマンション経営などの賃貸業も入りますが、これらの賃貸業は宅建業とはなりません。

不動産業
不動産に係る取引全般（不動産売買、不動産賃貸、不動産管理など）

宅建業
- 分譲業
- 売買の仲介
- 賃貸の仲介

不動産業と比較すると、宅建業のほうが狭い。

●宅地建物取引業法での業務規制（主なもの）

免許制度
宅建業法上の免許を受けなければ、宅建業を営むことはできない

宅地建物取引士制度
宅建業者は、法定数の宅地建物取引士を雇用していなければならない

営業保証金制度
宅建業を営むには、一定額の営業保証金を供託していなければならない

業務処理の原則
宅建業者は、信義を旨とし誠実に業務を行わなければならない

守秘義務
宅建業者は、正当な理由がある場合でなければ、業務上知った秘密を漏らしてはならない

不当な遅延行為の禁止
宅建業者は、物件の引渡しや対価の支払いを不当に遅延してはならない

宅建業の免許は2種類

宅建業の免許には国土交通大臣免許と都道府県知事免許の２種類があります。２つ以上の都道府県に事務所を出す場合は大臣免許を受けなければならず、ひとつの都道府県内に事務所を出すのであれば、当該都道府県知事の免許を受けなければなりません。

2 物件購入時に発生する仲介手数料

■宅建業者自らが売主となっている場合、仲介手数料はない。
■仲介の場合、仲介手数料を支払わなければならない。
■宅建業者は売主か仲介かを明示しなければならない。

■売買の仲介手数料(媒介報酬)について

宅建業者を通して物件を買う際、その宅建業者が**売主**(分譲主)となっている場合と、**仲介**(媒介)をしている場合とで、その取引にかかる経費が異なってきます。

宅建業者が自ら売主となっている場合であれば、購入者は**仲介手数料(媒介報酬)**を支払う必要はありませんが、仲介(媒介)という立場で宅建業者が関与している場合には、売主に支払う購入代金とは別に、仲介(媒介)をしている宅建業者に対して手数料を支払わなければなりません。

仲介手数料(媒介報酬)として受領できる限度額(上限)は、次の計算式で求めます。

※売買価格(消費税抜きの価格)×3%+6万円

※売買価格が400万円以上の場合の計算式

■売主か媒介か、取引態様を明示する

たとえば、売主所有のマンション(税抜き2,000万円)を宅建業者Aの仲介(媒介)により売買する場合だと、右ページの計算例のようになります。

買主は売主に代金(2,000万円・税別)を支払い、仲介業者Aに仲介手数料(66万円・税別)を支払い、売主も、媒介業者に仲介手数料を支払います。

このように、物件の取引に宅建業者がどのように関与しているかで取引関係者の負担が異なってくるため、宅建業法では、物件の販売広告や新聞の折り込みチラシなどに、その関与する宅建業者が「売主」なのか「媒介」なのかを明示しなければならないとしています。これを「**取引態様の明示義務**」といいます。

MEMO 仲介手数料は売主と買主の双方からの依頼を受けての仲介であれば、双方から仲介手数料を受領できる。

売買の仲介手数料

宅建業者を通じて物件を購入する際には、その宅建業者が売主か仲介かで仲介手数料の有無が異なります。

事例

宅建業者Aが売主と買主から仲介（媒介）の依頼を受け、売主所有のマンション（代金2,000万円・税別）の売買契約を成立させた場合。

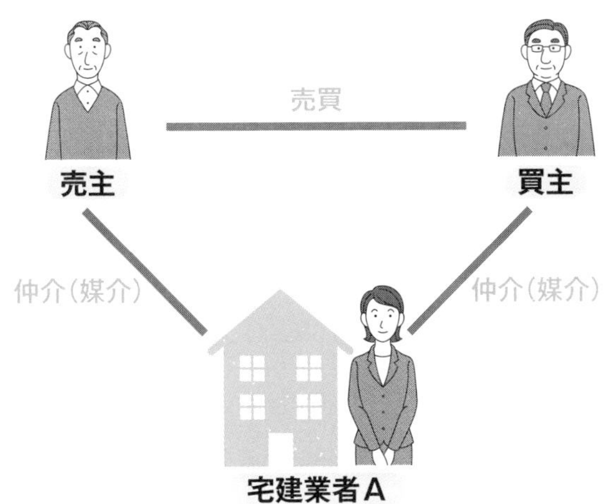

仲介手数料の計算例

売買価格2,000万円（税抜き）×3％＋6万円＝66万円

宅建業者Aは、売主から66万円（税別）、買主から66万円（税別）を仲介手数料として受領することができる。

■宅建業法上の規制

宅建業法では「宅建業者は、限度額を超えて報酬を受領してはならず、また、不当に高額の報酬を要求してはならない」としている。

広告費について

物件を販売する際、通常の広告費は請求することはできませんが、以下の費用であれば、その実費を報酬とは別に請求できます。

① 依頼者の依頼によって行う広告
② 依頼者からの特別の依頼により行う遠隔地における現地調査の費用など

3 賃貸における仲介手数料

POINT
- 賃貸の仲介の場合、手数料は合計で家賃の1ヵ月分。
- 居住用建物の賃貸の仲介の場合は、半月分ずつが原則。
- 店舗や事務所用建物の場合、権利金で計算できる。

■賃貸の仲介手数料（媒介報酬）について

宅建業の業態のひとつに、**賃貸の仲介（媒介）**があります。いわゆる駅前の不動産屋の仲介により賃貸物件を借りるというようなケースですが、この場合も賃貸の仲介手数料（媒介報酬）が発生し、その**上限は家賃1ヵ月分**となります。

この仲介業者に支払う報酬については、どういう建物を賃貸したのかにより、報酬の支払い割合につき若干の違いがあります。具体例で見てみましょう。

例：B所有の建物を、仲介業者を通して家賃20万円で借りた場合

①居住用建物の場合

仲介業者は貸主から家賃の半月分（10万円・税別）、借主から**家賃の半月分**（10万円・税別）を仲介手数料として受領できる。

＊どちらか一方（例：借主）が家賃の1ヵ月分（20万円）を仲介手数料として支払うことを承諾しているときは、そちら（例：借主）から報酬として20万円を受領できる。

②店舗や事務所用建物の場合

居住用建物の場合と異なり、家賃の半月分などといった**仲介手数料の割合についての法的な規制はない**。ただし仲介手数料の上限は家賃1ヵ月分（20万円・税別）となる。

③店舗や事務所用建物で、高額な権利金（例：500万円・税別）の授受がある場合

権利金（権利設定の対価として支払われる金銭で、返還されないもの）を売買代金とみなして、売買の仲介をしたという形で仲介手数料を算定（500万円×3％＋6万円=21万円）してもよい。

＊借賃1ヵ月分と比べて、いずれか多い額が仲介手数料の上限となる。

MEMO 賃貸の仲介手数料は貸主と借主から合計して借賃1ヵ月分まで。それぞれから1ヵ月分もらえるわけではない。

賃貸の仲介手数料

宅建業者を通じて賃貸物件を借りる際には、仲介手数料が発生します。

■居住用建物の仲介の場合

事例：宅建業者Aが貸主Bと借主Cから媒介の依頼を受け、貸主所有のマンション（家賃20万円）の賃貸借契約を成立させた。

Check!

□仲介手数料の計算

宅建業者Aは、貸主から10万円（税別）、借主から10万円（税別）の仲介手数料（合計で家賃1ヵ月分）を受領することができる。

なお、借主の承諾があれば、借主から家賃1ヵ月分（20万円・税別）を仲介手数料として受領できる。この場合、貸主からは仲介手数料は受領できない。

■店舗の仲介で権利金の授受がある場合

事例：宅建業者Aが貸主Bと借主Cから媒介の依頼を受け、貸主所有の店舗（家賃20万円・税別、権利金500万円・税別）の賃貸借契約を成立させた。

Check!

□仲介手数料の計算

権利金を売買代金とみなして計算することができる。

500万円×3%＋6万円＝21万円。

Aは貸主から21万円（税別）、借主から21万円（税別）を報酬として受領することができる。

4 媒介契約の種類

- 媒介を依頼した場合、媒介契約を結ぶことになる。
- 専任媒介や専属専任媒介は他業者に重ねて依頼できない。
- 媒介を依頼した側を保護するための規定がある。

媒介契約は3種類ある

たとえばマイホームを売却したい場合、売主が自分で取引の相手方を探すことができればいちばんよいのですが、一般的には、宅建業者に売却の媒介（仲介）を依頼するケースが多く、法的には宅建業者との間で媒介契約を締結するという形になります。

この媒介契約には3タイプあり、宅建業者との媒介契約を締結するときにどのタイプで契約するのかを選択することができます。それぞれのタイプの特徴は以下のとおりです。

●一般媒介契約

- 他の宅建業者にも、おなじ物件の媒介を依頼することができる。
- 自分で探索した相手方と契約することができる。

●専任媒介契約

- 他の宅建業者には、おなじ物件の媒介を依頼できない。
- 自分で探索した相手方と契約することができる。

●専属専任媒介契約

- 他の宅建業者には、おなじ物件の媒介を依頼できない。
- 自分で探索した相手方であっても契約してはならない。

媒介契約のタイプが専任媒介や専属専任媒介である場合、媒介をする宅建業者のモチベーションは高くなる（必ず媒介報酬を得られるため）ものの、他の宅建業者に重ねて依頼できないことから、依頼者側は、媒介契約の期間中は、いわば身動きがとれない状態になるともいえます。

そのため宅建業法には、**宅建業者に媒介の業務報告を課す**など、専任媒介や専属専任媒介の依頼者を保護するための規定がいくつかあります。

MEMO 宅建業法上の媒介契約についての規制は、売買の媒介のときには適用されるが、賃貸の媒介には適用されない。

媒介契約の種類と特徴

媒介契約には、以下のような特徴があります。

	一般媒介	専任媒介	専属専任媒介
他業者への依頼	○ 可能	× 禁止	× 禁止
自己発見取引	○ 可能	○ 可能	× 禁止

●媒介契約書の交付義務

媒介内容を明確にし、トラブルを未然に防ぐため、宅建業者には媒介契約書の交付義務があります。

媒介契約書への記載事項

① 媒介する物件の所在地
② 売買すべき価額
③ 媒介契約の種類（一般・専任・専属専任）
④ 既存の建物の場合、「建物状況調査を実施する者のあっせん」に関する事項
⑤ 有効期間・解除に関する事項
⑥ 指定流通機構への登録に関する事項
⑦ 報酬に関する事項
⑧ 契約違反があった場合の措置
⑨ 媒介契約が標準媒介契約約款に基づくものか否か

かつて、不動産業界では媒介をするにあたり、媒介契約書（どういう条件で媒介をするかなど）を取り交わさなかったのでトラブルが続発しました。

そういった不測の事態を防ぐため、媒介契約の明確化（書面化）を図ることになったのです。

媒介契約書は省略できない

媒介契約書の記名押印は、媒介の依頼を受けた宅建業者が行います。また、依頼者の承諾があったとしても、媒介契約書の交付を省略することはできません。

5 媒介契約についての業務規制

- 専任媒介・専属専任媒介の場合は、有効期間は3ヵ月まで。
- 依頼者の不安を軽減させるため、定期的な報告義務あり。
- 一般媒介契約については宅建業法上の制約はない。

専任媒介契約・専属専任媒介契約に対する規制

前ページで取り上げた**専任媒介契約・専属専任媒介契約**では、依頼者はほかの宅建業者に対し、重ねて媒介の依頼をすることができませんでした。また、専属専任媒介契約に至っては、**自己発見取引***も禁止されます。

よって、これらの媒介契約を受託した宅建業者は、独占的に媒介業務を行うことができますが、依頼者はかなり強く媒介業者に拘束されることになります。

そこで、宅建業法では専任媒介契約・専属専任媒介契約を受託した宅建業者に対し、迅速に成約させるために**指定流通機構（レインズ→右図参照）**への物件登録義務を負わせ、また**業務処理状況の報告義務**も負わせています。さらに媒介契約の有効期間は**3ヵ月まで**と制限することなどにより、依頼者の保護を図っています。具体的には以下のようになっています。

【媒介契約の有効期間】
3ヵ月まで。依頼者の依頼により更新できる。自動更新などの特約は不可。

【指定流通機構への物件登録義務】
専任媒介契約：専任媒介契約を締結した日から7日以内に登録
専属専任媒介契約：専属専任媒介契約を締結した日から5日以内に登録

【業務の処理状況の報告】
専任媒介契約：2週間に1回以上、業務報告をしなければならない
専属専任媒介契約：1週間に1回以上、業務報告をしなければならない

なお、一般媒介契約については、宅建業法上これらの制約はありません。

用語解説 *自己発見取引：宅建業者を通さずに、友人や知人など、自分で探索した相手方と契約すること。

媒介契約における業務規制の内容としくみ

媒介契約の依頼者を保護するため、以下のような業務規制があります。

●申込みがあった際の報告義務

媒介契約の種類を問わず、媒介契約の目的物である物件について売買の申込みがあったときは、依頼者に遅滞なく報告しなければならない。

●有効期間・業務報告・指定流通機構への登録

	一般媒介	専任媒介	専属専任媒介
有効期間	規制なし	3ヵ月以内	3ヵ月以内
業務報告	規制なし	2週間に1回以上	1週間に1回以上
指定流通機構への登録	規制なし	7日以内に登録	5日以内に登録

●指定流通機構(レインズ)のしくみ

指定流通機構(レインズ=REINS)とは、不動産流通機構が運営している物件情報を交換できるコンピュータ・ネットワーク・システムの名称。レインズを通して他の宅建業者に物件情報を公開させることにより、成約(マッチング)の迅速化を図る。※REINSは業者でなければ閲覧できませんが、一般向けにはREINS Market Information(レインズ・マーケット・インフォメーション)があります。

物件情報を登録

データベース

指定流通機構(レインズ)

宅建業者

売却依頼

レインズに登録する物件情報

・物件の所在地、規模や形質、価額など

レインズにアクセスすれば、登録情報を見ることができる。
購入希望者の条件にて物件を探索できる。

他の宅建業者

購入依頼

6 不動産取引の流れ

- 契約前までに必ず「重要事項の説明」を行う。
- 契約したらすぐに、契約書面を交付する。
- 上記は宅地建物取引士が関与しなければならない。

契約までの手順

ここでは、不動産取引の流れとして、宅建業法に規定されている一連のしくみを見ていきます。とくに重要なのが、契約締結前までに行わなければならない「**重要事項の説明（重要事項説明書の交付）**」と、契約を締結したらすぐに行わなければならない「**契約書面の交付**」です。宅建業者は、宅建業法上に規定されているこれらの手順にしたがって取引を行わなければなりません。

なお、この「重要事項の説明」や「契約書面の交付」については、かなり高度な専門的知識が必要となるため、有資格者である**宅地建物取引士***が関与して行わなければなりません。有資格者でない従業者が行うと宅建業法違反となり処分の対象となります。

【契約締結前】

宅建業者は、契約が成立するまでの間に、買主や借主となろうとする者に対し、その取引物件に関する「重要事項の説明」をしなければならない。

- 重要事項の説明は、宅地建物取引士でなければ行うことはできない。
- 重要事項の説明をするにあたり「重要事項説明書」を用意し、相手方に交付しなければならない。
- 重要事項説明書の交付は、宅地建物取引士が行わなければならない。
- 重要事項説明書には、宅地建物取引士の記名がなければならない。

【契約締結後】

宅建業者は、契約が成立したら、遅滞なく、契約書面の内容を記載した書面（契約書面）を取引の関係者に交付しなければならない。

- 契約書面には、宅地建物取引士の記名がなければならない。

※宅建業法上の規定がないため、「重要事項の説明」とは異なり、宅地建物取引士に契約書面を交付させたり、内容を説明させたりする必要はない。

用語解説 ＊宅地建物取引士：国家資格。不動産の売買や賃貸の仲介などに関与する不動産取引の専門家。

重要事項の説明～契約の流れ

不動産取引においては契約前に重要事項の説明を行い、契約が済んだら速やかに契約書面を交付しなければなりません。なお、書面（重要事項説明書・契約書面）の交付に代わって、書面に記載すべき事項をオンラインで提供することもできます。

■重要事項の説明の必要性

- 不動産を購入する場合、その不動産の客観的状況や取引条件などをよく理解しておかなければならないが、一般消費者は通常、こうした知識を持ち合わせていない。また、独力でこれらの事項を調査することも事実上できない。

↓

- 宅建業法では、取引に関与している宅建業者に、契約締結の前までに、購入者に対して一定の重要事項を、書面を交付して説明させることを義務付けた。
- 説明は、宅地建物取引士（有資格者）でなければ行うことができない。

参考

- 取引の相手方（買主・借主）が宅建業者であった場合、重要事項説明書は交付しなければなりませんが、重要事項の説明自体は省略できます。
- パソコンやスマートフォンなどを活用しての重要事項説明（ITを活用した重要事項説明）が認められています。

■契約書面の交付

- 宅地建物の取引は、権利関係や取引条件が複雑で、物件価額も高額であることから、契約成立後、契約内容や取引条件に関して当事者間での認識のズレがあるとトラブルになる。

↓

- こうしたトラブルを防ぐため、宅建業法では、取引に関与している宅建業者に、契約成立した場合、契約内容の一定事項を記載した書面（契約書面）を契約当事者に交付させることにした。

7 重要事項説明書の内容① 取引物件の客観的状況

POINT
- 重要事項説明では、まず物件の客観的状況を説明する。
- 未完成物件の場合は、図面の添付も必要となる。
- 災害リスクが高い土地であればその説明も必要。

取引物件の客観的状況を説明する

取引物件の重要事項としてまず説明しなければならないのは、その物件の「**客観的状況**」です。説明が必要な項目は、具体的に以下のようなものです。

❶登記された権利の種類・内容
▶現時点での所有権の登記名義人や、抵当権設定の有無

❷法令上の制限
▶都市計画法や建築基準法などによる土地利用上の制限

❸私道負担に関する事項
▶土地の一部が私道（道路）となっているかどうか

❹飲用水・電気・ガス・排水施設の整備状況
▶上下水道や電気、ガスがすぐ使えるかどうか

❺未完成物件の場合は、完成時の形状・構造等
▶図面を必要とするときは図面も添付して説明

❻既存の建物の場合、「建物状況調査（インスペクション）」の実施の有無
▶実施していれば「建物状況調査」の結果の概要と書類の保存状況

❼造成宅地防災区域・土砂災害警戒区域・津波災害警戒区域・水害ハザードマップ内かどうか
▶いずれも災害リスクの高い土地。危険である旨の説明

❽石綿（アスベスト）の調査結果の内容
▶建物にアスベストが使用されている旨の調査結果があるならその内容

❾耐震診断を受けているか
▶**旧耐震基準の建築物***で、耐震診断を受けているときはその内容

❿住宅性能評価
▶住宅性能評価を受けた新築住宅であればその内容

用語解説 ＊旧耐震基準の建築物：昭和56年５月31日以前に建築確認を受けた建築物をいう。それ以降の建築物は新耐震基準の建築物となる。

取引物件の説明のしかた

取引の際には、物件の客観的状況について説明する必要がありますが、ここでは「法令上の制限」「私道負担」について具体的に見てみましょう。

■「法令上の制限」の説明とは

土地は購入者といえどもまったく自由には利用できるわけではありません。そこで、事前にどのような法令による制限が加えられているかを説明しておく必要があります。

例：第一種低層住居専用地域である場合

建物の用途・建蔽率・容積率が厳しく制限されているため、低層の住宅しか建てられないことを説明する。

■「私道負担」の説明とは

「面積150㎡の土地」ということで取引（売買・賃貸）してみたら、30㎡は私道として取られ、実際には120㎡しか利用できなかったというようなトラブルを防ぐことを目的とする。

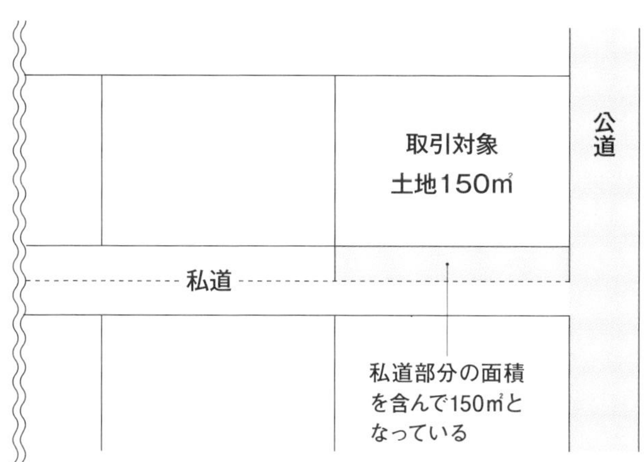

8 重要事項説明書の内容② 説明が必要な取引条件

POINT
- 現時点での取引条件を説明する。
- 金銭の支払いや返還についての内容が多い。
- 物件により説明が必要となる特有の追加事項がある。

■取引条件も重要事項として説明する

重要事項の説明として説明しなければならない事項として、その時点での各種の「**取引条件**」があります。前ページで取り上げた「**客観的状況**」に加え、以下のような事項も説明します。

❶代金や借賃以外の金銭の額と授受の目的
▶代金や借賃以外の名目での金銭の支払いがある場合

❷契約の解除に関する事項
▶どのような場合に解除できるのか

❸損害賠償額の予定
▶契約違反があったときの損害賠償はいくらにするか

❹手付金等の保全措置の概要
▶引渡し前に受領する手付金等がある場合、トラブル時の返金策

❺支払金・預かり金の保全措置の概要
▶預かり金として受領する金銭がある場合、トラブル時の返金策

❻住宅ローンの内容と、ローン不成立の場合の措置
▶住宅ローンが不成立となった場合、買主は契約を解除できるかどうか

❼品質などが契約内容に適合しない場合の措置
▶不適合の担保責任の履行に関しての保証保険契約の内容など

❽割賦販売に関する事項
▶割賦販売の場合、現金販売価格と割賦販売価格（支払総額）

これら以外にも、取引物件がマンションの場合や、賃貸借契約の場合には、それぞれ重要事項として説明しなければならない特有の追加事項があります。

MEMO 上記❹でいう手付金等とは、契約締結後から物件の引渡しを受ける前までに、宅建業者に支払う手付金や中間金をいう。

説明する取引条件

取引に先立って説明する必要がある重要事項のうち、主なものをいくつかご紹介します。

代金や借賃以外の金銭の額と授受の目的

代金や借賃以外の金銭の授受がある場合、どういう趣旨、目的で授受される金銭なのかを明確にするために説明する。

かつて、宅建業者がさまざまな名目で金銭の支払いを要求し、取引に不慣れな買主や借主が、その要求に応じ趣旨不明ながら支払ってしまったというような紛争が多発したため、このような規定が用意された。

損害賠償額の予定

損害賠償額の予定とは、債務不履行(契約違反)となった場合に支払う損害賠償額を、あらかじめ当事者間で合意しておくことをいう。通常、売買代金の1割から2割という額で予定されることが多い。そのため、あらかじめその額を認識させておく必要があり、説明事項となっている。

住宅ローンの内容と、ローン不成立の場合の措置

住宅を購入する場合、買主が金融機関から住宅ローンの融資を受けて代金を支払うことがほとんどであるが、売買契約後にローン不成立となる場合も考えられる。もし不成立となった場合、買主は売買契約を解除することができるかどうかということを説明する。

9 契約書面の内容

POINT
- 契約書面は契約が成立したらすぐに交付しなければならない。
- 契約書面には物件の引渡しや代金の支払い時期を明記。
- 契約書面は、契約の両当事者に交付する。

契約書面に記載される事項

重要事項説明書の交付に続き、宅建業者は、契約が成立したらすぐに、**契約書面**を契約の両当事者に交付しなければなりません。重要事項説明書の交付は買主や借主側のみで足りますが、契約書面については、**売主や貸主側にも交付**しなければなりません。なお、契約書面の記載事項には、**必ず記載しなければならない事項**と**特約があるときのみ記載する事項**とに分けられます。主な内容はそれぞれ以下のとおりです。

【必ず記載しなければならない事項】
①当事者の氏名・住所
②物件を特定するための事項(所在地など)
③既存の建物の売買であるときは、建物の構造耐力上主要な部分等の状況について当事者双方が確認した事項
④代金や借賃の額・支払い時期・支払い方法
⑤物件の引渡し時期
⑥売買の場合、所有権移転登記の申請時期

【特約があるときのみ記載する事項】
①代金や借賃以外に授受される金銭があるときは、額や授受の目的
②契約の解除に関する定めがあるとき
③損害賠償額の予定があるとき
④住宅ローンのあっせんに関する定めがあるとき
⑤品質などの不適合を担保すべき責任や履行措置についての定めがあるとき
⑥天災その他不可抗力による損害についての定めがあるとき
⑦税金などの負担に関する定めがあるとき

MEMO 天災その他不可抗力による損害の負担とは、地震や台風などで物件が損傷した場合の取り扱いをいう。

重要事項説明書と契約書面の交付相手と方法

重要事項説明書と契約書面を交付する相手と説明方法は、それぞれ次のようになります。

■ 交付の相手方

例：宅建業者が売買の仲介をする場合

交付 重要事項の説明書の交付

交付 契約書面の交付

【重要事項説明書の交付】

宅建業者Aは、買主側に交付すればよい。売主側には交付不要。

＊取引物件の客観的状況などを伝えるのが目的であるため。

【契約書面の交付】

宅建業者Aは、売主側及び買主側の双方に交付しなければならない。

■ 説明の方法

【重要事項説明書】

有資格者である宅地建物取引士が説明しなければならない。

【契約書面】

宅建業法上、契約書面の内容自体の説明は義務づけられていない。

プラスα

同時に行うべきその他の業務

重要事項説明書や契約書面の交付以外にも、次の3つの業務（決済業務）を行う必要があります。

- ●残代金の支払い
- ●物件の引渡し
- ●所有権移転登記の申請手続

＊通常、上記の3つの業務は同時に行う。

10 クーリング・オフ制度

POINT

- クーリング・オフにより契約を解除することができる。
- クーリング・オフは一定期間内のみ行うことができる。
- クーリング・オフでも解除できない場合がある。

■クーリング・オフによる契約解除とは

宅建業者が売主で、一般消費者などが買主となる売買契約の場合、宅建業法による**クーリング・オフ制度**があります。

クーリング・オフ制度とは、売主業者と一般消費者とが喫茶店などで売買契約をした後でも、**一定期間内であれば無条件に契約を解除することができる**制度のこと。かつて、悪質な業者が取引に不慣れな消費者を無料温泉旅行などに招待し、旅館などで強引に別荘地や原野を売りつける「無料温泉商法」や「原野商法」を行い、それが社会問題になったことがきっかけで誕生した制度です。

買主がクーリング・オフ制度により売買契約を解除した場合、売主業者は、**契約締結時に受領した手付金があれば、それを返金しなければなりません。**また、買主に対し損害賠償を請求することもできません。

通常、買主が売買契約を一方的に破棄した場合、手付金の放棄や損害賠償を求められたりしますが、クーリング・オフ制度により解除した場合は**無条件白紙撤回**となります。

■クーリング・オフ制度による解除ができない場合

基本的に、クーリング・オフ制度は一般消費者である買主を保護するものですが、以下の場合はクーリング・オフによる解除はできません。

①そもそも、宅建業者の事務所や買主の自宅・勤務先で契約を締結している場合

②宅建業者から「クーリング・オフを行うことができること及びその方法」を書面で告げられてから８日間を経過した場合

③買主が物件の引渡しを受け、かつ、代金の全額を支払ったとき

MEMO 中古住宅の売買などで売主が宅建業者以外の場合は、買主が一般消費者でもクーリング・オフ制度はない。

クーリング・オフ制度の概要

契約をした場所や期間など、クーリング・オフ制度の適用に際しては、さまざまな条件があります。

■契約解除の方法など（不動産の場合）

解除の方法	クーリング・オフ制度により契約を解除する場合、書面により行う
解除の時期	契約を解除する旨の書面を発信したときに解除となる
損害賠償	売主業者は、損害賠償の支払いを請求することはできない
手付金	売主業者は、受領していた手付金を返金しなければならない

■クーリング・オフ制度により解除できない場合

契約をした場所

- 宅建業者の事務所
- 買主の自宅や勤務先

上記で契約を締結している場合、クーリング・オフ制度による解除はできない。

ただし、以下のような場所での契約であれば、クーリング・オフ制度による解除ができる。

- テント張りの現地案内所
- ホテルのロビー
- レストランや喫茶店など

一定の期間経過など

8日経過	宅建業者から「クーリング・オフを行うことができること及びその方法」を書面で告げられてから8日間を経過した場合
取引完了	買主が物件の引渡しを受け、かつ、代金の全額を支払ったとき

11 広告についての規制

- 誇大広告は全面的に禁止されている。
- 規定に違反すると懲役や罰金に処される場合がある。
- 未完成物件でも販売広告はできるが一定の制約がある。

誇大広告の禁止

宅地建物の取引は、多くの場合、宅建業者による販売チラシやホームページによる広告を見ることからはじまります。ところが、一般消費者は不動産についての専門的知識や経験も乏しいため、広告内容が誇大なものであったとしてもうっかり信じてしまう可能性があります。

宅建業者の悪質業務は**誇大広告***からはじまるともいえるため、宅建業法では、特に消費者保護の観点から**誇大広告は禁止**としています。誇大広告の禁止の規定に違反した場合、**6ヵ月以下の懲役、100万円以下の罰金**に処せられる場合があります。誇大広告は、大きく次のように定義されています。

- **著しく事実に相違する表示**
- **実際のものよりも著しく優良・有利であると誤認させるような表示**

また、顧客を誘引するため、実際には取引できない物件を広告に掲載するなどの、いわゆる「**おとり広告**」も全面的に禁止されています。

未完成物件の広告開始時期の制限

通常の物件広告以外にも、新聞の折込などでよく目にする未完成（建築工事中）の新築分譲マンションなどの分譲広告があります。宅建業法では、工事完了前の物件の販売広告を全面的に禁止してはいませんが、広告を出すにあたり、以下のような規制があります。

- **未完成の建物の販売広告**
  建築基準法の「建築確認」を受けてからでなければ広告できない。
- **未完成の宅地の販売広告**
  都市計画法の「開発許可」を受けてからでなければ広告できない。

用語解説 *誇大広告：誇大広告に該当する表示があれば、実害の有無にかかわらず宅建業法違反を問われる。

広告に関する規制

不動産広告には厳しい規制があり、違反すると罰則が設けられています。

■ 誇大広告の例

- 実際の所在地を記載せず、あたかも駅前にあるかのような表示
- 単なる山林にもかかわらず、宅地であるかのような表示
- 販売価格を実際の価格よりも安く表示
- 近くにスーパーや商店が開店するかのような表示

■ 未完成物件の販売広告について

宅地開発をする場合　→　開発許可を受けなければならない。

建築工事をする場合　→　建築確認を受けなければならない。

販売広告解禁までの流れ

工事に必要な「開発許可」や「建築確認」を受ける。 → 設計どおりの物件ができあがる見込みがたつ。 → 販売広告が解禁される。

＊開発許可や建築確認の申請中である場合は広告不可となる。

12 営業活動についての規制

POINT

- 必ず収益が上がる、などの営業トークは違法となる。
- しつこい営業も違法となる。
- 威圧的な態度も禁止事項に該当する。

業務に関する禁止事項

宅建業法では、宅建業者が悪質な行為をしないよう、営業活動にも各種の規制を用意しています。業務に関する主な禁止事項は以下のとおりです。

【事実の不告知】
- 契約を締結させるため、故意に事実を告げなかったり不実を告げる行為

【手付の貸付】
- 手付を貸し付けたり、後日払いを認めることによる契約締結の誘引行為

【断定的判断の提供】
- 「値上がりすることは確実だ」などの断定的判断を提供する行為

【時間を与えない】
- 急がせて契約を締結させる行為

【名乗らない】
- 契約締結の勧誘の際、会社名や氏名を名乗らない行為

【しつこい勧誘】
- 「契約はしない」という相手方にしつこく勧誘する行為

【電話や訪問】
- 迷惑な時間帯に電話をしたり訪問する行為

【深夜や長時間】
- 深夜に及ぶ勧誘や、長時間にわたり勧誘する行為

【威迫の禁止】
- 相手を威迫して契約締結させる行為（→右ページ参照）

MEMO 迷惑な時間帯とは、一般的には午後9時から午前8時までの時間帯をいう。この時間帯での電話勧誘や訪問営業は禁止。

業務に関する禁止事項

営業に際しても、注意しなければならない宅建業法上のさまざまな禁止事項があります。

断定的判断の提供の例

不確実なことを断定するような言い方で相手に購入を迫るのは、違法な営業行為となる。

- 物件の値上がりは確実だから、将来転売によって利益が出る
- この収益物件を購入したら、一定期間、確実に収入が得られる
- いま買っておけば、絶対に損はしない
- 将来、南側に5階建て以上の建物が建つ予定は全くない
- 国道が2～3年後には確実に開通する
- 数年後にスーパーがここに進出する
- 大きな病院ができるはずだ

しつこい勧誘となる例

契約しないといっている相手に対し、次のような行為は禁止されている。

- 「いらない、関心がない、断る」と言われたのに、何度も電話をかける
- 一度だけでも会って話を聞いてほしいと面会を求める
- パンフレット類を送りつける

威迫について

威迫とは、相手に不安の念をいだかせる行為のこと。たとえば「なぜ会わないのか」「契約しないと帰さない」などと声を荒らげ、面会を強要したり、相手方を拘束したりする行為が該当する。

不動産仲介業者の仕事

たとえば、ある家主が中古の建物を売買するとしましょう。たいていの場合は不動産の仲介業者に仕事を依頼することになると思います。仲介手数料がかかるものの、素人同士の取引で生じるリスクを回避するためには、やはりプロの力を借りたほうが賢明でしょう。そうなると、どんな不動産業者に仕事を依頼すればいいのか、不動産業者をいかに選定するかが大事なポイントとなります。

不動産の仲介業者は大きく次の５つに分けることができます。

①分譲会社系の仲介業者
②財閥系・大手の仲介業者
③マンションに特化した仲介業者
④地域に密着した地元の仲介業者
⑤不動産の売却に特化した仲介業者

また、不動産業者を選ぶ際の留意点・心構えとして一般的にいわれているのは、おおよそ以下の２点です。

①会社名だけで選ばない

依頼する相手は、不動産会社というよりは、実質的には個々の営業マンです。たしかに会社自体の規模なども多少の影響はあるとは思いますが、上手に取引が進むかどうかは担当する営業マンの能力次第です。

②営業マンにはノルマがある

営業マンには会社側から与えられているノルマ（仲介手数料の収入目標）があります。そのノルマ達成に向けて、つまり仲介手数料の目標額を達成するために仕事をすることが営業マンの最大の関心ごとであるため、ときとして、顧客の利益よりもそちらを優先して動くこともあります。

その他、宅地建物取引士の資格を持っているか、わからないことは正直にわからないと言っているか、メールに誤字脱字が多くないか、デメリット情報を隠していないかなどが、営業マンを見極めるコツといわれています。

PART 7

分譲マンションのしくみ

ここまで、おもに土地・建物の取引について見てきましたが、不動産業者が扱うもうひとつの大きな商品に「分譲マンション」があります。売買や管理に関する諸事情について見てみましょう。

1 区分所有という概念 …… 174
2 マンションの価値を維持するためには …… 176
3 マンション管理会社の役割 …… 178
4 住まい方のルールを定める「管理規約」 …… 180
5 管理組合の総会 …… 182
6 管理費と修繕積立金① 管理費 …… 184
7 管理費と修繕積立金② 修繕積立金 …… 186
8 迷惑行為をする住民を追い出せるか …… 188
9 マンションの復旧と建替え① 滅失の対応と復旧の手続き …… 190
10 マンションの復旧と建替え② マンション建替え決議と説明会 …… 192
11 マンション建替えを円滑に進めるには …… 194
Column◆分譲マンション（区分所有法）の歴史 …… 196

1 区分所有という概念

- 一棟の建物内の独立して使用できる部分を専有部分という。
- 専有部分を目的とした所有権を区分所有権という。
- 階段や廊下、建物の外壁などは共用部分という扱いになる。

専有部分とはマンションの部屋のこと

マンションやオフィスビルのように、全体で見れば一棟の建物でありながら、その内部を区分し、その部分を独立した住居、店舗、事務所、倉庫などとして使用できる建物があります。これら区分された部分を**専有部分**といい、それぞれ独立の所有権の対象とすることができます。これを**区分所有権**といいます。

つまり、301号室、505号室などとしている**マンションの部屋は、それ自体が独立した建物として扱われる**ことになります。

区分所有法(建物の区分所有等に関する法律)とは

上記のように、マンションの部屋を独立した建物として扱い、その専有部分を所有するための権利を定めることは、**区分所有法**に基づいています。この区分所有法は、昭和37年、高度経済成長に伴う都市部への人口急増を背景に制定されました。また、同法では個人の所有物となる専有部分のほか、マンション内で住民が共同して使用する部分を「**共用部分**」としています。

共用部分には、**法定共用部分**と**規約共用部分**の2つがあります。

- **法定共用部分**：マンション自体の躯体、エレベーター、階段、廊下など。一般的に共用部分とわかる部分を「**法定共用部分**」という。
- **規約共用部分**：本来は専有部分となるべき部分を規約で共用部分としたもの。集会場などが規約共用部分となっている場合が多い。

そのほか、マンションの電気配線、水道の配管や、敷地内に設置されているトランクルームなども共用部分として扱われます。

MEMO 高層階専用のエレベーターなどの一部共用部分は、それを共用する一部の区分所有者の共有となる。

専有部分と共用部分

分譲マンションには構造上独立し、独立して使用できる「専有部分」と、住民などが共同して使用する「共用部分」があります。

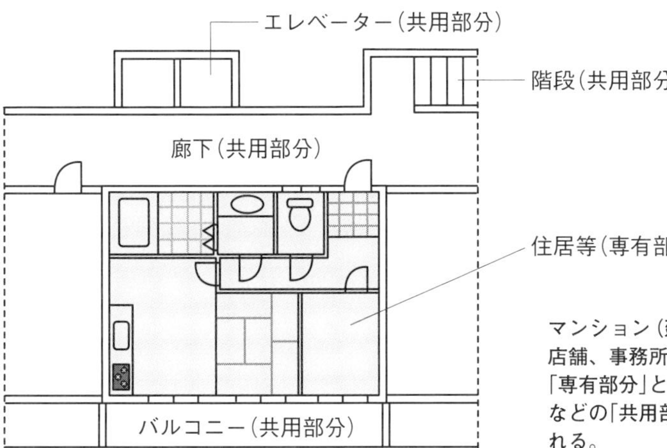

マンション（建物）は住居、店舗、事務所、倉庫などの「専有部分」とエレベーターなどの「共用部分」に分けられる。

●専有部分について

区分所有法上の専有部分とするには、①構造上の独立性（壁で仕切られていること）と②利用上の独立性（他を通らずに自由に出入りできる）を兼ね備えていなければならない。

Check!

□区分所有者とは
マンションの部屋（専有部分）の区分所有権をもっている人のことを「区分所有者」という。

●建物の用途について

建物の用途は区分所有法上、特に限定されていない。よって、たとえば住居専用の分譲マンションとしたい場合であれば、規約で「住居専用である」と定めておかなければならない。

共用部分は、区分所有者の「共有」となります。また、共有持分は、各自の専有部分の床面積の割合によって決まります。

2 マンションの価値を維持するためには

POINT

- 分譲マンションは、購入したあとの管理体制もチェックする。
- マンション管理適正化法により、マンション管理の紛争を予防。
- 各区分所有者が管理についての意識を高めることが重要。

マンション管理の重要性

分譲マンションの購入を検討する場合、物件自体の価格も高いことから、どうしても物件の立地やスペックなどに目がいきがちです。もちろんそういった視点も重要ですが、購入後のことを考えると、分譲マンションの**「管理体制」や「管理システム」にも注意を払うこと**が、マンションの資産価値を維持するという側面からも重要といえます。

最近では分譲マンションへの永住指向も高まってきています。以前は管理会社と管理組合とのトラブルや大規模修繕での問題点も見受けられましたが、そういった紛争を防止するために「**マンションの管理の適正化の推進に関する法律（マンション管理適正化法）**」が施行され、「マンション管理士」制度や「マンション管理業者」の登録制度などが設けられています。

どうやって管理体制を築いていくか

マンションの専有部分と共用部分の、特に共用部分の管理はどうしていくのか、また、マンション自体が建っている敷地などを含め、それらの総合的な管理体制についても、マンション購入時に注意を払う必要があります。

ちなみに、これらのマンション管理の主体はどこになるかというと、区分所有法では、区分所有者全員で構成する**マンション管理組合**としています。しかし、現実問題としてマンションの住民で構成される管理組合が独自で管理体制を築くことは困難であることから、マンション管理業者に管理業務を委託するのが一般的です。

とはいえ、マンションの管理会社に管理を丸投げするという姿勢は好ましいものではありません。区分所有者自身がマンションの管理の重要性に気づいていないと、のちにさまざまな問題が生じるおそれもあります。

MEMO 管理組合の役員とは、理事長、副理事長、理事及び監事をいい、通常総会において選出される。

マンションの管理組合の役割

マンション管理組合の役割は多岐にわたり、日常の管理や計画的な修繕の実施のほか、コミュニティの形成、環境・防犯・防災問題への対応も求められます。

●管理組合とは

「管理組合」は区分所有者全員で構成し、任意に脱退することはできない。マンションや敷地などの管理は、区分所有法の定めるところにより、集会（総会）を開き、規約を定め、管理者を置くという方法によって行われる。

●管理者と管理会社

管理者

マンションの管理業務は全員で行うことは困難なため、集会（総会）の決議により管理者を選任し、選任された管理者（理事などの役員）が管理業務を実行する。なお、管理者とは管理組合の理事などの役員をいい、いわゆるマンションの管理人や管理員のことではない。

管理会社

マンション管理の主体は管理組合だが、外部の管理会社に管理業務を委託していることが多い。管理会社は管理組合との間で締結された管理委託契約の範囲内で管理業務を実施する。

Advice

マンションの管理の本質

マンションの分譲時に重要事項として分譲業者から提供されている項目は、管理費や修繕積立金の額などに留まっているのが現状です。マンションの管理は、区分所有者が自らの責任で行うことが基本となるため、マンションの購入の段階から、入居後の維持管理に関する情報が適切に提供される必要があります。

3 マンション管理会社の役割

■マンションの管理方式には、住民が管理する方式と一部を管理会社に委託する方式、すべて管理会社に委託する方式がある。
■管理会社に委託する場合、「標準管理委託契約」を締結する。

マンションの管理方式

これまで述べてきたとおり、マンション管理の主体は区分所有者全員で構成するマンション管理組合となっていますが、実務上、マンション管理会社に管理業務を委託しているケースが多く見られます。それを含めて、マンションの管理方式には以下のようなものがあります。

●自主管理方式

管理組合がマンション管理会社の手を借りることなく、直接に管理を行う方式。管理会社に支払う月々の委託料は不要となるものの、管理組合の役員の負担が増大する場合もある。

●一部管理委託方式

自主管理方式を基本としつつも、管理の一部をマンション管理会社に委託する方式。自主管理方式と比べれば、一部の区分所有者の負担は軽くなるが、その分、マンション管理業者への管理費の支払いなどが増える。

●全部管理委託方式

マンション管理会社に、管理組合が行うべき管理業務の大半をマンション管理会社に委託する方式。他の方式に比べ、管理費の支払いなどは増えるが、マンション管理会社の総合的なサービスが受けられる。ただし、区分所有者の管理意識が薄くなる場合もある。

管理委託契約書

管理組合がマンション管理を管理会社に委託する際、管理委託契約を取り交わしますが、その契約書のひな型として、**標準管理委託契約書**というものがあります。この標準管理委託契約書を基にして、マンションの規模や設備の状況などに応じて管理委託契約が締結されています。

MEMO マンション管理会社に対してはマンション管理適正化法が適用され、法定数の管理業務主任者の雇用などが義務付けられている。

マンション標準管理委託契約書

マンション標準管理委託契約書における「委託業務」は、以下の４つに分けられます。

①事務管理業務

(1)基幹事務：管理組合の会計、出納、マンションの維持修繕の企画
(2)基幹事務以外：理事会や総会の支援

②管理員業務

(1)管理員業務実施について：勤務日や勤務時間、休日、執務場所など
(2)管理員の業務内容：点検業務、立ち会い業務、報告業務など

③清掃業務

(1)日常清掃
(2)特別清掃

④建物・設備管理業務

(1)建物点検
(2)エレベーター設備、給水設備、浄化槽や排水設備
(3)電気設備、消防用設備、機械式駐車場

管理組合の活動をプロとしてサポートしてくれるかどうかも、管理会社を見極めるポイント。

プラスα

管理員について

「マンションの管理人」とも呼ばれる管理員は、管理組合とマンション管理会社との間で取り交わされたマンション管理委託契約に基づいてマンション管理会社から配属されます。管理員と区分所有者との間での雇用（契約）関係ではないことから、管理員は、管理会社の指示に従っての業務活動となります。

4 住まい方のルールを定める「管理規約」

POINT

- マンション住民間に共同生活に対する意識の相違がある。
- 住民同士のトラブルを未然に防止するために管理規約がある。
- 管理組合の運営に関心を持ち、積極的に参加する姿勢が大切。

多様な価値観を持った人たちとの共同生活

一つの建物を多くの人が区分して所有するマンションには、その性質上、住民の共同生活に対する意識の相違、多様な価値観を持った住民間での意思決定の難しさをはじめ、所有者や賃借人が入り混じった利用関係の複雑さ、マンション自体の構造上の複雑さなど、マンション自体を維持管理していく上で、多くの課題があります。

また、建築後相当の年数を経たマンションの**老朽化対策**も必要であり、老朽化マンションの放置による都市環境の低下を防ぐ必要もあります。

管理規約の必要性

いずれにしても、管理組合によるマンションの適正な管理が行われることが重要です。その管理の根底をなすのが、マンションごとに定められている「**管理規約**」です。

管理規約は「マンション管理の最高自治規範」ともいわれており、快適な居住環境を目指し、**多様な価値観を持ったマンションの住民同士のトラブルを未然に防止するための具体的な住まい方のルール**です。

管理組合は、管理規約の作成にあたり、国が定めている「**マンション標準管理規約**」を参考として、自分たちのマンションの実態と住民の意向を踏まえて適切なものとしていかなければなりません。また、必要に応じて改正を行っていく必要もあります。

一方、管理組合を構成するマンションの区分所有者自身も、「自分も管理組合の一員である」という意識のもと、管理組合の運営に関心を持ち、積極的に参加するなど、その役割を適切に果たすよう努める必要もあります。マンションの価値を長期に維持するために、こうした適正な運営が重要です。

MEMO マンションの管理規約の設定や、規約内容の変更・廃止は、マンションでの集会の決議で行う。この決議には区分所有者及び議決権の各４分の３以上の賛成が必要。

マンションの管理規約について

適切なマンション管理や使用のルールを定めたものが、「管理規約」であり、国が定めた「マンション標準管理規約」をベースに作成されています。

●管理規約の役割

マンションや敷地などの管理・使用に関する区分所有者相互間の事項は、区分所有法で定めるもののほか、管理規約で定めることができる。

●マンション標準管理規約

標準管理規約とは、国土交通省より管理規約の「ひな型」として制定されたものをいう。もともとはマンション分譲業者や管理会社が個々に管理規約案を作成していたが、その内容に統一性がなかったため、国土交通省によってひな型が制定された。

【規約内容の例】 専有部分の使用について

●ペット飼育禁止

ペットの飼育については、それを認める、認めないに関する基本的な事項は規約で定め、ペット飼育にあたっての手続きや、飼育できる動物などの細部の規定については「ペット飼育細則」に委ねていることが多い。

「ペット飼育細則」における飼育できるペットの種類

- 抱きかかえることのできる小型犬及び猫
- 中型犬
- 小鳥
- カゴの中で飼育することができる小動物(ハムスター、リスなど)

Check!

□飼育にあたっての遵守事項の例

- 飼育は専有部分で行うこと
- バルコニー等で給餌、排尿、排便、ブラッシング、抜け毛の処理をしないこと
- エレベーター、廊下等の共用部分では、必ず動物を抱きかかえるかケージに入れて運ぶこと　など

5 管理組合の総会

- マンション管理に関する事項は総会の決議に基づき行う。
- 総会を開催するには一定の手続きによらなければならない。
- 総会の決議には、普通決議と特別決議がある。

総会収集の手続きと成立要件

マンションは、区分所有者全員で管理することを原則とするため、全員の意思決定及び管理を行う団体として、**管理組合**を構成することになります。そして、マンションの管理に関する事項は、管理組合の総会決議に基づいて行われ、総会の招集方法や決議事項についての取り決めがあります。

【総会の招集手続きと成立要件】

招集手続き：総会の開催日から少なくとも**1週間前**に、会議の目的となる事項（例：役員の選任、規約の変更など）を示して、各区分所有者に通知することが必要。なお、管理規約で通知期間を1週間よりも長い期間（例：2週間）としている場合も多く見られる。

成立要件：区分所有法上、総会が有効に成立するための要件についての規定はないが、一般的には、管理規約において「**議決権総数の半数以上の組合員の出席**」で成立するとしている。

【議事進行】

一般的には、総会の議長は管理組合の理事長（管理者）が行う。

決議要件

総会の決議には「**普通決議**」と「**特別決議**」があります。普通決議の要件は、区分所有者（組合員）及び議決権の**各過半数の賛成**となりますが、特別決議については議決案件により区分所有者及び議決権の**各４分の３以上または各５分の４以上の賛成**が必要となります。

また、区分所有者全員の承諾があるときは、実際に総会を開催せずに書面または電磁的方法により決議をすることもできます。

MEMO 総会は、区分所有者の全員の合意があるときは、招集の手続きを経ないで開催することができる。

普通決議と特別決議

マンションの総会において区分所有者の承認を得る行為を「決議」といいます。決議方法は「普通決議」と「特別決議」があり、以下の特徴があります。

●普通決議によって決めることの例

1. 収支決算報告、事業報告の承認
2. 理事・監事の選任または解任
3. 管理委託契約の変更・更新・解約
4. 管理会社の変更

●特別決議が必要となる場合

特別決議は、より重要な案件を決議するための決議。以下の重要な事項については特別決議で行う。

1．区分所有者及び議決権の各4分の3以上の賛成が必要なもの

①規約の設定・変更・廃止
②共用部分の重大変更
③専有部分の使用禁止請求・競売請求、占有者に対する引渡請求の各訴訟の提起
④建物の価格の2分の1を超える部分が滅失した場合の、共用部分の復旧決議
⑤管理組合の法人化

2．区分所有者及び議決権の各5分の4以上の賛成が必要なもの

- 建替え決議

議事録の作成について

総会の決議は、専有部分の承継者（買主など）や占有者（借主など）にも効力が及ぶため、以下の手続きに基づいた議事録の作成が必要です。
①議事録は議長が書面または電磁的記録により作成する。
②議事録には、議長のほか、総会に出席した組合員2名の署名が必要となる。
③議事録には、議事の経過の要領とその結果を記載しなければならない。
④議事録は理事長などの管理者が保管する。
⑤議事録の保管場所は、マンション内の見やすい場所に掲示しなければならない。

6 管理費と修繕積立金① 管理費

- ローン支払いとは別に管理費と修繕積立金の負担がある。
- 管理費と修繕積立金は区分して経理（管理）されている。
- 管理費は、経常的な管理コストの支払いなどに使われる。

管理費と修繕積立金との区分

区分所有者は、敷地及び共用部分の管理に要する経費にあてるため、**管理費**を管理組合に納入しなければなりません。管理費と似たものに**修繕積立金**がありますが、管理費と修繕積立金はその性質が異なるため、区分して経理することとなっています。本項では、まず管理費について説明します。

管理費は、通常の管理に必要とされる経費に対して充当されます。管理費からの支出対象には次のものが挙げられます。

①管理員人件費
②公租公課
③共用設備の保守維持費及び運転費
④備品費、通信費その他の事務費
⑤共用部分等に係る火災保険料、地震保険料その他の損害保険料
⑥経常的な補修費
⑦清掃費、消毒費及びごみ処理費
⑧委託業務費
⑨専門的知識を有する者の活用に要する費用
⑩管理組合の運営に要する費用
⑪その他敷地及び共用部分等の通常の管理に要する費用

管理費の算出

管理費や、P.186で取り上げる修繕積立金の額については、共用部分の使用頻度などにかかわらず、各**区分所有者の共用部分の共有持分に応じて算出**されます。なお、管理費のうち管理組合の運営に要する費用は、「**組合費**」として管理費とは別に徴収している場合もあります。

MEMO 各区分所有者が負担すべき管理費や修繕積立金の滞納がある物件が売却された場合、管理組合は、新しくその物件を取得した者に対し、滞納分の支払いを請求することができる。そのため滞納分には注意が必要。

管理費をめぐる取扱い

管理費の取扱いについては「宅地建物取引業法」と「区分所有法」において、それぞれ以下のようになっています。

●宅地建物取引業法での取扱い

宅建業者（不動産業者）は、管理費の額について、契約が成立するまでの間に、宅地建物取引士をして、重要事項として買主となろうとする者に説明しなければならない。

▶滞納額があるときは、その額についても説明しなければならない。

●区分所有法での取扱い

中古マンションの売買において、売主である元の区分所有者が管理費を滞納していた場合、管理組合は、中古マンションの買主に管理費の滞納分の支払いを請求することができる。

▶中古マンションを購入する際、前の所有者の債務を調査しておく必要がある。また、管理組合は、元の区分所有者である中古マンションの売主にも、滞納分の支払いを請求できる。

●管理費の徴収

管理費は、各区分所有者が開設した預金口座から自動振替によって徴収するのが一般的。

振替手数料は個人負担か管理組合あるいは管理会社が負担するか、事前に決めておきましょう。

プラスα

管理状態の把握

「マンションは管理を買え」という言葉もあります。中古マンションの管理状態を把握できる制度として、国土交通省による「管理計画認定制度」と一般社団法人マンション管理業協会による「マンション管理適正評価制度」があります。いずれも「管理の見える化」を図る制度です。

7 管理費と修繕積立金② 修繕積立金

- 修繕積立金も管理費と同様に月々に負担するのが一般的。
- 修繕積立金は将来の修繕費とするためのもの。
- 修繕積立金の設定が低すぎると、将来不足することも。

修繕積立金の目的

マンションの良好な居住環境を確保し、資産価値の維持・向上を図るためには、計画的な修繕工事の実施が必要です。しかし、マンションの修繕工事は12年から30年といった長い周期で行われるのが普通で、費用も多額になります。修繕工事が必要になったからといって、一括して費用を徴収することは困難なため、管理組合で将来の修繕工事の費用を見積もった長期修繕計画を策定し、これに基づいて区分所有者がそれぞれ月々の**修繕積立金**を負担するのが一般的です。

修繕積立金を徴収するにあたり注意すべきは、**当初負担月額が低く設定されがち**だということです。分譲業者はマンション分譲時に長期修繕計画と修繕積立金について購入者に提示しますが、購入者側の修繕についての知識や関心が低いこともあって、積立金の額をあまり高く設定できないのが実情です。しかし、そうなると将来の修繕に必要な額を積み立てることができないマンションが出てくることになります。そういったマンションでは修繕積立金の見直し(増額)が必須となるケースも見受けられます。

修繕積立金の取り崩し

管理組合は、以下の場合に修繕積立金を取り崩すことができます。

①一定年数の経過ごとに計画的に行う修繕
②不測の事故その他特別の事由により必要となる修繕
③敷地及び共用部分等の変更
④建物の建替えに係る合意形成に必要となる事項の調査
⑤その他敷地及び共用部分等の管理に関し、区分所有者全体の利益のために特別に必要となる管理

MEMO 管理費と修繕積立金の消滅時効は５年であるため、５年を経過している滞納分は回収できないこともある。

修繕積立金と長期修繕計画

マンションの修繕は10年以上の長い周期で行われます。長期的な計画を策定し積み立てていく必要があります。

●長期修繕計画とは

将来見込まれる修繕工事の内容、おおよその時期、概算の費用等を盛り込んだマンションの修繕計画を「長期修繕計画」という。修繕積立金は「長期修繕計画」に基づいて設定される。

修繕積立金の額の目安

※マンションの修繕積立金に関するガイドライン（国交省）より引用

【20階未満】	延べ面積が5,000㎡未満→１㎡あたり月額335円 延べ面積が5,000～10,000㎡→１㎡あたり月額252円 10,000㎡以上20,000m²未満→１㎡あたり月額271円 20,000㎡以上→１㎡あたり月額255円
【20階以上】	１㎡あたり月額338円

●修繕積立金の積立方法

修繕積立金の積立方法には、以下の２種がある。

均等積立型

長期修繕計画で計画された修繕工事費の累計額を、計画期間中均等に積み立てる方式

将来にわたり定額負担として設定するため、原則として、修繕積立金の増額はありません。

段階増額積立方式

当初の積立額を抑え段階的に積立額を値上げする方式

当初の負担額は小さいものの、どこかの時点で増額する必要があり、区分所有者間の合意形成ができない場合があります。

8 迷惑行為をする住民を追い出せるか

- 区分所有者や賃借人の共同の利益に反する行為は禁止。
- 迷惑行為に対し行為の停止や使用禁止などの請求ができる。
- 専有部分の使用禁止や競売請求は、訴訟により行う。

義務違反者に対する措置

区分所有者や専有部分の占有者（例：賃借人）は、マンション（建物）の保存に有害な行為のほか、建物の管理や使用に関し、他の区分所有者の共同の利益に反する行為（**迷惑行為**）をしてはなりません。共同の利益に反する行為などをしている者を「**義務違反者**」といいます。共同の利益に反する行為とは、次のようなものをいいます。

①外壁に穴を開けるなどの破壊行為
②廊下や階段などに私物を置くなどの行為
③猛獣の飼育や違法駐車を繰り返す行為
④住居専用マンションであるにもかかわらず事務所や店舗として使用する行為
⑤騒音や振動、悪臭を生み出す行為
⑥著しく管理費や修繕積立金を滞納する行為

義務違反者への請求と請求への提訴

管理組合や区分所有者は、義務違反者が区分所有者である場合は、**①行為の停止等**、**②専有部分の使用禁止**、**③区分所有権及び敷地利用権の競売**の各請求をすることができます。また、賃借人などの占有者が義務違反者である場合は、**①行為の停止等、そして④専有部分の引渡し**を請求できます。

これらの請求のうち、①行為の停止等の請求については、訴訟を提起することなく請求することができますが、②専有部分の使用禁止、③区分所有権及び敷地利用権の競売、④専有部分の引渡しの請求については、総会での決議（**特別決議**）に基づき、訴訟により行わなければなりません。

なお、管理組合の理事長などの管理者や、集会において指定された区分所有者は、これらの請求について訴訟を提起することができます。

MEMO マンション総合調査（国土交通省）では、駐車問題、騒音、ペットの苦情が三大トラブルとなっている。

義務違反者への対処法

マンションの共同の利益に反する迷惑行為を行う人を「義務違反者」といいます。義務違反者に対しては以下のような対応が行われます。

●義務違反者に対する措置

請求	対象者	訴訟の提起	集会の決議
①行為の停止等	区分所有者・占有者	訴訟を提起することもできる	訴訟を提起するには普通決議(過半数)
②使用禁止	区分所有者	訴訟による	特別決議(4分の3)
③区分所有権の競売	区分所有者	訴訟による	特別決議(4分の3)
④占有者に対する専有部分の引渡し	占有者	訴訟による	特別決議(4分の3)

行為の停止等の請求例

- ピアノの音がうるさい場合に、ピアノの演奏の停止を請求する
- 共用部分である廊下を荷物置場として使っている区分所有者に対し、荷物を取り除くよう請求する
- 騒音や悪臭を発生させないよう請求する

など

民泊について

国土交通省による「マンション標準管理規約」では、「区分所有者は、その専有部分を専ら住宅として使用するものとし、他の用途に供してはならない」としており、この標準管理規約に基づいた管理規約でのマンションの場合、専有部分を「民泊」として使うことはできないようになっています。

そのため、分譲マンション内で「民泊」を容認するのであれば、マンションごとに定めている管理規約を改正する必要があります。

9 マンションの復旧と建替え① 滅失の対応と復旧の手続き

- 地震等でマンションが一部滅失すると、利害の対立が起こる。
- 滅失の程度により復旧工事の段取りが異なる。
- 専有部分については、各区分所有者が単独で復旧できる。

マンションが地震等で一部滅失したら

マンションが火災や地震、水害などにより滅失した場合、区分所有権と敷地利用権を売却などしない限り、**①復旧、②建替え、③そのまま放置のいずれかを選択**することになります。いずれにしても「復旧を望む区分所有者」「建替えを望む区分所有者」「復旧も建替えも望まない区分所有者」の利害が衝突することになるので、**区分所有法**では「復旧」と「建替え」について一定のルールを設けています。

マンションを復旧するための手続き

マンションの滅失の程度が小規模か大規模かにより、マンションを復旧させるための手続きが異なってきます。

【小規模滅失の場合】

「**小規模滅失**」とは、**マンションの価格の２分の１以下に相当する部分が滅失した場合**をいう。各区分所有者は各自が単独で滅失した共用部分と自己の専有部分の復旧をすることができる。ただし、共用部分については、復旧工事に着手する前に共用部分を復旧する旨の総会の決議（過半数による決議）があったときは、単独復旧はできなくなる。

【大規模滅失の場合】

「**大規模滅失**」とは、**マンションの価格の２分の１を超える部分が滅失した場合**をいう。**特別決議（４分の３以上）による総会の決議により、滅失した共用部分を復旧することができる**が、各自単独の復旧をすることはできない。

なお、復旧決議に賛成しなかった区分所有者は、**決議賛成者に対して建物と敷地の権利を時価で買い取るよう請求**することができる。

MEMO 滅失前は20億円だった建物の価格が、滅失後に７億円となったような場合は「大規模滅失」となる。

マンションが滅失した際の対応

災害等でマンションが滅失した場合の対応には「復旧」と「建替え」（そして「放置」）の選択肢があります。

●「復旧」と「建替え」の違い

復旧

マンションが地震等により「一部滅失」した場合に、その滅失した部分を「原状（元の状態）に回復」することをいう。

建替え

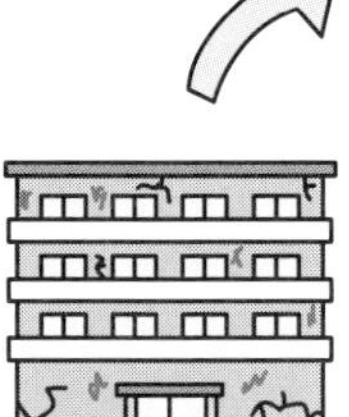

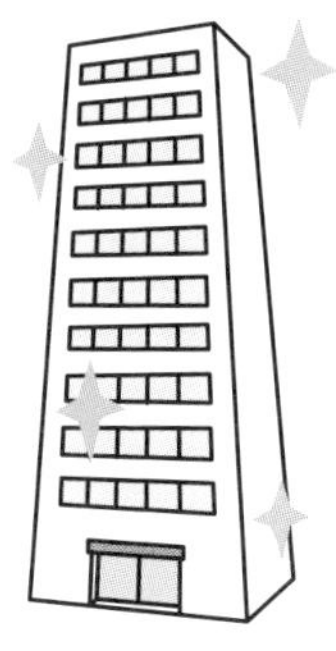

いまあるマンションを「取り壊して」いったん更地とし、新しいマンションに建て替えることをいう。

●「小規模滅失の場合」と「大規模滅失の場合」の復旧の相違

	小規模滅失	大規模滅失
共用部分の復旧	各区分所有者が、単独で行うことができる。	各区分所有者が、単独で行うことはできない。
	復旧の決議があった場合は単独で行うことはできない。	
復旧決議	普通決議（過半数）	特別決議（4分の3）

＊大規模滅失での復旧決議の議事録には、買取請求権の行使の関係で各区分所有者の賛否（復旧に賛成・反対）を記載することとしている。

Check!

□小規模滅失で共用部分を単独で復旧したら

小規模滅失の場合で、共用部分を単独で復旧した区分所有者は、他の区分所有者に対し、復旧費用を専有部分の床面積割合に応じて償還するよう請求できる。

10 マンションの復旧と建替え② マンション建替え決議と説明会

POINT
- マンションは一定の手続きのもと、建替えができる。
- 建替えには集会での決議（５分の４以上の賛成）が必要。
- 多額の費用や利害関係が生じるため一定の手続きが必要。

■マンションの建替え

マンションが地震等で滅失したり、老朽化したりしてきた場合に、区分所有者がとる選択肢のひとつに**マンションの建替え**があります。多額の費用と時間、そして区分所有者間の利害関係が生じるため、以下の手続きが必要です。

①建替え決議

区分所有者及び議決権の、各５分の４以上の多数による集会での決議が成立しなければならない。

②建替え決議のための集会招集手続き

建替え決議のための集会を招集する場合、招集通知は、その集会の会日より少なくとも２ヵ月前に発しなければならない。

③議案の要領など一定事項の通知

建替え決議の集会を招集、通知するときは、議案の要領のほか、次の一定事項を通知しなければならない。

- 建替えを必要とする理由
- 建替えをしない場合の今後の維持費や回復費の額と内訳
- 修繕計画が定められているときはその内容
- 修繕積立金として積み立てられている額

■説明会の開催

マンションの建替えという重大性から、建替え決議の前に、**説明会の開催**が義務づけられています。集会を招集した者は、集会の会日より少なくとも１ヵ月前までに、招集の際に通知すべき事項について区分所有者に対し説明を行うための説明会を開催しなければなりません。

MEMO 建替えにあたり、従来の「居住用」マンションから「複合用途型」マンションへ建替えをすることもできる。

マンションの建替え決議について

いまある建物を取り壊して更地にし、新しいマンションを建てるわけですから、建替えには多大な時間がかかります。建替えを遂行するためには慎重な議論と合意が必要になります。

● マンションの建替え決議

区分所有者及び議決権の各５分の４以上による集会での決議において定めなければならない事項は、以下のとおり。

①再建されるマンションの設計の概要
②元のマンションの取り壊し費用と、再建マンションの建築費用の概算
③それらの費用の分担に関する事項
④再建マンションの区分所有権の帰属に関する事項

● 区分所有者への対応

建替え決議に賛成した区分所有者

●売渡請求権

建替え決議に賛成した区分所有者は、建替えに参加しない区分所有者に対して、その者の区分所有権と敷地利用権を時価で売り渡すべきことを請求することができる。

建替え決議に賛成しなかった区分所有者への対応

●催告

建替え決議があったときは、集会を招集した者は、建替え決議に賛成しなかった区分所有者に対し、建替えに参加するか否かを回答するよう、書面で催告しなければならない。

催告を受けた区分所有者は、催告を受けた日から２ヵ月以内に回答しなければならず、回答をしなかった区分所有者は、建替えに参加しないと回答したとみなされる。

11 マンション建替えを円滑に進めるには

POINT
- 建替え決議をしただけでは、建替え事業は進まない。
- 建替えはマンション建替え円滑化法に規定がある。
- マンション建替組合を設立し、実際の事業を進めていく。

マンションを円滑に建て替えるために

マンションの建替えに関連する法律として、**区分所有法**のほかに**マンション建替え円滑化法**があります。マンションを建て替えるためには、まず集会において「建替え決議」（→P.192）をする必要があります。これは区分所有法に基づいて行われます。

しかし、マンションを実際に建て替えるためには、現在のマンションを取り壊し、その後に新たにマンションを再建するという建替え事業が必要となります。建替え決議が成立したあとの、実際の建替え事業の実施段階における手続きやルールについては、「マンション建替え円滑化法」に規定されています。この法律では、マンションの建替え事業の実施主体として、まず最初に**マンション建替組合**の設立を規定しています。

マンション建替組合の設立

マンション建替え事業の実施主体になるマンション建替組合は、マンション建替え円滑化法に基づいて設立されます。組合を構成するのは、建替え前のマンションの区分所有者のうちの**建替えに合意した区分所有者**となっています。この建替組合は法人格を有しているため、建替組合が独立した法的主体となって工事の請負契約や資金の借入など、各種の契約を締結することが可能になっています。

マンション建替組合を設立するためには、**建替え合意者が５人以上**共同して、定款および事業計画書を作成し、**都道府県知事の認可を申請**しなければなりません。マンション建替組合は、都道府県知事の認可を受けることにより成立します。

MEMO マンション建替え円滑化法は、マンションの建替事業などの手続を定めた法律で平成14年に施行された。

マンションの建替えの手順

マンションの建替えは以下の手順で行われます。

1 建替えの発意

2 建替えの実施を決定（建替え決議）

3 マンション建替組合の設立

4 権利変換計画の作成

5 権利変換期日

6 建替え事業の開始

7 再建マンションへの入居

（3～7）マンション建替え円滑化法による建替え

建替え決議をする際の要件や手続きは、区分所有法によって規定されています。

Check!

□マンション建替組合の設立
マンションの建替えが決まったらマンション建替組合を設立させる必要がある。組合は建替え合意者５人以上が共同で定款および事業計画書を作成し、都道府県知事の認可を受けることで設立となる。

建替えの実施が決まったら、マンション建替え円滑化法に則って、建替え事業を進めます。

Advice

老朽化マンション対策としての敷地売却

老朽化が進み外壁の落下等による危害が生じるおそれがあるマンションで、その維持修繕が困難である場合は、マンションの敷地を売却することにより区分所有関係を解消することができます。

区分所有者全員で共有となる敷地は、民法上、全員の合意がなければ売却できませんが、マンション建替円滑化法の規定により、その５分の４以上の同意があれば売却可能となっています。

Column

分譲マンション(区分所有法)の歴史

分譲マンションでの権利や管理関係を規定している「区分所有法」が制定されたのは、1962(昭和37)年です。区分所有法の制定当時の社会状況をひとことで表すとしたならば「高度経済成長期に伴う大都市への人口流入」となるのではないでしょうか。

1955(昭和30)年ごろから1973(昭和48)年の第一次石油危機まで、日本は物価の変動を除いた、実質で年率10%の高度成長を遂げています。戦争により多くの都市が爆撃され、工場なども破壊された結果、終戦翌年の1946(昭和21)年には国民総生産(GNP)は戦前のピーク時の半分程度まで低下しました。にもかかわらず、10%の高度成長は、まさに奇跡でした。区分所有法はそんな時代の真っ最中に生まれました。

人口構成も現代とはまったく異なります。1955(昭和30)年の日本の人口は約8,900万人。平均寿命は男63.6歳・女67.8歳で、先進国グループの中でも最短でした。また、全人口の3分の1が15歳未満で約3,000万人もいたのです。

高度経済成長期は、そんな若い世代が次々と育って家庭を持っていった時代であり、彼らが仕事を求めて都市部へ急激に流入した結果、たとえば東京都の場合、1950年ごろの人口は630万人だったのが、1955年に800万人、そして1960年には941万人になりました。10年間でなんと311万人も増えたことになります。

当時の一般向けのコンクリートの集合住宅は主に賃貸住宅で、その建設は公団や公社が担っていましたが、それだけでは人口急増に対応できないため分譲タイプの住宅建設にも力を注ぎ始めます。分譲タイプとは一棟の建物の一部分を区分して、そこを「持家」として所有させるというもので、いまでいう区分所有という概念による分譲マンションです。そのような分譲マンションが一般的ではない時代でしたので、法整備も進めなければなりません。かくして昭和37年に区分所有法が制定され、以後、民間のデベロッパーも大々的に分譲マンションの供給に乗り出してきたのです。

PART 8

不動産投資の基礎

不動産という商品の特性がよく表れているのが、投資の対象であるという点でしょう。不動産投資にはいくつかの手法があります。ここでは、その基礎的な部分を紹介します。

1 土地活用① アパート・マンション経営 …… 198
2 土地活用② 駐車場や店舗への賃貸借 …… 200
3 借地権のしくみ① 普通借地権 …… 202
4 借地権のしくみ② 定期借地権 …… 204
5 信託方式・等価交換方式のしくみ …… 206
6 キャピタルゲインとインカムゲイン …… 208
7 不動産投資のメリット …… 210
8 不動産投資のリスク …… 212
9 不動産投資とローン …… 214
10 利回りの基礎知識とサブリース …… 216
11 不動産賃貸借の諸状況 …… 218
12 賃貸不動産の管理業について …… 220
13 賃貸不動産での原状回復をめぐる問題 …… 222
14 建物賃貸借契約の種類と契約期間 …… 224
15 建物賃貸借契約の終了 …… 226
16 建物賃貸借契約と敷金 …… 228
17 賃貸住宅の修繕と修繕費用の負担 …… 230
Column◆家賃全額保証「サブリース」について …… 232

1 土地活用① アパート・マンション経営

- 土地活用にはいくつかの方法がある。
- 「賃貸物件を建てて建物を貸す」ことにはリスクもある。
- 賃貸物件の建築費をどうするのかなど、検討事項も多い。

土地活用の方法

一般に土地活用といえば「土地所有者が自己所有している土地をどう有効活用していくか」というイメージになると思います。土地活用の方法には、次のようなものが考えられます。

①アパート・賃貸マンションを建てて建物を貸す

②借地や駐車場として土地を貸す

上記のうち「①アパート・賃貸マンションを建てて建物を貸す」ためには、まず自己所有地に賃貸物件を建てなければなりません。そうなると、**建築費**などの投資費用がかなりかかります。一方、「②借地や駐車場として土地を貸す」は、単に「土地の賃貸」であるため、①ほどの費用はかかりません。

アパート・賃貸マンションを建てて建物を貸す土地活用法については、下記にあげるいくつかのポイントを慎重に検討しておく必要があります。また、いわゆる「アパート・マンション経営」となるので、事業のリスクへの対策も必要になってきます。

【アパート・マンションの建築について】

- 建物の建築費用はどうするか、どういう建物を建てるのか
- 賃料はいくらに設定するのか、物件の管理はどのようにするのか

【賃貸経営について(リスク管理)】

- 当初の設定家賃で空室が埋まらなかったときの対応
- 新築してから一定期間経過後に、かなりの空室が出た場合の対応
- 家賃滞納やトラブルを起こす入居者への対応
- 建物が陳腐化したときの対応
- 建物の建替え(取り壊し)となったときの入居者立ち退きへの対応

MEMO 不動産投資は事業であり「買う」ことが目的ではないことに留意。経営者マインドが必要となる。

アパート・マンション経営による土地活用のポイント

アパート・マンション経営は、一般的に頭に思い浮かぶ土地活用法ですが、注意すべき点が数多くあります。

●賃貸経営で考えておくこと

入居者のニーズがあるか

高齢化が進んでいる現状では空き家も多く、採算がとれるのかを自分で検討する。業者まかせにはしない。

賃貸借の契約更新をどうするか

建物の賃貸借契約には借地借家法が適用される。建物の賃貸借には、更新を前提とする普通建物賃貸借と、更新がない定期建物賃貸借とがある。

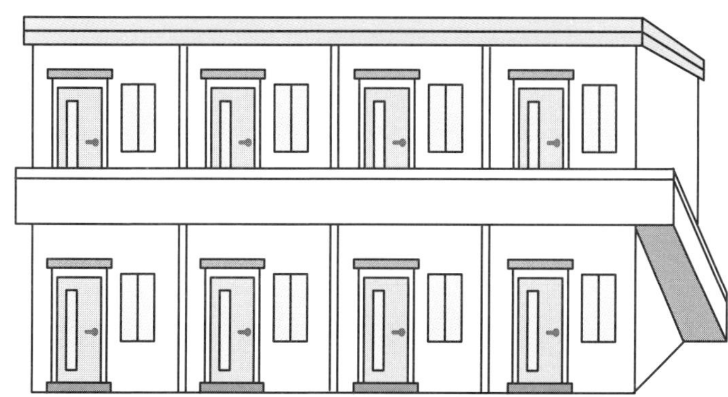

どのような賃貸物件を建てるのか

- 形態は？……戸建住宅、木造アパート、中高層マンション　など
- 間取りは？……ワンルーム、1K～1LDK、ファミリータイプ　など
- 設備は？……駐輪場、駐車場、植栽など

賃料水準（収入）や管理費など（支出）の把握

- 現地付近の賃貸専門業者への取材
- 支出項目の把握（固定資産税、修繕費、火災保険、管理費、減価償却費、支払い利息など）
- 含み損の発生（更地の上に賃貸物件を建てても、建付減価が発生する場合がある）

2 土地活用② 駐車場や店舗への賃貸借

- コインパーキングなどは初期投資額が少なくて済む。
- ロードサイド型店舗への賃貸借も代表的な土地活用法。
- 商業施設への土地賃貸借には２種類の方法がある。

駐車場などとして土地を貸す場合

自己所有地を駐車場として貸すという**駐車場経営**も、土地の有効活用のひとつの方法です。コインパーキングや月極タイプが主流であり、所有地に賃貸物件を建築する方法に比べれば、初期投資額も少なくてすみます。

また、建物の所有を目的としていない土地の賃貸借なので借地借家法（→P.202）の適用もなく、期限がきたら契約を終了することもできます。そのときの経済状況や周辺のニーズの変更にあわせて、資材置き場としての賃貸なども可能です。

ロードサイド型店舗での土地活用

ロードサイド型の店舗とは、幹線道路沿いに多く見受けられるコンビニエンスストアやドラッグストア、ファミリーレストランなど、自動車での集客方法がメインとなる商業用店舗のことです。これらの**店舗に対する土地の賃貸借**も代表的な土地活用といえます。

ロードサイド型店舗との賃貸借については、主に次の２種類の方法があります。１つめは**リースバック方式（建設協力金方式）**です。これは、その土地に出店を希望する事業者が**建設協力金**という名目で土地所有者に資金を提供し、土地所有者側がこの資金で店舗を建ててテナントとして貸し出すというものです。**毎月の賃料で建設協力金の返済が相殺される**ので、投資費用に関するリスクは少ないといえます。

２つめが**事業用定期借地方式**です。こちらは土地所有者がテナント側の事業者に土地を貸し出すもので、借地の方法は**事業用定期借地権**とします。これは普通借地権と異なり、更新がありません。当初に定めた期間（10年以上50年未満）にて借地関係は終了し、更地にして返還されます。

MEMO 借地権とは、建物所有を目的とする土地の地上権または賃借権をいう。駐車場などを目的とする場合は借地権とはならない。

駐車場やロードサイド型店舗での土地活用

コインパーキングやロードサイド型店舗への土地の賃貸借も、代表的な土地活用です。

●駐車場での土地活用

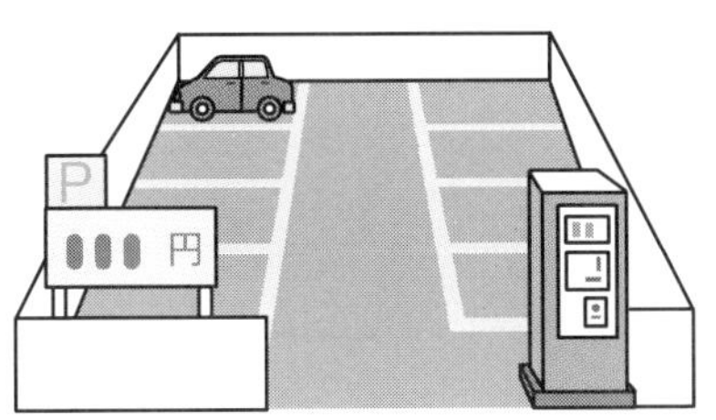

特長

- コインパーキング、月極タイプがある。
- 初期投資額が少ない。
- 資材置き場など、他への転用が容易。
- 借地借家法の適用がない。

●ロードサイド型店舗での土地活用

特長

- 安定収入（賃料収入）が見込める。
- 相続税対策効果もある。
- 「リースバック方式（建設協力金方式）」と「事業用定期借地方式」がある（下図参照）。

■リースバック方式

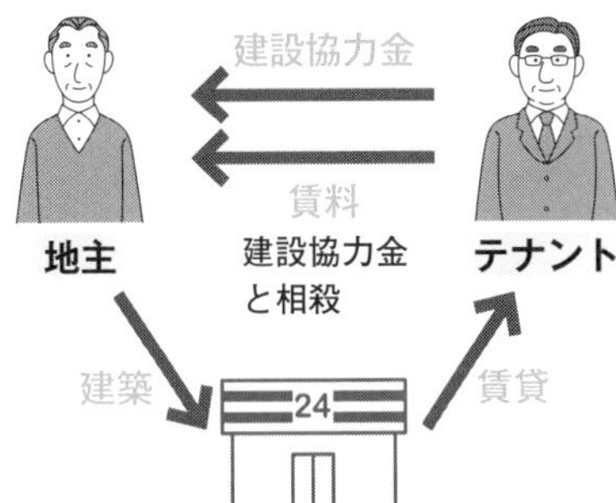

事業者の資金で建物を建て、テナントからの賃料で返済しつつ利益を得る

■事業用定期借地方式

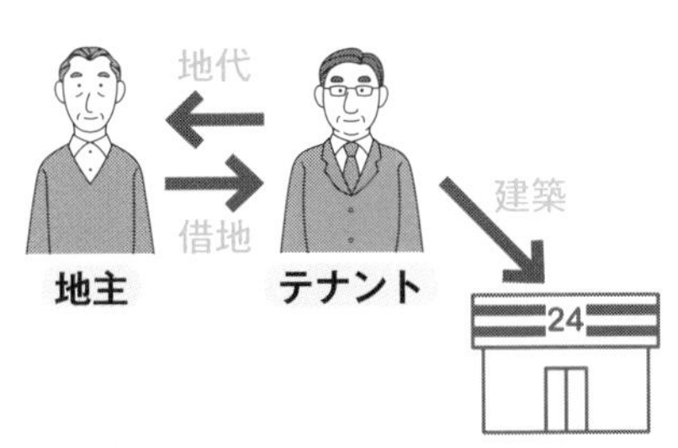

土地を事業者へ定期借地し、地代収入を得る

3 借地権のしくみ① 普通借地権

- 建物所有を目的とする土地の賃貸借は「借地権」となる。
- 借地借家法は、借地権者側を圧倒的に有利にしている。
- 地主は事実上、借地権の更新請求を拒むことができない。

借地の法律はどのようになっているか

建物所有目的で土地を貸し出す場合、つまり「土地の借主が、借りた土地に建物を建築する」ということであれば、その土地の賃貸借には**借地借家法**が適用されます。この場合、土地の賃借権は「**借地権**」と呼ばれ、**土地の借主が借地権者、地主は借地権設定者**となります。

借地権には、借地契約の更新を前提とする「**普通借地権**」と、契約の更新はなく、当初に定めた期間の経過によって借地関係が終わる「**定期借地権**」があります。

普通借地権とは

普通借地権の存続期間は30年で、更新後の期間は10年（最初の更新についてのみ20年）となります。これより長い期間を定めることはできますが、短い期間を定めることはできません。

普通借地権は更新をすることができます。借地権の存続期間が満了する際、いちばん円満なのは両者の合意により更新することですが、合意がなくても、借地権者が更新の請求をすれば、借地契約は更新となります。なお、地主側が異議を述べれば更新されませんが、「**正当事由**」が必要になります。正当事由の有無の判断は、土地の使用の必要性や利用状況など総合的な見地から判断されますが、ほとんどの場合、地主は更新を拒絶できないのが実情です。また、借地権の存続期間が満了し契約の更新がない場合、借地権者は地主に対して**借地上の建物の買取請求**をすることもできます。

このように、普通借地権は借地権者に有利な規定が多いため、普通借地権による新たな土地の賃貸借はほぼ行われていないようです。こういったことを背景に創設されたのが、更新を前提としない「**定期借地権制度**」です。

MEMO 普通借地権の当初の期間は30年以上としなければならず、30年未満で定めても「30年」と法定される。

普通借地権のしくみ

借地契約の更新を前提とする借地権が「普通借地権」です。

●借地借家法の適用

土地の賃貸借の目的

- 建物所有を目的とする場合→借地権（借地借家法）
- 駐車場などを目的とする場合→借地借家法は適用されない

●借地権の考え方と有効期間と更新について

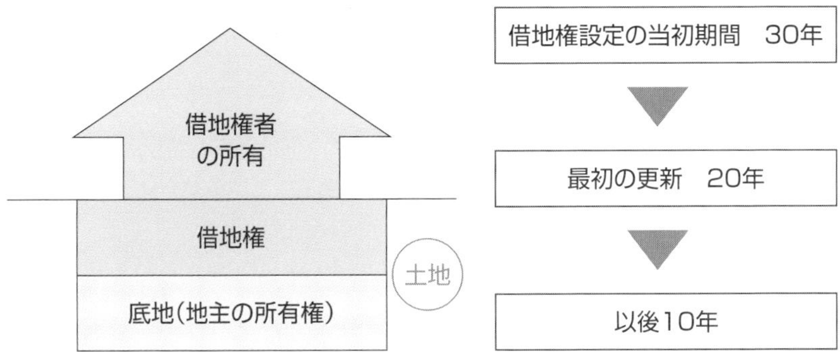

●「正当事由」について

地主が更新を拒絶するには「正当事由」が必要になる。

正当事由は次の①～③を総合的に判断して決定される。

①地主と借地権者が土地の使用を必要とする事情
②借地に関する従前の経過及び土地の利用状況
③地主が土地の明渡しの条件として立退料の支払いをする旨の申出があったかどうか

＊単に立退料の支払いのみをもって、正当事由があるとはならない。
＊更新を拒絶できたとしても、借地権者から建物の買取請求を受ける場合がある。

4 借地権のしくみ② 定期借地権

- 定期借地権には３種類がある。いずれも更新がない借地権。
- 定期借地権に基づいた分譲マンションもある。
- 事業用の場合、事業用定期借地権を活用することができる。

定期借地権のしくみ

定期借地権とは、前項の普通借地権とは異なり、**当初に定めた期間の満了をもって借地関係が終了し、更新がない借地権**をいいます。一度貸し出したら半永久的に返ってこない（かもしれない）普通借地権に比べれば、地主側も土地を貸しやすくなり、土地を借りる側も権利金が安くなるなどのメリットがあります。定期借地権には以下の３種類があります。

①一般定期借地権

借地権の存続期間を50年以上に設定し、その期間が満了したら借地権が消滅する借地権。地主も50年以上の長期にわたり安定した地代収入を得られ、かつ、契約の更新がないため期間満了後は土地が戻ってくる。借地上の建物の用途にも制限がなく、定期借地権付き分譲マンションなども見受けられる。

②建物譲渡特約付借地権

借地権の存続期間を30年以上に設定し、その期間が満了したら、地主が借地上の建物を買い取ることで借地権を消滅させるタイプ。地主は30年以上の長期にわたり安定した地代収入が得られ、期間満了後（借地権消滅後）は買い取った建物の家主として家賃収入を得ることも可能。こちらのタイプも借地上の建物の用途に制限はない。

③事業用定期借地権

事業用建物のときのみ設定できる借地権。借地権の存続期間を10年以上50年未満として設定することができ、契約の更新がなく、期間満了とともに借地関係は終了する。この事業用定期借地権は存続期間を10年以上30年未満でも設定できるため、コンビニエンスストアや工場、ロードサイド店舗などを出店する際に利用されることが多い。

MEMO 事業用定期借地権は、事業用建物の場合のみ設定できる。居住用建物（賃貸マンション等を含む）では設定できない。

定期借地権のしくみ

定期借地権は普通借地権と違い、地主側が土地を貸しやすく、借りる側にもメリットがあるため、今後はさらに活用されていくと思われます。

● 定期借地権の種類(3タイプ)

3つの定期借地権タイプ

タイプ	借地期間	利用目的	期間満了後
一般定期借地権	50年以上	限定なし	• 期間満了時に建物を解体して土地を明け渡す。 • 借地権者は建物買取請求はできない。
建物譲渡特約付借地権	30年以上	限定なし	• 期間満了後に建物所有権は地主に移転。 • その際、借地権者に相当の対価を支払う。 • 借地権者は請求により譲渡した建物の借家人になれる。
事業用定期借地権	10年以上 50年未満	事業用建物に限る (居住用は不可)	• 期間満了時に建物を解体して土地を明け渡す。 • 借地権者は建物買取請求はできない。

Check!

□法定更新ができない

定期借地権は普通借地権と違い、法定更新ができないため、期間満了時に借地権者は土地を更地にして地主に返還しなければならない。

5 信託方式・等価交換方式のしくみ

- 土地信託方式とは信託銀行等に土地運用を委託すること。
- 信託期間中の土地名義は信託銀行等に移る。
- 等価交換方式は土地と建物を交換するタイプの土地運用。

■運用を委託する土地信託方式

土地活用の方法のひとつに、**土地信託方式**があります。土地信託とは、**信託銀行などに土地運用の事業を委託して、その事業から生じる利益を地主が受け取る**というシステムです。土地の名義は、契約期間（信託期間）中は信託銀行に移ります。

この土地信託のメリットは、実際の運用を地主が自ら行わず、**土地運用のノウハウに長けている専門家に全面的に委託する**という点にあります。長期的に安定収入を得ることができ、また、管理運営の一切も信託銀行などに委ねるため、事業にまつわる煩わしさから解放されます。

デメリットとしては、**利益（配当）が確定しない**ことで、利益については信託銀行等の力量次第になります。運用収益も信託銀行等にも還元されてしまうため、自分で運用した場合に比べると収益は一般に小さくなります。また、信託に適した土地は限られるということも、デメリットのひとつにあげられるでしょう。

■等価交換方式

等価交換方式とは、地主がいったん土地を開発業者へ譲渡し、その後その土地上に**開発業者が建築した建物の一部とそれに見合う土地の共有持分を地主が等価交換して取得する方法**をいいます。

この等価交換方式のメリットは、地主は**資金負担をすることなく、かつ、開発業者のノウハウを利用しながら土地の有効活用を図ることができる**点にあります。一方、資金ゼロでも運用できる反面、土地の所有権の一部を手放さなければなりません。しかし、地主にとっては魅力的な土地運用方法の1つといえるでしょう。

MEMO 土地の信託が行われている場合、その土地の登記簿には「信託による所有権移転」という旨が登記される。

土地信託・等価交換方式のしくみ

土地信託および等価交換方式は専門家に運用を委託する土地活用法です。それぞれの特徴についてみてみましょう。

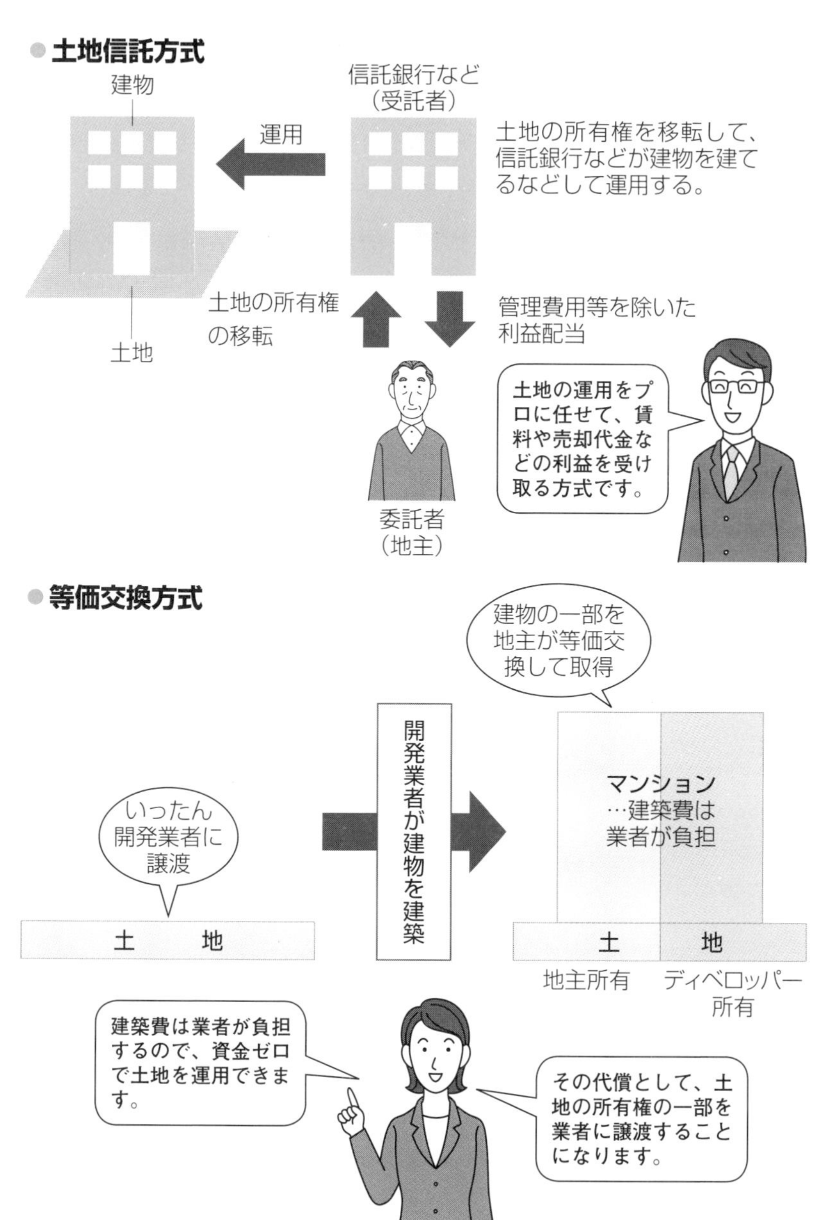

6 キャピタルゲインとインカムゲイン

- 収益には「キャピタルゲイン」と「インカムゲイン」がある。
- キャピタルゲインとは値上がり差益による利益をいう。
- インカムゲインとは不動産賃貸などによる利益をいう。

「キャピタルゲイン」と「インカムゲイン」とは

不動産投資から利益を上げる方法として、**キャピタルゲイン***と**インカムゲイン***の2つがあります。いずれも投資から利益をあげる方法ですが、キャピタルゲインとは**不動産の売買差益により利益を得ること**をいいます。いわば不動産価格の値上がり待ちを狙う手法です。

いわゆるバブルの時代であれば、キャピタルゲインを狙った不動産投資も成立しましたが、現在では主流とはいえません。なお、売買によって発生した損失のことを**キャピタルロス**といいます。

一方、インカムゲインとは**不動産を所有することで利益を得る方法**で、家賃などによる運用収益があります。

昨今の「不動産投資」というと、こちらのインカムゲインによる不動産運用をいうことが多いようです。それぞれの特徴は以下のようになります。

◎キャピタルゲインの特徴
- 資産を売買することで利益が発生する
- 売買による利益を確実に狙えるものではない
- 大きなリターンは期待できるが、その分リスクも大きい
- 不動産の売却につき、短期譲渡の場合だと税負担が大きい
- 経済状況によりキャピタルロスとなる場合もある

◎インカムゲインの特徴
- 資産を保有しているだけで収入が入ってくる
- 定期的な収入源となりうる。
- キャピタルゲインと比べ、得られる収入は少額となる
- キャピタルゲインと比べ、安全性が高い投資といえる

用語解説 ＊キャピタルとインカム：キャピタル（capital）とは、資本・資産、元手・元金という意味で、インカム（income）は収入という意味。

キャピタルゲインとインカムゲインのしくみ

不動産投資の主な手法であるキャピタルゲインとインカムゲイン。そのしくみと特徴を整理してみましょう。

●キャピタルゲイン

資産を売却することによって生じる利益（値上がり益）を得る

キャピタルゲインの例

- 株式投資
- 投資信託
- 不動産の売却益
- 外国為替取引による利益

●インカムゲイン

資産を保有することで生じる利益を得る

インカムゲインの例

- 株式投資の配当金
- 投資信託の分配金
- 不動産投資の家賃収入
- 外国為替のスワップポイント
- 国債などの債権に投資

7 不動産投資のメリット

- 昨今の不動産投資はインカムゲインを得るものが主流。
- 投資先にはマンションや戸建てなどいろいろある。
- 不動産取得までは手間だが、一度取得すればあとが楽。

マンション経営・アパート経営とは

前述したとおり、昨今の不動産投資はいわゆる「**投資用不動産**」「**収益用不動産**」を取得して家賃収入などのインカムゲインを得るものが主流となっています。その投資スタイルにより以下のような分類をすることもできます。

①**中古マンション・ワンルームマンション(区分所有)への投資**
②**中古戸建て住宅への投資**
③**木造アパート(一棟)への投資**
④**新築ワンルームマンションへの投資**
⑤**投資用不動産の新築への投資**

不動産投資をする目的は人によってさまざまですが、最近は「会社員などの本業以外で安定した収入を手に入れたい」「将来の年金不安に備えたい」というものが多いようです。本業があってフルタイムで働いており、そちらからの安定収入を得つつ、ほかにも収入が欲しいが「仕事が忙しくて副業に費やす時間がない」という方に、もしかしたら不動産投資が向いているかもしれません。収益用不動産を取得するまでの手間はありますが、後はあまり手間がかからないということも魅力のひとつです。

不動産投資というと、いままでは地主の相続対策などで、広い敷地に賃貸物件を建てるというようなイメージがありました。地主側にしてみれば、更地を相続させるよりも、その土地の上に賃貸物件を建ててそれを相続するほうが相続税が安くなるからです。これに対し、昨今では「**賃貸物件を取得して家賃収入で稼ぐ**」ということを主眼においた不動産投資が人気です。中古のワンルーム物件など、いわゆるサラリーマン向けの投資物件も多く流通するようになりました。こうした情勢にあわせて、収益性にすぐれたさまざまな投資物件が開発されています。

MEMO 収入の目標額として「月に5万円」なのか「月に20万円」なのか、目標設定により投資計画が決まる。

不動産投資のはじめの一歩

投資用不動産や収益用不動産を取得し、家賃収入や売却益を得ようというのが、不動産投資の基本スタイルです。

●不動産投資のメリット

①毎月、安定的な収入が得られる
②売却益を狙うことも可能
③少ない自己資金で購入することができる
④インフレにも強い
⑤節税効果もある

●収益物件の探し方

収益物件を探す手段として、現在はインターネットのサイトで物件を検索する方法がメインとなっている。

主な検索サイト

健美家
https://www.kenbiya.com/
月間100万人の投資家がアクセスする国内最大の情報サイト

楽待
https://www.rakumachi.jp/
収益物件の売買に関わるサービスが多数ある

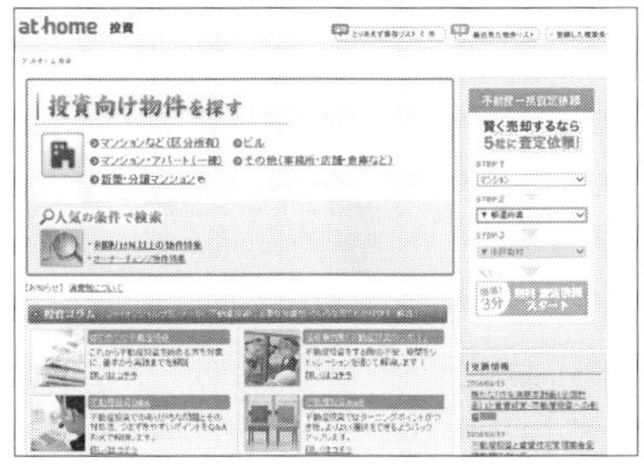

アットホーム投資
https://toushi-athome.jp/
投資物件に特化し、豊富な条件から物件を探すことができる

8 不動産投資のリスク

■不動産投資のメリット・デメリットを理解する。
■空室リスクや金利上昇などもリスクとなる。
■新築ワンルームマンションは「節税効果」がメイン。

■不動産投資のデメリットは

不動産投資もひとつの事業ですので、メリットがある反面、デメリットもあります。そもそも投資物件を取得する費用もさることながら、次のような点にも留意が必要となります。

①簡単に損切り(売却など)ができない

同じ投資ということで、たとえば株式投資の場合だと、潮時と判断したら比較的簡単に処分をすることができるが、不動産はそういうわけにはいかない。不動産を処分するにあたり、不動産会社への仲介手数料などの費用がかかるため、仮に1,000万円で購入した不動産を、購入価格と同額の1,000万円で売却できたとしても、費用分は赤字になる。

②空室リスク

賃貸物件の家賃は、一般に建築年数が経過するに従い、徐々に値下がりしていく。また、経年に伴う建物劣化や住宅設備の陳腐化などもあり、なかなか空室が埋まらないことも想定される。

住宅設備の陳腐化の例として、「3点ユニット(ユニットバス)が敬遠されはじめた」などがある。

③金利上昇リスク

金融機関からの融資を受けて賃貸物件を購入している場合、金利上昇のリスクも考えられる。金利が上昇すれば月々の返済額も上昇する。

④新築ワンルームマンションのリスク

新築ワンルームマンションに投資する場合、メリットがある人は限られてくる。新築ワンルームマンションでの収支は、もともとプラス設計になっていないケースが多いため節税対策に使えるというのがメリット。かなり高収入の人向けの「節税」のための投資ともいえる。

MEMO 中古ワンルームマンション(区分所有投資)は初期投資額も少ないため手軽にはじめることができるが、ひとつの物件からの収益性が低いので収益性を高めるには複数の物件所有が必須となる。

物件取得の際に注目すべきポイント

不動産物件は時勢により価値が大きく変わります。物件を見る目を養い、タイミングを見逃さないようにしましょう。

●中古物件を購入する場合のチェックポイント

前の所有者が収益物件を売却する理由には次のようなものがある。

- 利益が確定したのでリリース（手放そうと）する
- 持ち出しが多いので売却する（いわゆる損切り）
- 現金が必要になったから売却する

上記理由のうち、「損切り」については収益物件を購入した価額が高かった場合によく見受けられる。物件そのものには問題がない場合が多い。

●不動産投資を始める際の留意点

賃貸住宅の「建て方」でみると、賃貸マンション・アパートとなる「共同住宅」での供給が多い。なお、不動産投資は不労所得というイメージがあるが、実際には物件メンテナンス、入居者サービス立案など様々な業務が必要となる。

●「自己資金ゼロ」での不動産投資とは

「自己資金ゼロでの投資」とは、不動産購入に必要な資金をすべて金融機関からの借入れで補うことを意味する。それはつまり、「物件価格」以外に発生する諸経費をも金融機関からの借入れで補うことになる。借入れ金額が物件価格を上回っているため、いわゆる「オーバーローン」といわれている。
もちろんこれは金融機関が担保となる物件の価値を上回る金額を融資するというリスクを負うことになる。

＋プラスα＋

インボイス制度とは

インボイスとは「適格請求書」のことで、インボイス発行事業者が発行できます。消費税の免税事業者でも発行事業者（事前登録が必要）になれますが、その後、消費税の納税義務（課税事業者としての申告義務）が生じます。インボイス発行事業者になり、取引の相手方にインボイスを交付すれば、相手は消費税の納税につき仕入税額控除が適用できます。

9 不動産投資とローン

- 不動産投資とローンは密接な関係がある。
- ワンルームマンションでは収益還元法による査定となる。
- 立地としては駅から３分というのが望ましい。

不動産投資とローン

不動産投資を考える場合、**不動産投資ローン**を活用しての運用となる場合が多いでしょう。不動産投資は収益物件と不動産投資ローンがあわさって「商品」になっているともいえます。

この不動産投資ローン、すなわち金融機関からの融資ですが、アパートの融資（建築）とワンルームマンションの融資（購入）とでは少し異なる面があります。

アパートを建築しての不動産投資だと、土地の価値と事業計画の精度をみて、融資の申込みに対し、どれだけの評価を出すべきか判断されます。一方、ワンルームマンションの場合は、**収益還元法**により融資額が決まり、以下の計算式により融資額を求めます。

収益価格＝純利益（年間収益－諸経費）÷還元利回り
例：年間収益が100万円、諸経費20万円、還元利回り５％の場合
1,600万円（融資額）＝（100万円－20万円）÷0.05

ワンルームマンションの収益性は**立地（エリア）**に左右されるため、立地（エリア）に関しては金融機関が指定している場合があります。そのエリア内で融資が受けられるというのであれば、その物件は合格点だといえるでしょう。なお、金融機関によって重視しているポイントが異なる場合があるので、事前に融資を受ける金融機関の基準を把握しておきたいところです。

なお、ワンルームマンション投資が成り立つ条件として、立地的には**駅から３分以内**（地下鉄のあるエリア）、設備的には**バスとトイレが別**で床はフローリング、エアコン付きなどがあげられます。また、ビジネスホテルになり得るエリアかどうかという視点で立地を検討するのもいいかもしれません。

MEMO 中古ワンルームマンション（区分所有投資）のメリットのひとつとして、売却しやすいことがあげられる。

賃貸物件の収益性を分析する

少しでも有利な融資を受けるためにも、その物件の収益性について、社会動向や立地、物件そのものの魅力など多角的に分析する必要があります。

●世帯数と世帯人員の状況

(図)世帯数と平均世帯人員の年次推移(1986年から2021年までの推移)

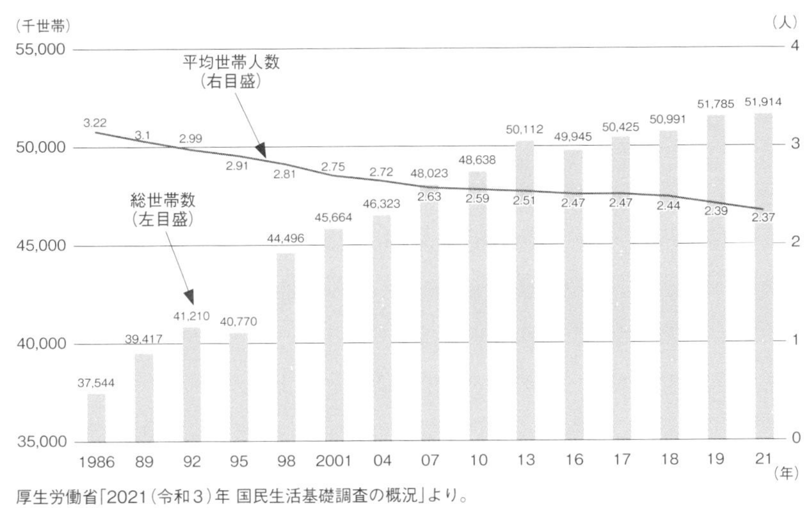

厚生労働省「2021(令和3)年 国民生活基礎調査の概況」より。

●立地および設備条件

徒歩3分以内

駅から徒歩3分以内に立地しているか。ワンルームマンションの場合、地下鉄が走っているエリアが望ましいといわれている。

人気の住設備の例

- バスとトイレは別
- 追い炊き機能がある
- 洗髪洗面化粧台がある
- 2階以上
- フローリング
- オートロック

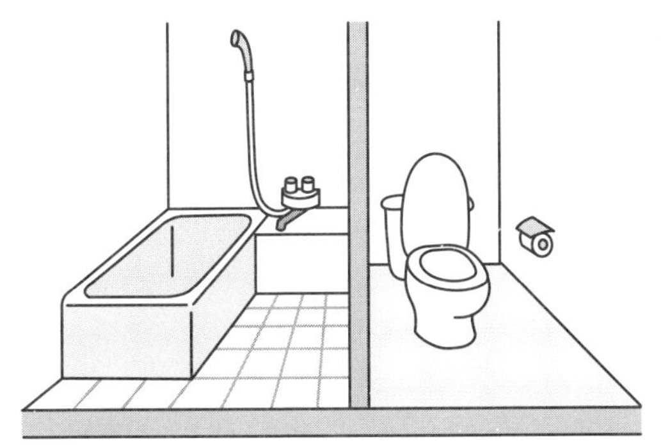

10 利回りの基礎知識とサブリース

- 利回りには表面利回りと実質利回りがある。
- 広告では表面利回りが使われることが多い。
- サブリースとは、賃貸管理業者を間に入れた転貸借のこと。

不動産投資に関連する用語

不動産投資については、やはりある程度の知識を得て、自分なりに研究を重ねてから検討するほうが望ましいでしょう。最低限、不動産投資や融資に関する以下のような知識は押さえておきましょう。

●アパートローン

住宅以外の賃貸用のマンションやアパート、賃貸用の店舗、事務所等の不動産に対するローンのこと。一般に、通常の住宅ローンよりも金利水準が高く、変動金利や短期の固定金利となっていることが多い。

●利回り

投資した金額に対して、得られる利益が何%あるかを表した数値のこと。「表面利回り」と「実質利回り」がある。

- **表面利回り**：年間家賃収入を物件価格で割ったもので、経費や税金などを含めずに計算して算出した利回りのこと。広告などでは表面利回りを表示していることが多い。
- **実質利回り**：年間家賃収入から賃貸管理委託手数料や固定資産税、都市計画税など、あらかじめほぼ確定している年間支出を差し引いた年間粗利益を、物件価格で割ったもの。表面利回りよりも現実的な数字となる。ただし、空室率や修繕積立費用を含めずに計算しているケースも多い。

●サブリース

サブリースとは、「転貸借」のことで、賃貸管理会社に部屋を賃貸し、その管理会社がさらに第三者（入居者）に貸す、いわゆる「又貸し」をいう。また、賃貸物件の「**一括借上げ**」や「**空室保証**」などの家賃保証のことをサブリースという場合もある。近年、さまざまな問題が指摘されている（右ページAdvice、P.232 Column参照）。

MEMO 不動産投資と切り離せないものとして税金対策があり、賃貸事業の法人化（法人を設立し、個人が所有している収益物件を法人に譲渡する。配偶者などを代表者とする）なども考案されている。

不動産投資のための利回りの知識

不動産投資は、投資した金額に対してどれだけの収益を上げられるかが肝要です。

●表面利回りと実質利回り

表面利回りの求め方	実質利回りの求め方
表面利回り(%)＝満室時の年間賃料／不動産の購入価格×100	実質利回り(%)＝（年間家賃収入－年間必要経費）／不動産の購入価格×100

●サブリースのしくみ

賃貸人からサブリース会社が一括して物件を借り上げ、それを第三者(入居者)に貸すというしくみ。

業者側が借り上げて固定の家賃を払ってくれるので、ローリスクでアパート経営ができるというのが売りですが、問題点もあります。

Advice

サブリースの問題点

最近、サブリース契約をめぐる業者と賃貸人（貸主）との間のトラブルが増えています。たとえば、家賃保証といっても「2年ごとに賃料の見直しを行う」などの特約が盛り込まれているケースもあり、当初の賃料ベースの資金計画どおりにいくのは一定期間だけであったり、修繕費や修復費がかかれば貸主の負担になることも盲点です。また、空室のリスクがあらかじめ上乗せされた相場より高めの賃料で設定されているような場合もあり、これではしだいに入居希望者も減っていきます。

11 不動産賃貸借の諸状況

- 不動産賃貸借は「当事者の関係」が長く続くという特徴がある。
- 契約期間が比較的長期にわたるため問題が生じやすい。
- 賃貸不動産の管理で大事なことは問題の未然回避。

不動産賃貸借の留意点

不動産賃貸借は、貸主と借主という「**当事者間の関係**」が継続的に続くという特色があります。このような点を踏まえ、以下、不動産賃貸借での留意点を確認しておきましょう。

- 貸主との賃貸借契約により、借主が貸主から借り受けた物件を利用し、その利用の対価として賃料を支払い、一定期間終了後に返還するという関係になる。
- 貸主と借主の関係は、賃貸借契約を起点とし、一定期間経過後の退去・明渡しが終了してはじめて当事者間の関係が終了する。
- 当事者の関係が比較的長期にわたるため、契約期間中でもさまざまな問題が生じる可能性があり、その問題解決をめぐるトラブルも多く発生することが予想される。

賃貸不動産の管理について

不動産の賃貸借にあたっては、「当事者間の関係」が継続的に続くがゆえ、その関係で生じるさまざまな問題に対処していくことが必要となってきます。このようなことから、賃貸不動産の管理とは、賃貸借不動産の利用関係をはじめ、貸主と借主の当事者間の関係をどのようにマネージメントしていくかという点でとらえることができます。賃貸不動産の管理にあたっては、問題が発生したあとの対処スキルもさることながら、**問題が発生しないようにするための対応がもっとも重要**となってきます。特にトラブルの元となる「原状回復」や「物件の利用」などにつき、そもそもの契約段階でどのような合意がなされたのかにも注意を払う必要があります。

MEMO 賃貸物件での賃貸経営的観点から、優良な借主に長く契約を継続してもらいたいというニーズが高まっており、「賃貸不動産の管理」の重要性が増している。

賃貸不動産をとりまく情勢

●賃貸住宅のストック

「平成30年住宅・土地統計調査」によると、賃貸住宅の状況は以下のとおり。

- 総住宅数：約6,241万戸
- 持ち家：約3,280万戸（持ち家率61.2%）
- 借家：約1,907万戸（うち、民営借家：約1,530万戸）

（総務省統計局調べ）

情勢 1

総住宅数は6,241万戸で、前回調査（平成25年）と比べて増加している。

(図)総住宅数および総世帯数の推移 全国（昭和38年～平成30年）

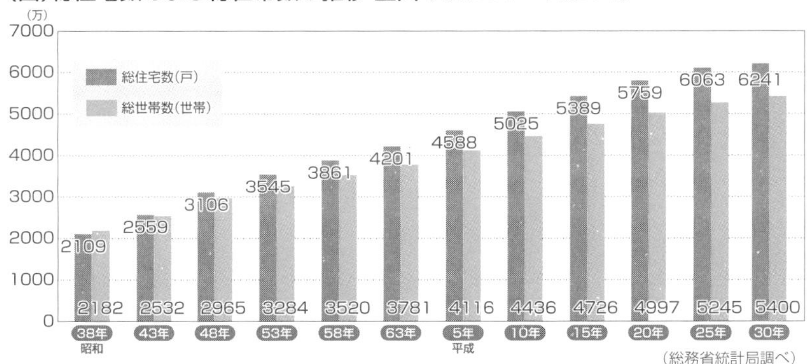

（総務省統計局調べ）

情勢 2

賃貸住宅（民営）は、住宅ストックの4分の1以上（約1,530万戸）を占めている。

(図)所有の関係別住宅数 全国（平成25年、30年）

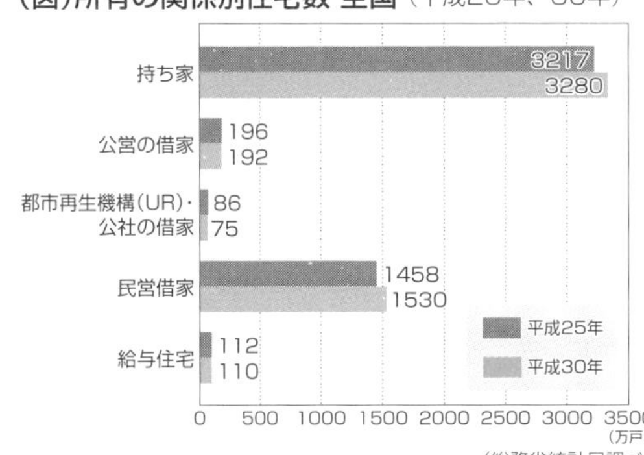

（総務省統計局調べ）

12 賃貸不動産の管理業について

- 不動産賃貸業では「賃貸不動産の管理」が重要となる。
- 賃貸住宅管理業法の施行によりトラブル防止を図る。
- 不良業者排除のため「賃貸住宅管理業者の登録制度」がある。

賃貸住宅管理業法

賃貸住宅の管理業務の適正化を図るため「**賃貸住宅管理業法（賃貸住宅の管理業務等の適正化に関する法律）**」が施行されています。不良業者排除のため、賃貸住宅管理業を営もうとする者は、国土交通大臣の登録を受けなければなりません。なお、管理戸数が**200戸未満**の業者は任意登録となります。

サブリース業者と所有者との間の賃貸借契約の適正化

近年、所有者（物件オーナー）が賃貸不動産の管理経営を管理業者に一括する、いわゆる「サブリース方式」でのトラブル（例：家賃保証等）が多発し、社会問題化しています。その防止策として、賃貸住宅管理業法では以下のような措置が講じられています。

- すべてのサブリース業者（特定転貸事業者）の勧誘時や契約締結時に一定の規制を加える
- サブリース業者と組んで勧誘を行う業者（勧誘者）にも、勧誘の適正化のための規制を加える
- 違反者に対しては、業務停止命令や罰金等の措置をすることにより、実効性を確保する

サブリース業者または勧誘者への規制内容

サブリース業者または勧誘者への業務規制の具体例としては、以下のものがあげられます。

- 不当な勧誘行為の禁止
- 誇大広告等の禁止
- 特定賃貸借契約*締結前の重要事項説明

用語解説 ＊特定賃貸借契約：所有者（物件オーナー）とサブリース業者との間での賃貸借契約（マスターリース契約）をいう。

管理業務の内容

管理業務の方式については、２つの方法があります。

●管理受託方式

貸主から委託を受けて賃貸住宅の管理業務（点検や清掃などの維持管理・家賃や敷金などの管理など）を行う。

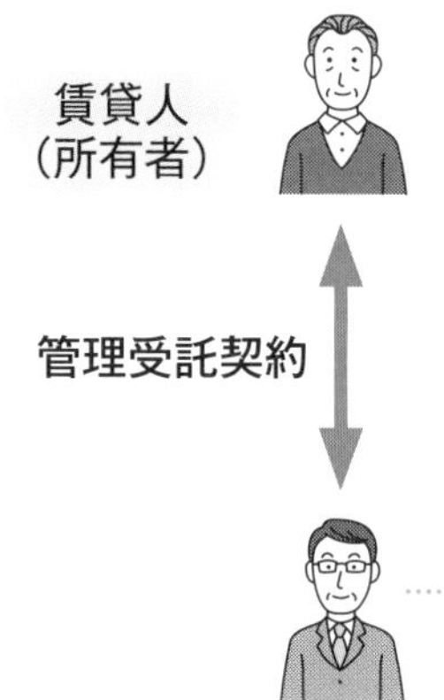

賃貸借契約

賃借人
（入居者）

賃貸住宅管理業者の業務における義務

①事務所ごとに業務管理者の配置義務
②管理受託契約締結前に管理業務の内容や実施方法等を重要事項として説明（書面交付）

賃貸不動産経営管理士は、事業所ごとに設置が義務付けられている「業務管理者」になることができます。

●サブリース方式

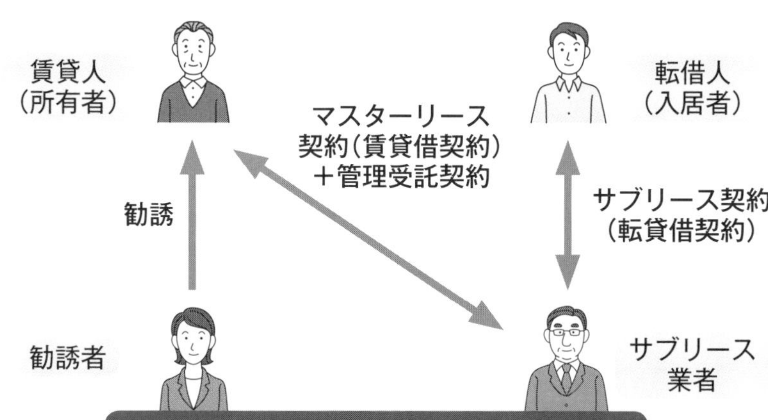

重要事項の義務付け・不当勧誘の禁止

サブリース業者（特定転貸事業者）もサブリース契約と併せて、管理戸数が200戸以上となるのであれば賃貸住宅管理業者（登録義務あり）となる。
＊サブリース業者（特定転貸事業者）としての業務規制も課せられる。

13 賃貸不動産での原状回復をめぐる問題

- 原状回復をめぐるトラブルが依然として多い。
- 原状回復の指針となる「ガイドライン」が策定されている。
- 原状回復とは賃借人が借りた当時の状態に戻すことではない。

原状回復をめぐるトラブル

賃借人の原状回復をめぐるトラブルを防止するため、民法で「賃借人は、賃借物を受け取った後にこれに生じた損傷（通常の使用及び収益によって生じた賃借物の損耗並びに賃借物の経年変化を除く。）がある場合において、賃貸借が終了したときは、その損傷を原状に復する義務を負う。ただし、その損傷が賃借人の責めに帰することができない事由によるものであるときは、この限りでない」と規定されています。

ガイドラインの策定

賃貸住宅の退去時における原状回復をめぐるトラブルの未然防止と円滑な解決を図ることを目的として、国土交通省からも「**原状回復をめぐるトラブルとガイドライン**（以下「ガイドライン」といいます）」が公表されています。このガイドラインは、原状回復をめぐる裁判例やQ＆Aも盛り込まれており、**実務上において妥当と考えられる一般的な基準**（指針）となっています。

ガイドラインの内容の例（原状回復の原則）

「原状回復」とは賃借人が借りた当時の状態に戻すものではないということを原則としています。建物の経年劣化や賃借人の通常使用による損耗については、貸主負担とし、その費用を借主に求めることはできません。借主の故意・善管注意義務*違反などによる損耗・毀損の復旧費用であれば借主に求めることができます。なお、通常使用による損耗などの補修費用につき、借主の負担とする特約を結ぶことも可能ですが、「暴利的ではない」「借主が特約内容を認識している」などの一定の要件が必要となります。

用語解説 ＊善管注意義務：「善良なる管理者としての注意義務」といい、借主は、一般的・客観的に要求される程度の注意義務をもって賃借物を使用しなければならない。

原状回復ガイドラインによる事例

●負担義務者の分類

1 借主が通常の住まい方、使い方をしていても発生すると考えられるもの
「経年劣化」や「通常損耗」については、賃貸借契約期間中の賃料でカバーされてきたはずのものである。**費用は貸主が負担する。**

2 借主の住まい方、使い方次第で発生したりしなかったりすると考えられるもの
通常の使用等による結果とはいえない「故意・過失、善管注意義務違反による損耗等」を含む。**費用は借主が負担する。**

3 借主が通常の住まい方、使い方をしていても発生するものであるが、その後の手入れ等借主の管理が悪く、損耗が発生・拡大したもの
損耗の拡大について、借主に善管注意義務違反等があると考えられるとして、**借主に原状回復義務が発生し、費用は借主が負担する。**

原状回復とは、賃借人が借りた当時の状態に戻すものではないということを原則としています。

●ガイドラインと異なる内容を特約として定める場合

通常損耗などによるものでも借主の費用負担とするなどの特約を定める場合、以下の要件を満たしていなければならない。

1	2	3
特約の必要性があり、暴利的でないなどの客観的、合理的理由が存在すること	借主が特約によって通常の原状回復義務を超えた修繕等の義務を負うことについて認識していること	借主が特約による義務負担の意思表示をしていること

14 建物賃貸借契約の種類と契約期間

- 建物賃貸借では期間の上限はない。
- 期間を1年未満とした場合は期間の定めのない賃貸借となる。
- 期間満了しても「法定更新」で更新となる。

建物賃貸借契約の種類と契約期間

建物賃貸借契約には、契約を更新することができる契約（**普通建物賃貸借契約**）と、契約を更新することができない契約（**定期建物賃貸借契約** P.226参照）とに大別することができます。このうち、普通建物賃貸借契約の契約期間については、以下のような分類となります。なお一般的には期間を定めての契約となります。

【普通建物賃貸借契約】

①期間の定めがある契約

②期間の定めがない契約

・期間を定めないと合意した場合　・1年未満の期間とした場合

・法定更新となった場合

契約期間の定めがある場合

普通建物賃貸借契約の契約期間については、1年未満と定めた場合は「期間の定めがない契約」とされますが、期間の上限については制限がありません。そのため、普通建物賃貸借契約の場合、契約期間は1年以上であれば自由に定めることができます。なお、**居住用の建物賃貸借であれば、契約期間を2年～3年程度とするのが一般的**です。

契約期間の更新

普通建物賃貸借契約の場合、契約期間が満了しても、契約を更新（継続）することができます。当事者の合意があればもちろん契約は更新できますが、合意がなくても「**法定更新**」というしくみにより更新される場合があります。

MEMO　普通建物賃貸借で「期間の定めのない契約」の場合、更新は問題とならない。また、定期建物賃貸借契約においては、そもそも契約の更新はない。期間満了後に再契約をするか否かという局面となる。

建物賃貸借契約の更新について

合意更新

契約期間満了までに、当事者間で協議をし、契約条件や更新後の期間を定めて合意すればよい。

法定更新

期間の定めがある建物賃貸借契約で、当事者が期間満了の1年前から6ヶ月前までの間に、相手方に以下の通知をしなかったときは契約更新となる。

①更新をしない旨の通知

②条件を変更しなければ更新しない旨の通知

上記の通知をした場合であっても、建物賃貸借契約の期間が満了した後に借主が建物の使用を継続し、その使用継続に対して貸主が異議を述べなかったときも、法定更新となります。

建物賃貸借契約が法定更新されると、契約期間を除き、従前の契約と同一の条件での契約更新となります。

法定更新後の建物賃貸借契約の期間は「期間の定めのないもの」となります。

「更新料」と「更新手数料」について

契約の更新の際に借主が支払う「更新料」については、法律的な根拠はありませんので、支払う義務は法的にはありません。単に当事者間の合意に基づくものとされています。また「更新手数料」も、単に管理業者の事務代行手数料です。

15 建物賃貸借契約の終了

■期間満了により終了させるには通知が必要。
■期間内解約(中途解約)の特約をすることもできる。
■定期建物賃貸借であれば期間の満了により終了する。

■期間満了による終了

賃貸借契約の期間を2年とするなど、期間の定めのある建物賃貸借契約の場合において、貸主が期間満了により賃貸借契約を終了させるためには、以下の**通知**が必要となります。なお、この「通知」をするには、「正当の事由」が必要とされます。借主が期間満了により賃貸借契約を終了させるためにも、下記の「通知」が必要とされますが、借主の「通知」については貸主の場合とは異なり「正当の事由」は不要です。

通知

期間満了の1年前から6ヵ月前までの間に、借主に対して「更新をしない旨の通知」か「条件を変更しなければ更新しない旨の通知」をする。

■期間内に解約できる特約(中途解約の特例)

期間の定めのある建物賃貸借契約でも、「**借主は期間内でも解約の申入れをすることできる**」との特約を設けることができます。特に定めがなければ解約の予告期間は3ヵ月(3ヵ月後に終了)となりますが、「申入れ後1ヵ月で解約できる」とすることも可能です。また、「予告期間に相当する賃料(例:1ヵ月分)を支払えばすぐに解約できる」とすることもできます。

■定期建物賃貸借契約の場合

定期建物賃貸借のうち、床面積200㎡未満の居住用建物の賃貸借である場合、中途解約に関する特約がない場合でも、借主に転勤、療養、親族の介護などのやむを得ない事情があるときは、借主は建物の賃貸借の解約の申し入れをすることができます。

MEMO 「正当の事由」についてはP.203の「普通借地権のしくみ」での「正当事由」を参照。単に立退料の支払いのみをもって正当事由があるとは限らない。

定期建物賃貸借契約について

●更新が前提となる普通建物賃貸借契約との違い

〈普通建物賃貸借契約〉
- 契約期間が満了しても、更新拒絶等の通知がなれば契約は終了せずに更新
- 貸主からの更新拒絶等の通知には正当事由が必要

〈定期建物賃貸借契約の特徴〉
- 期間の満了とともに契約は終了（更新なし）

●定期建物賃貸借とするための要件

書面による契約

定期建物賃貸借契約は、公正証書等の書面（公正証書以外の書面でもよい）により契約しなければならない。

書面による事前説明

定期建物賃貸借契約を締結するにあたり、貸主はあらかじめ、借主に対し、更新がなく、期間の満了により契約が終了することについて、その旨を記載した書面を交付して説明しなければならない。

期間満了による終了手続き

契約期間が１年以上である場合、期間満了の１年前から６ヵ月前までの間に、借主に対し、期間満了により賃貸借が終了する旨の通知をしなければならない。

更新がない定期建物賃貸借契約は例外的な扱いとなっているため、一定の要件を満たしての契約締結でなければなりません。

＋プラスα＋

定期建物賃貸借契約

定期建物賃貸借契約は、期間の満了により終了しますが、さらに借主が同一物件を賃借したいのであれば、新たに契約（再契約）を締結することになります。貸主が再契約に応じるかどうかは自由です。

16 建物賃貸借契約と敷金

- 賃貸借契約を締結する際、礼金・敷金の授受がある。
- 敷金は、賃貸借契約終了時に返金される。
- 建物の明渡しを完了させてから敷金返還を請求できる。

敷金の意義と取扱い

建物賃貸借契約を締結する際、当事者間で敷金・礼金が授受される場合があります。

《礼　金》

賃貸借契約締結時に借主から貸主に支払われる金銭（権利設定の対価）で、賃貸借契約終了後も返金されない。なお、礼金については法律的な根拠はなく、契約自由の原則に基づく。

《敷　金》

賃料など、建物賃貸借契約で生じる借主の債務を担保するための金銭で、賃貸借契約締結時に借主から貸主に支払われる。賃貸借契約終了後、未払い賃料などを控除した残額が借主に返金される。

敷金によって担保される債務

敷金によって担保される借主の債務は、建物賃貸借契約から生じる一切の債務で、未払い賃料のほか、借主が物件を毀損・汚損した場合の修繕費（原状回復に要する費用）など借主が建物を明け渡すまでに生じるものも含まれます。

敷金の返還と建物の明渡し

借主が敷金の返還請求をすることができる時期は、賃貸借契約が終了した時点ではなく、賃貸借契約が終了し、借主が貸主に建物を明渡したときからとなります。借主は、建物の明渡しを先に完了させてから、敷金の返還を請求することができます。資金返還と建物明渡しは同時履行*の関係とはなりません。建物の明渡し債務が先履行です。

用語解説 ＊同時履行の関係：契約上のお互いの義務（債務）を同時に行うという考え方。売買契約での「代金支払」と「商品引渡」などは同時履行の関係となる。

敷金の返還についての取扱い

●貸主に変更があった場合(オーナーチェンジ)

旧貸主に対しての債務を敷金から充当したのち、新貸主に敷金関係が承継される。新貸主は敷金返還債務を負う。

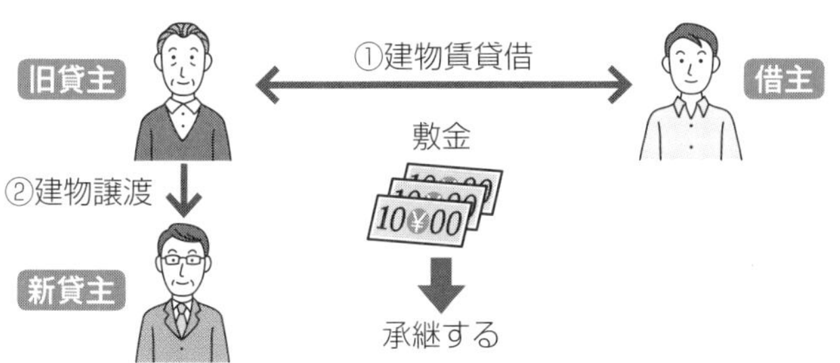

＊敷金が不足する場合、新賃貸人は不足分を借主から支払ってもらうこともできる。

●借主に変更があった場合

建物の賃借権の譲渡により、借主に変更があったとしても、新借主には敷金関係は承継されない。

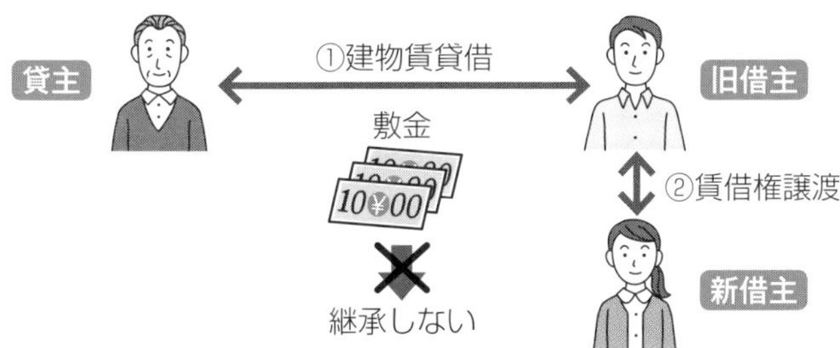

敷金は、賃貸借契約終了の際、家賃の滞納や家屋の損傷などがなければ借主に返還されます。

「建物の明渡し」と「敷金の返還」は、価値の差がありすぎて、同時履行の関係とはされていません。借主の建物の明渡しが先です。明渡してからの敷金返還となります。

17 賃貸住宅の修繕と修繕費用の負担

- 貸主は賃貸住宅の使用収益に必要な修繕義務を負う。
- 修繕箇所が発生した場合、借主は通知しなければならない。
- 借主は貸主の修繕を拒むことはできない。

■貸主の修繕義務

建物賃貸借契約においては、貸主は、借主がきちんと建物を使用収益することができるようにしておかなければなりません。もしも建物に不具合が生じ、借主の使用に支障が生じるような状態となった場合、貸主はその修繕をしなければなりません。一方、借主は、貸主が行う建物の修繕（保存に必要な行為）を拒むことができません。

■借主の通知義務

借主は、雨漏りを発見するなど、賃借している建物が修繕を要する状態になった場合、貸主に通知しなければなりません。貸主に修繕の機会を与えるとともに、修繕箇所を放置することによる建物の毀損を防ぐことにもなります。

■修繕費用の負担

修繕費用は、賃料に含まれているものとされており、通常は貸主の負担となります。また、本来は貸主が行うべき修繕を借主が行った場合、貸主に対してその費用の償還を請求できます。これを必要費償還請求権といいます。

■貸主が修繕をしない場合

たとえば雨漏りの修理をしないことで借主に損害が生じた場合、借主は貸主に損害賠償を請求することができます。なお、貸主が相当の期間内に必要な修繕をしないときや急迫の事情があるときは、借主が修繕をすることもできます。

MEMO 修繕義務は貸主が負うものとされるが、修繕の原因が借主の故意・過失によるものであるときは、その修繕費用は借主の負担となる。

貸主のコストとなる建物の修繕義務など

●借主の必要費償還請求権

必要費	賃借している建物の修理費など。

（例）雨漏りの修理費

造作買取請求権

造作とは、借主が貸主の同意を得て、借主の費用で賃借している建物に付加した物をいい、空調設備や照明設備などが考えられます。これらの造作は、本来であれば借主が賃貸借契約終了時に撤去しなければならないものですが、借主は、賃貸借契約終了時に、貸主に対しこれらの造作を買い取るよう請求することができます。これを借主の「造作買取請求権」といいます。なお、貸主が造作を買い取りたくない場合は、特約で造作買取請求権を放棄させることもできます。

Column

家賃全額保証「サブリース」について

「建てたアパートの家賃は30年間保証する」として土地所有者に賃貸アパートを建てさせ、建てたアパートは業者が「全室一括借り上げ」て転借する。このような契約手法を「サブリース」といい、最近では多く見られるようにもなってきました。

ところが昨今、このサブリースをめぐり「途中で家賃を減額された」とか「サブリース契約が解約された」というトラブルが多発しているようです。結果、アパート経営が立ち行かなくなるケースも見受けられます。

多くの業者は冒頭に記したように「30年一括借り上げ」や「家賃保証」をうたっていますが、たいていの場合、契約書に業者側からの解約や家賃の減額ができるとの文言が記されています。「途中で家賃を減額された」「サブリース契約が解約された」といってもあとの祭りで、契約書に記載されている以上、違法性を問うことは難しいかもしれません。

また、昨今の問題となっている全国の空き家ですが、その過半数を占めるのが賃貸住宅です。なかでも「アパートの空き家」が目立ちます。そのような状況下でも、なぜアパートが次々と建つのでしょうか。

その背景には、もちろん業者の積極的な営業活動がありますが、土地所有者側にも「相続対策」という事情もあります。相続税の積算根拠となる土地の価格を下げるには土地に建物を建てて貸し出せばよく、さらに借金をすればもっと資産の評価額が下がります。

アパート建設業者やハウスメーカー側が、このような土地を手放したくないという土地所有者側の心理をうまく利用した結果が、賃貸実需を無視するかのようなアパートの建設ラッシュとなったようです。

相続対策で、よかれと思って建てたアパートで行われるサブリース。業者側の当初の説明のとおり、なんの問題もなく30年間の家賃保証が得られればいいのですが、業者側に手を引かれてにっちもさっちも行かなくなり、ただただ借金だけが残る。このような事態は避けたいところです。

PART 9

不動産をめぐる諸状況・社会の変化

少子高齢社会を迎えた現在、その社会の変化に対応すべく各種の法制度が創設・改正されました。主なものとして、建物状況調査、事故物件への対応、相続土地放棄制度などを紹介します。

1 建物状況調査（インスペクション）① 既存住宅の活用 …… 234

2 建物状況調査（インスペクション）② 不動産業者の業務（仲介）… 236

3 建物状況調査（インスペクション）③ 重要事項説明と契約書面 … 238

4 人の死の告知に関するガイドライン …… 240

5 空き家の活用（空き家バンク制度） …… 242

6 所有者不明土地の解消① 相続登記の申請義務化 …… 244

7 所有者不明土地の解消② 相続土地国庫帰属制度 …… 246

Column◆多数の共有者がいる場合の問題点 …… 248

1 建物状況調査(インスペクション)① 既存住宅の活用

POINT
- 建物状況調査は既存住宅を取引するときに活用。
- 不具合や劣化の状況を把握してトラブル回避。
- 既存住宅流通市場の活性化を図る。

■建物状況調査(インスペクション)とは

建物状況調査(インスペクション)とは、国の登録を受けた既存住宅状況調査技術者講習を修了した建築士が、既存住宅の基礎、外壁など「**建物の構造耐力上主要な部分**」と「**雨水の浸入を防止する部分**」に生じているひび割れ、雨漏りなどの劣化・不具合があるかどうかを、目視や計測などにより調査するものです。確認する部分としては、具体的に次のとおりです。

【構造耐力上主要な部分】
基礎、基礎杭、壁、柱、小屋組、土台、斜材、床版、屋根版、横架材

【雨水の浸入を防止する部分】
外壁、開口部、排水管、屋根

■導入された背景

建物状況調査は、**既存住宅の流通を活発化**させるために導入されました。日本の既存住宅の流通量の低迷の要因のひとつとして、消費者が既存住宅の品質等を把握しにくい状況があげられていました。建物状況調査を実施することにより、既存住宅の売買時点の物件の状態を把握できるようになります。

■調査の方法

調査の方法として、国土交通省の定める基準に従い、**目視**などを中心とした非破壊による検査を行います。調査する中古住宅の規模にもよりますが、所要時間は3時間程度です。調査費用は各調査実施者により異なります。

MEMO 建物状況調査の背景として少子高齢化の進行がある。住宅ストック数が世帯数を上回っている現在、既存住宅が放置されると空き家化する懸念がある。

建物状況調査の対象となる部分

●構造耐力上主要な部分等

構造耐力上主要な部分 
雨水の浸入を防止する部分

木造戸建て住宅（2階建て）の場合

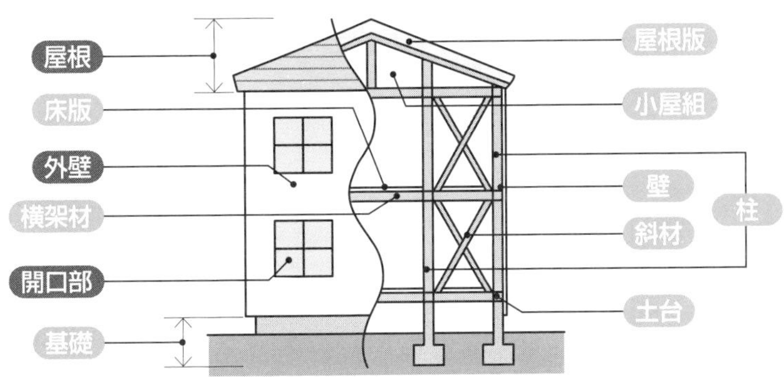

鉄筋コンクリート造共同住宅（2階建て）の場合

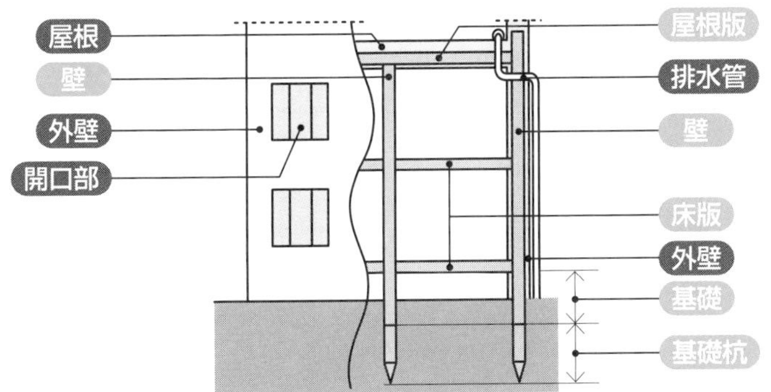

●建物状況調査を実施するメリット

売主	引渡し後のクレーム・トラブルを回避できる 購入者が安心するので取引がスムーズに進む

買主	建物の状況が把握できるので安心して取引できる 購入後のリフォームやメンテナンスの予定が立てやすい

2 建物状況調査(インスペクション)② 不動産業者の業務(仲介)

POINT
- 仲介(媒介)業者が建物状況調査を実施する者をあっせんする。
- 売主のほか購入希望者にもあっせんをすることができる。
- 媒介契約書に「あっせんの有無」を記載する。

既存住宅の売買を不動産業者が仲介(媒介)する場合

不動産業者が宅地建物の売買を仲介する契約(媒介契約)を締結したときは、**媒介契約の条件等を記載した媒介契約書**を作成して、依頼者に交付しなければなりません。既存住宅の売買を媒介する場合、その媒介契約書には「**建物状況調査を実施する者のあっせん**」に関する事項を記載します。媒介契約書については、P.155を参照してください。

「建物状況調査を実施する者のあっせん」とは

不動産業者は媒介契約書に「建物状況調査を実施する者のあっせんに関する事項」を記載する必要があるため、**建物状況調査の制度概要について紹介すること**が求められます。ここでいう「あっせん」とは、売主または購入希望者などと、建物状況調査を実施する者(検査事業者)との間で、建物状況調査の実施に向けた具体的なやりとりができるよう手配することをいいます。売主または購入希望者などから建物状況調査の希望があり、あっせんが可能な場合には、**媒介契約書にあっせんを実施する旨を明記**し、具体的な手配を行います。

「建物状況調査を実施する者のあっせん」があった場合の対応

不動産業者から建物状況調査を実施する者のあっせんを受けた場合でも、必ずしも売主または購入希望者は建物状況調査を実施する必要はありません。**調査費用の見積もり金額や調査内容の説明**を受けたうえで、実際に建物状況調査を実施するかどうかを決めることができます。なお、売主または購入希望者が、建物状況調査を実施する者に任意に建物状況調査を依頼することもできます。

MEMO 購入希望者が建物状況調査の実施を希望する場合、その実施につき売主の承諾を得る必要がある。この場合の費用は購入希望者が負担する。

「建物状況調査を実施する者のあっせん」について

●売主からの依頼により建物状況調査を実施した場合

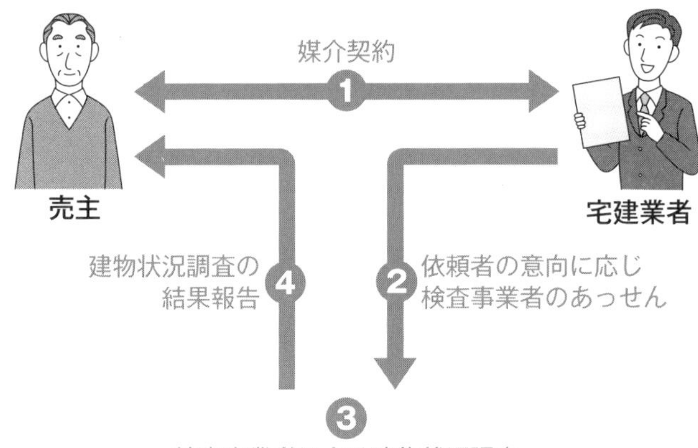

3
検査事業者による建物状況調査
（インスペクション）実施

検査事業者

建物状況調査で使用する機材など

建物状況調査は、国が定めた既存住宅状況調査基準に規定する方法で調査します。使用する機材は、床の調査であればレーザー水平器、基礎の調査であればクラックスケールや鉄筋探査機などが使われます。

マンションで建物状況調査を行う場合

マンションで建物状況調査を行う場合、共用部分も調査の対象となるため、実施にあたり、あらかじめ管理組合の承諾を得る必要があります。

別途のあっせん料の支払いは不要

建物状況調査を実施する者のあっせんは、不動産業者が媒介（仲介）業務の一環として行うものであり、仲介手数料と別にあっせん料を支払う必要はありません。

3 建物状況調査（インスペクション）③ 重要事項説明と契約書面

POINT
- 建物状況調査の結果の概要が重要事項として説明される。
- 各種の書類の保存状況も重要事項として説明される。
- 契約書面には「当事者が確認した事項」を記載。

「建物状況調査の結果の概要」とは

既存住宅の売買において建物状況調査が行われた場合、状況調査をした建築士（既存住宅状況調査技術者）により調査対象部位ごとの劣化・不具合の有無の記載がある書面が作成されます。不動産業者は、その劣化・不具合の有無などを重要事項として**購入希望者側に説明する義務**を負います。なお、重要事項の説明自体は**宅地建物取引士**が行います。重要事項の説明については、P.160～163でも解説しているので、参照してください。

重要事項として関係書類の保存状況も説明する

購入者などが居住開始後、リフォームやメンテナンスを実施する際に必要となる書類として以下のものがあります。不動産会社はこれらの書類の保存状況を重要事項として説明しなければなりません。

①建築基準法令に適合していることを証明する書類
②新耐震基準への適合性を確認できる書類
③新築時及び増築時に作成された設計図書類
④新築時以降に行われた調査点検に関する実施報告書類

契約書面への記載事項

既存住宅の売買契約が締結された場合、不動産会社は契約の当事者に**契約書面を交付する義務**があります。契約書面には、後々のトラブル防止のため「建物の構造耐力上主要な部分等の状況について当事者の双方が確認した事項」を記載し、お互いに建物の不具合や劣化状況を確認したうえでの取引となります。

MEMO 不動産会社は、契約までの間に重要事項説明書を交付して説明しなければならず、契約成立後には契約書面を交付しなければならない。令和4年からオンライン交付も行われるようになった。

既存住宅を購入した場合の「重要事項説明」と「契約書面」

●建物状況調査から契約書面の記載まで（売主が依頼した場合）

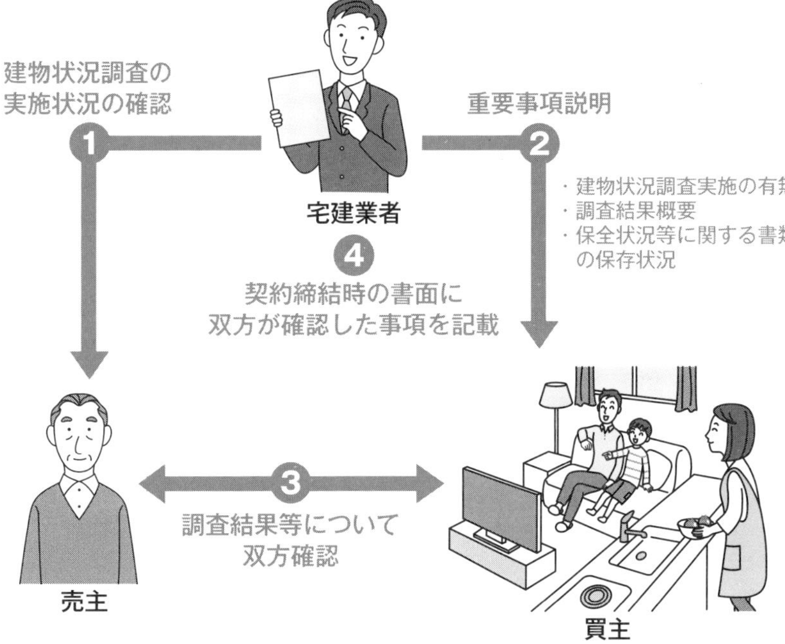

建物状況調査の結果の概要説明

「建物状況調査の結果の概要」は、重要事項として宅地建物取引士から購入希望者などに対して説明されます。

「建物状況調査の結果の概要」の内容への責任

原則として不動産業者は「建物状況調査の結果の概要」の内容についての責任は負いません。なお、購入希望者などから詳細な説明を求められた場合、売主などを通じて建物状況調査を実施した者に対して連絡し、詳細な説明のための調整を行うことが望ましいとされています。

不動産会社が既存住宅の賃貸の仲介（媒介）をした場合

賃貸の仲介の場合でも、建物状況調査を実施した場合、その結果の概要について重要事項として説明しなければなりません。

4 人の死の告知に関するガイドライン

POINT
- 「事故物件」に関する告知基準が明確になった。
- 病気などによる自然死や事故死は告知不要。
- 賃貸物件では３年経過すれば告知不要。

不動産会社による人の死の告知に関するガイドライン

住宅で人の死が発生した、いわゆる「**事故物件**」が問題視されています。いわゆる心理的瑕疵となりえる事情であり、取引の際の意思決定に関わります。そのような事故物件をめぐるトラブル防止を目的として、「宅地建物取引業者による人の死の告知に関するガイドライン」が国土交通省より策定されました。所有する物件で死亡事故（例：孤独死）などが生じた場合、すべて事故物件とされる懸念から、単身高齢者が賃貸物件の入居を断られる例もみられたことなども策定の背景となっています。

ガイドラインのポイント

ガイドラインでは物件で人の死が発生した事実をはじめ、物件周辺で起きた事件など宅地建物取引業者を通して買主または借主に告知が必要かどうかを定めています。

●原則

人の死に関する事案が、取引の相手方等の判断に重要な影響を及ぼすと考えられる場合には、これを告げなければならない。

●告知が必要ない場合

取引の対象不動産で発生した「自然死・日常生活の中での不慮の事故死（転倒事故、誤嚥など）」。

●告知が必要な場合

①「自然死・日常生活の中での不慮の事故死」ではない死（事件・自殺など）
②「自然死・日常生活の中での不慮の事故死」でも特殊清掃*や大規模なリフォームなどが行われた場合

※賃貸借取引の場合、①②の死であっても３年を経過すれば告知不要となる。

用語解説 ＊特殊清掃：孤独死などが発生した住居において、原状回復のために消臭・消毒や清掃を行う清掃サービスの総称。

人の死の調査の対象・方法

不動産業者が仲介（媒介）を行う場合、売主・貸主に対し、告知書（物件状況等報告書など）に過去に生じた事案についての記載を求めます。

●告知書について

- 告知書の記載を求めることにより、仲介（媒介）活動に伴う通常の情報収集としての調査義務を果たしたことになる。
- 原則として、自ら周辺住民に聞き込みを行うなどの自発的な調査を行う義務はない。
- 告知書に記載がない場合であっても、人の死に関する事案の存在を疑う事情があるときは、売主・買主に確認する必要がある。

●告知の要不要の基準

	売 買	賃 貸
自然死 不慮の事故死	不 要	不 要
自殺 殺人 自然死や事故死で 特殊清掃した場合	必 要	必 要 （約３年を経過するまで）

5 空き家の活用（空き家バンク制度）

POINT
- 空き家・空き地バンクを活用しつつ古民家等を活用。
- 除去すべきものは除去し、活用できるものは活用。
- 情報収集や調査研究による空き家活用ビジネスの促進。

■空き家を発生させないために

空き家を発生させたり放置したりしないためには、空き家を「**売る**」「**貸す**」「**使う**」「**解体する**」などの方針を決め、方針に合ったサービスなどを活用して実行に移すことが重要です。「売る」「貸す」のであれば、不動産会社に相談するほか「空き家バンクを利用する」などの方法があります。空き家を今後「使う」のであれば「空き家をリフォームする」「空き家の管理サービスを利用する」なども考えられます。

■全国版空き家・空き地バンク

空き家バンクは、全国の約７割の自治体に設置されています。空き家バンクに登録しておけば、空き家を「買いたい・借りたい」人が登録された物件の中から自分に合ったものを検索できるので、申込みをしてきた人に空き家を売ったり貸したりすることができます。また、国土交通省の「全国版空き家・空き地バンク」も運用されており、全国の自治体が把握・提供している空き家などの情報にアクセス・検索できます。

■空き家の活用サービスを利用する

空き家を誰かに使ってもらうなどにより活用・管理したい場合は、その地域で活動する**NPO法人などによる活用サービス**（活用したい人とのマッチングや空き家の管理など）を探してみるのもひとつの方法です。自治体によってはNPO法人や民間事業者と提携などを行い、サービスを紹介している場合もあります。

MEMO 増え続ける空き家への対策として「空家等対策への推進に関する特別措置法」が立法されている。

空き家・空き地バンクの活用

全国の地方自治体が管理する空き家や空き地などの情報は、ホームページ上で調べることができます。

空き家・空き地バンク総合情報ページ(国土交通省)

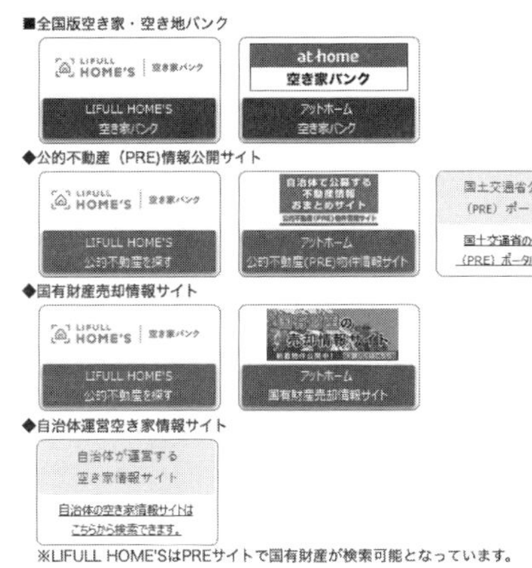

自治体や消費者に向けてのQ&Aや、利用時に必要な申込み書も掲載されています。

国土交通省のホームページ上では、全国の各自治体の空き家情報にアクセスおよび検索ができるようになっている。
https://www.mlit.go.jp/totikensangyo/const/sosei_const_tk3_000131.html

空き家バンクの活用イメージ

空き家バンクに登録しておくと、空き家利用希望者が検索できるようになる。

6 所有者不明土地の解消① 相続登記の申請義務化

POINT
- 所有者不明土地の発生の予防として相続登記を義務化。
- 申請義務に違反した場合は罰則がある。
- 公共事業や復旧事業の後押しとなる。

相続登記をしないことによる弊害

不動産の所有者は不動産登記簿に登記する必要があります。相続が発生しても、相続登記がされないと**真の所有者が判明しない**ことになります。その状態で相続が繰り返されると、探索すべき所有者の数はねずみ算式に増加することとなり、真の所有者にたどり着けない、または判明しても連絡がつかないという状況も考えられます。結果的に、公共事業や復旧復興事業を円滑に進めるうえでの妨げや管理不全の土地となるなど、周辺地域に悪影響を及ぼすおそれがあります。人口の減少や高齢化が進んでいるため、このような状況はますます増えることが懸念されています。

相続登記の申請義務化

従来、相続登記の申請は義務ではありませんでしたが、**所有者不明土地***の発生を予防するため、**相続登記の申請が義務化**されました（施行は令和６年４月から）。

●相続登記の申請義務についてのルール
- 相続（遺言も含む）によって不動産を取得した相続人は、その所有権を取得したことを知った日から３年以内に相続登記の申請をしなければならない。
- 遺産分割が成立した場合には、不動産を取得した相続人は、遺産分割が成立した日から３年以内に、その内容を踏まえた登記を申請しなければならない。
- 上記の義務に違反した場合、10万円以下の過料の適用対象となる。

用語解説 *所有者不明土地：不動産登記簿を調べても所有者が判明しないか、判明しても連絡がつかない土地をいう。

所有者不明土地の問題点など

●相続登記がなく所有者不明土地となるパターン

土地の相続の際に登記の名義変更がなく、所有者を特定することが困難な土地

土地所有者は特定できても転居したときに住所変更の登記がなく、その所有者と連絡がとれない土地

土地の共有者が多数いて、共有者の全員を特定することが困難な土地

土地の
登記名義人が
死亡

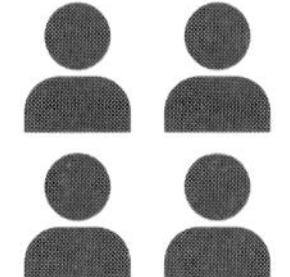

相続人が
相続登記を
しないまま放置

数十年後

相続人が増えすぎて
真の所有者の特定が困難に

●所有者不明となり管理不全状態となる不動産の問題点

土地上の建物が老朽化したまま放置される

雑草の繁茂、害虫の発生、ゴミ等の不法投棄などにより、周辺の地域に著しい悪影響を及ぼす

土砂の流出や崩壊等により周辺の土地に災害を発生させる

建物　山林

数十年後

老朽化

荒廃

7 所有者不明土地の解消② 相続土地国庫帰属制度

POINT
- 相続・遺贈により取得した土地を国に引き取ってもらえる。
- 土地を国庫に帰属させるためには一定の要件あり。
- 負担金の納付も必要となる

相続土地国庫帰属制度

土地を相続したものの使い道がなく、手放したいが引き取り手もなく処分に困っている。そうした土地がそのまま放置されると所有者不明土地になりかねません。そこで、所有者不明土地の発生を予防するため、土地を相続した人が、不要な土地を手放して、国に引き取ってもらえる「**相続土地国庫帰属制度**」が（施行は令和5年4月27日から）導入されました。相続や遺贈によって土地の所有権を取得した相続人であれば誰でも申請できます。なお、売買などによって土地を取得した人や法人は対象外です。

引き取ってもらえる土地

次のような土地は、通常の管理や処分をするに当たり多くの費用や労力が必要になるので、相続土地国庫帰属制による引き取りの対象外となります。

- **建物や通常の管理又は処分を阻害する工作物や車両等がある土地**
- **土壌汚染や埋設物がある土地**
- **崖がある土地**
- **権利関係に争いがある（境界が明らかでない）土地**
- **担保権などの権利が設定されている土地**
- **通路など他人によって使用される土地**

徴収される負担金

審査手数料のほか、土地の性質に応じた標準的な管理費用を考慮して算出した**10年分の土地管理費相当額**の負担金が徴収されます。

MEMO 相続放棄という方法で土地を手放すという方法もあるが、この場合、預貯金など土地以外の相続財産もすべて放棄することになる。

相続土地国庫帰属制度

●国庫に帰属するまでの流れ

1 承認申請

- 相続によって土地を取得した人が申請
- 申請書などの提出
- 審査手数料の納付

▼

2 法務大臣(法務局)による要件審査と承認

- 書面審査や実地調査などの要件審査の実施
- 要件を満たす場合は法務大臣が承認
- 承認の場合は負担金の額を通知

▼

3 申請者が負担金を納付

(通知を受け取った時点から30日以内)

▼

4 相続土地が国庫に帰属

負担金など

- 審査手数料
- 負担金(10年分の管理費用相当)

  概算:原野など　20万円程度
  市街地の宅地(200㎡)　80万円程度

土地が共有である場合

土地が共有地である場合には、共有者全員で申請する必要がある。

相続した時期

相続した時期は問われないため、たとえば20年前に相続した土地でも要件を満たせば申請できる。

Column

多数の共有者がいる場合の問題点

多数の共有者がいる場合、年月が経過するにつれ、その所在等が不明になる共有者(所在等不明共有者)が存在するケースも出てきます。そのような共有者が存在すると共有物の変更や管理ができなくなり管理不全に陥ってしまうことも考えられます。

特に不動産は、元の所有者(被相続人)から複数の相続人への相続があったりすることも多く、その後の登記が適切に行われないなどの結果、所在等不明共有者との共有という憂き目にあうこともあります。

従来の民法の規定では、そのような状況への対応ができなかったのですが、令和5年4月1日から施行される改正法で、所在等不明共有者が存在していても、共有物の変更・管理ができるようになりました。たとえば、共有物の変更についての第251条はこのように改正されています。

第251条(共有物の変更)

各共有者は、他の共有者の同意を得なければ、共有物に変更(その形状又は効用の著しい変更を伴わないものを除く。次項において同じ。)を加えることができない。

2　共有者が他の共有者を知ることができず、又はその所在を知ることができないときは、裁判所は、共有者の請求により、当該他の共有者以外の他の共有者の同意を得て共有物に変更を加えることができる旨の裁判をすることができる。

原則としては、共有物の変更(例:農地を宅地にする、山林を売却する)については共有者全員の同意が必要ですが、所在等が不明となる共有者が存在する場合の特則として「裁判所は、共有者の請求により、当該他の共有者以外の他の共有者の同意を得て共有物に変更を加えることができる旨の裁判をすることができる」となりました。このような改正が随所に実施された結果、共有物の変更・管理が円滑になると期待できます。

さくいん

あ行

RC造（鉄筋コンクリート造）…… 38、39
空き家…… 32、48
空家等対策の推進に関する特別措置法…… 48
空き家バンク…… 242、243
アスベスト…… 142、143、160
アパートローン…… 216
位置指定道路…… 128
一部管理委託方式…… 178
一部繰上げ返済…… 92、93
一物四価…… 78、79
一般定期借地権…… 204、205
一般媒介契約…… 154、156
威迫…… 170、171
インカムゲイン…… 208、209
印紙税…… 94、95
インスペクション…… 234、235、236、237、238、239
インボイス制度…… 213
SRC造（鉄骨鉄筋コンクリート造）…… 42、43
S造（鉄骨造）…… 34、36、37、43
乙区…… 107、108、109、112、113
おとり広告…… 100、168

か行

開発許可…… 100
確定申告書…… 96
火災保険料…… 94、95
型枠…… 40、41
かぶり厚さ…… 41
元金均等返済…… 90、91
還元利回り…… 85
鑑定評価…… 84
鑑定評価書…… 78
管理会社…… 177、178
元利均等返済…… 90、91
管理組合…… 176、177、182
管理費…… 184、185
期間短縮型…… 92、93
期間入札…… 114
基礎…… 34、35
北側斜線制限…… 136、137
義務違反者…… 188、189
規約共用部分…… 174
客観的状況…… 160、162
キャピタルゲイン…… 208、209
キャピタルロス…… 208
旧河道…… 140、141
休耕地…… 55
旧耐震基準…… 160
境界線…… 124、125
競売…… 114、115、118、119、121
競売市場修正率…… 118

共用部分…………………………174、175
居住誘導区域……………………28、29
切土……………………………140、141
均等積立型………………………………187
金利ミックスローン…………………88
近隣商業地域…………56、57、66、67
杭基礎……………………………34、35
クーリング・オフ制度………166、167
区分所有権……………………174、175
区分所有者………………………………175
区分所有法……………………174、196
組合費……………………………………184
繰上げ返済……………………92、93
景観地区…………………………72、73
景品表示法（不当景品類及び
不当表示防止法）…100、102、104
契約書面………………………164、165
契約書面の交付………158、159、165
原価法……………………………84、85
現況調査報告書………………116、117
原状回復………………………222、223
建設協力金……………………200、201
建設協力金方式（リースバック方式）
………………………………200、201
建築確認…………16、100、144、145
建築基準法………34、124、126、127
建築費（再調達原価）………………80
建築不可…………………………………128
建築物……………………16、17、34
建蔽率………16、58、126、132、133
建蔽率の緩和条件………………………133
建蔽率の求め方…………………………133
原野………………………………………55
権利に関する登記……………106、108
権利部……107、108、109、110、111
工業専用地域…56、57、68、69、138
工業地域………56、57、68、69、138
甲区………107、108、109、110、111
公示価格（地価公示価格）
……………………76、77、78、79
公的土地評価……………………76、77
公道………………………………………131
高度経済成長期…………………52、53
高度地区…………………………………72
高度利用地区……………………………72
国土面積…………………………24、25
国民生活基礎調査………………………30
誇大広告…………100、101、168、169
骨材………………………………………38
固定金利型ローン………………88、89
固定資産税………………………………78
固定資産税評価額……76、77、78、79
コンクリート……………………38、39
コンクリート工事………………40、41
コンクリート充填鋼管構造（CFT）
……………………………………36、37
コンパクトシティ………………28、29

さ行

再建築不可……128
最高価買受申出人……114
再調達原価（建築費）……80
最有効使用……82、83
在来軸組工法……34、35
先取特権……108
サブリース……216、217、232
三角州（デルタ地域）……140、141
三大都市圏……30、50
山林……19、55
CFT（コンクリート充填鋼管構造）……36、37
時価（実勢価格・相場）……76、77
市街化区域……27、50、51、52、53、56
市街化調整区域……27、50、51、52、53、56
事業用定期借地権……200、204、205
事業用定期借地方式……200、201
資金計画……86
自己資金……86
自己発見取引……156
試算価格……84
自主管理方式……178
質権……108
地鎮祭……94
実質利回り……216、217
実勢価格（相場・時価）……76、77
指定確認検査機関……145
指定流通機構（レインズ）……156、157
私道……131
私道負担……160、161
地盤調査費……94
遮炎性……44
借地権……200、202、203
借地借家法……202、203
斜線制限……126、136、137
遮熱性……44
収益還元法……84、85、214
収益用不動産……210
修繕積立金……94、184、186、187
住宅金融支援機構……87、93
住宅ローン……86、87
住宅ローン控除……96、97
集団規定……126、127
重要事項説明書の交付……158、165
重要事項の説明……158、159、238、239
準工業地域……56、57、68、69
純収益……85
準住居地域……56、57、62、63
準耐火建築物……44、45、71
準耐火構造……44
準防火地域……70、71、126
小規模滅失……190、191
商業地域……56、57、66、67
上棟式費用……94
諸費用……86、94、95
諸費用ローン……86

所有権……………………………14、108
所有権以外の権利に関する事項……108
所有権移転登記……………… 110、114
所有権に関する事項………… 108、110
所有権保存登記……………………110
所有者不明土地……………… 244、245
人口構成……………………………31
靭性(粘り)…………………………46
水道引き込み費用…………………94
水和反応……………………………38
筋交い(ブレース)…………………46
スプロール現象……………… 52、53
スランプテスト……………………41
制震構造……………………… 46、47
制震ダンパー………………… 46、47
正当事由……………………… 202、203
絶対高さ制限………………… 136、137
接道義務………… 16、126、128、129
セットバック………………… 130、131
セメント……………………………38
全額繰上げ返済……………… 92、93
全国地価マップ……………………79
専属専任媒介契約…………… 154、156
専任媒介契約………………… 154、156
船舶の取り扱い……………………17
全部管理委託方式…………………178
専有部分……………………… 174、175
相続税路線価(路線価)… 76、77、78、79
相続登記の申請義務化……………244
相続土地国庫帰属制度……… 246、247
相場(実勢価格・時価)………… 76、77
相隣関係……………………………125

た 行

第一種住居地域……… 56、57、62、63
第一種中高層住居専用地域
……………………… 56、57、60、61
第一種低層住居専用地域
……………………… 56、57、58、59
耐火建築物……… 44、45、66、70、71
大規模滅失…………………… 190、191
耐震構造……………………… 46、47
第二種住居地域……… 56、57、62、63
第二種中高層住居専用地域
……………………… 56、57、60、61
第二種低層住居専用地域
……………………… 56、57、58、59
耐用年数……………………… 80、81
宅地建物取引業(宅建業)…… 148、149
宅地建物取引業者(宅建業者)………148
宅地建物取引業法(宅建業法) 100、148
宅地建物取引士……………………158
打設工事……………………… 38、40
建替え………………………… 190、191
建替え決議……… 192、193、194、195
建付減価……………………… 82、83
建物状況調査
……234、235、236、237、238、239
建物譲渡特約付借地権……… 204、205

建物賃貸借契約… 224、225、226、228
建物登記簿……107
建物の構造…… 21
建物の種類…… 20
段階増額積立方式……187
単体規定…… 126、127、142、143
団体信用生命保険料…… 94、95
単独世帯…… 30
断面寸法…… 42
地価公示価格（公示価格）…… 76、77
地価公示法…… 76
地価調査価格（基準地価格）…… 76
地上権……108
地目…… 18、19
地目の種類…… 18
仲介手数料（媒介報酬）
……94、95、150、151、152、153
長期修繕計画…… 186、187
賃借権…… 108、112
賃貸住宅管理業者の登録制度……220
賃貸の仲介（媒介）……152
賃貸不動産経営管理士……221
ツーバイフォー工法（枠組壁工法）
…… 34、35
定期借地権…… 202、204、205
定期借地権制度……202
DCF法（ディスカウントキャッシュフロー法）…… 85
抵当権…… 108、112、113
抵当権設定登記……112
鉄筋…… 38、39
鉄筋コンクリート造（RC造）
…… 34、38、39、43
鉄骨造（S造）…… 34、36、37、43
鉄骨鉄筋コンクリート造（SRC造）
…… 34、42、43
手持ち資金…… 86
デルタ地域（三角州）…… 140、141
田園住居地域…… 56、57、64、65
等価交換方式…… 206、207
登記…… 106、107
登記記録…… 106、107
登記事項証明書… 106、107、108、109
登記手数料…… 94、95
登記簿……106
登記簿上の地目…… 54
投資用不動産…… 210、211
登録免許税…… 94、95
道路斜線制限…… 136、137
特殊建築物……145
特定空家…… 48
特定事項…… 104、105
特別決議…… 182、183、188、190
特別用途地区…… 72
独立基礎…… 34、35
都市機能誘導区域…… 28、29
都市計画区域…… 26、27、50、51、53
都市計画区域外…… 27

都市計画図……………………………… 74
都市計画法… 26、27、124、126、127
都市再生特別措置法………………… 28
都市施設……………………………… 51
土地信託方式………………… 206、207
土地総合情報システム
……………………… 33、76、78、79
土地登記簿……………………………107
土地白書……………………………… 33
トラス構造…………………… 36、37
取引条件……………………… 162、163
取引事例比較法……………… 84、85
取引態様の明示義務…………………150

な 行

二次的住宅…………………………… 48
日照権…………………………………138
任意売却……………………… 120、121
布基礎………………………… 34、35
粘り（靭性）………………………… 46
年末調整……………………………… 96
農地…………………………… 54、55
農地法………………………………… 54
ノンリコースローン…………………121

は 行

媒介契約………… 154、155、156、157
媒介契約書……………………………155
媒介報酬……………………… 150、152
配筋工事……………………… 38、39
BIT（不動産競売物件情報サイト）
…………………………………… 116、117
日影規制……………… 126、138、139
非線引き都市計画区域……………… 53
非損傷性……………………………… 44
評価書………………………… 116、117
表示基準……………………… 102、103
表示に関する登記…………… 106、108
標準管理委託契約書………… 178、179
標準地………………………… 78、79
表題部………………… 107、108、109
表面利回り…………………… 216、217
風致地区……………………… 72、73
夫婦のみの世帯……………………… 30
普通決議……………………… 182、183
普通借地権…………………… 202、203
復旧…………………………… 190、191
物件明細書…………………… 116、117
不当景品類及び不当表示防止法
（景品表示法）……………… 100、102
不動産鑑定士………………… 84、85
不動産鑑定評価基準………………… 84
不動産業における景品類の提供の
制限に関する公正競争規約………102
不動産競売物件情報サイトBIT
…………………………………… 116、117
不動産市場の二極化………………… 30
不動産取得税………………… 94、95
不動産登記簿………………………… 15
不動産登記法………………………… 22

不動産投資…………… 210、211、212
不動産投資ローン……………………214
不動産の定義…………………………13
不動産の表示に関する公正競争規約
……………………………………102
不燃化…………………………………70
フラット35 ……………… 87、93、98
ブレース(筋交い)……………………46
ベタ基礎…………………………34、35
返済額軽減型…………………………93
変動金利型ローン……………… 88、89
防火地域……………………70、71、126
法定共用部分………………………174
保証料……………………………94、95

ま 行

マンション建替え円滑化法… 194、195
マンション建替組合………… 194、195
マンションの管理の適正化の推進に
関する法律(マンション管理適正化法)
……………………………………176
マンション標準管理規約…… 180、181
水セメント比…………………… 38、41
みなし道路…………………… 130、131
民泊…………………………………189
民法…………………………………124
迷惑行為……………………………188
免震構造………………………… 46、47
木造……………………………… 34、35
盛土………………………… 140、141

や 行

融資手数料……………………… 94、95
養生……………………………… 40、41
容積率
……16、58、60、126、132、134、
135、146
容積率の求め方……………………135
用途地域………………………… 56、57
42条2項道路 ………………………130

ら 行

ラーメン構造…………………… 36、37
リースバック方式(建設協力金方式)
……………………………… 200、201
リコースローン……………………121
立地適正化計画………………… 28、29
利回り………………………… 216、217
領土…………………………………22
隣地斜線制限………………… 136、137
レインズ(指定流通機構)…… 156、157
老朽化対策…………………………180
路線価(相続税路線価)
……………………… 76、77、78、79

わ 行

枠組壁工法(ツーバイフォー工法)
………………………………… 34、35

著者紹介

大澤 茂雄（おおさわ しげお）

1964年生まれ。東京都出身。日本大学法学部を卒業後、大原法律専門学校で宅地建物取引主任者（現・宅地建物取引士）資格試験の受験講座の専任講師を経て、平成14年に「受験勉強エンタメ化計画」をコンセプトとする宅建ダイナマイト合格スクールを設立。著書に『合格しようぜ！宅建士（テキスト・問題集）』『1週間で宅建士の基礎が学べる本』（いずれもインプレス）など多数。また、当スクールでの宅建合格者の女性を中心としたダイナマイトアマゾネス合同会社の設立にも関与し「RE/MAX Dynamite」として不動産業にも携わる。

宅建ダイナマイト合格スクール
URL https://t-dyna.com/

編集：有限会社ヴュー企画（山本大輔、大野花子）
イラスト：高橋なおみ
本文デザイン：有限会社PUSH
企画・編集：成美堂出版編集部

本書に関する正誤等の最新情報は、下記のURLをご覧ください。
https://www.seibidoshuppan.co.jp/support/

上記アドレスに掲載されていない箇所で、正誤についてお気づきの場合は、書名・発行日・質問事項・氏名・郵便番号・住所・FAX番号を明記の上、**成美堂出版**まで**郵送**または**FAX**でお問い合わせください。お電話でのお問い合わせは、お受けできません。
※本書の正誤に関するご質問以外にはお答えできません。
※ご質問の到着確認後10日前後に、回答を普通郵便またはFAXで発送いたします。

図解 いちばんやさしく丁寧に書いた不動産の本

2023年4月1日発行

著　者　大澤茂雄（おおさわしげお）
発行者　深見公子
発行所　成美堂出版
〒162-8445　東京都新宿区新小川町1-7
電話(03)5206-8151　FAX(03)5206-8159
印　刷　大盛印刷株式会社

ISBN978-4-415-33251-2
落丁・乱丁などの不良本はお取り替えします
定価はカバーに表示してあります